J'INTÈGRE LA FONCTION PUBLIQUE

2020
2021

Catégorie C

Concours ATSEM • ASEM

Externe, interne et 3e voie

Tout-en-un

Corinne Pelletier

Formatrice en centre de formation aux concours paramédicaux et sociaux (IPECO, Poitiers) et directrice adjointe d'une fédération mutualiste départementale regroupant plusieurs établissements médico-sociaux.

DUNOD

Direction artistique : Élisabeth Hébert
Illustrations : Kahina Braham
Image de couverture : © svetikd, iStock

Mise en page : Belle Page

11 rue Paul Bert, 92240 Malakoff
www.dunod.com
ISBN : 978-2-10-080698-0

Sommaire

Partie 2
Connaissances et savoir-faire

Les institutions politiques françaises

Le développement de l'enfant

Les déterminants de santé de l'enfant

L'école maternelle : organisation et fonctionnement

La scolarisation de l'enfant handicapé

La santé à l'école

La sécurité à l'école

Partie 3
Préparer les épreuves écrites d'admissibilité

Partie 4
Préparer l'oral d'admission

Introduction

Cet ouvrage s'adresse à tous ceux et celles qui choisissent de devenir agent territorial spécialisé des écoles maternelles (ATSEM) ou agent spécialisé des écoles maternelles (ASEM), et souhaitent mettre toutes les chances de leur côté.

Il se décompose en cinq grandes parties :

- **la première** présente les concours, le métier et conseille sur la manière de se préparer aux épreuves de sélection ;
- **la deuxième** est constituée de fiches thématiques dans lesquelles figurent les connaissances nécessaires pour répondre à des questions sur des situations bien précises du quotidien de l'ATSEM/ASEM : son environnement de travail, les pratiques professionnelles, les besoins et le développement de l'enfant, l'hygiène et la sécurité ainsi que le fonctionnement des institutions publiques. Cette partie propose également des mises en application pratiques des connaissances acquises ainsi que des entraînements aux QCM du concours externe ;
- **la troisième** est dédiée aux écrits d'admissibilité des concours externe et de 3e voie, décrivant de façon détaillée le déroulement et la nature des épreuves ainsi que la méthodologie à adopter pour les réussir au mieux ;
- **la quatrième** partie est consacrée à l'oral d'admission et regorge de conseils utiles pour appréhender les attentes du jury, réussir votre présentation, vous préparer aux questions posées, exprimer vos motivations, mettre en avant les atouts de votre candidature et soigner le fond et la forme de votre discours ;
- **en cinquième partie**, des sujets corrigés récents et commentés vous permettront une mise en pratique et une évaluation de votre niveau par rapport aux exigences des concours.

Partie 1

De candidats à professionnels

- Tout savoir sur la profession d'ATSEM/ASEM
- Tout savoir sur les concours ATSEM
- Tout savoir sur le concours ASEM
- Comment se préparer aux concours ?

1 Tout savoir sur la profession d'ATSEM/ASEM

Le métier d'ATSEM/ASEM a fortement évolué ces dernières années, Avec la mise en place de la réforme des rythmes scolaires et un décret du 1er mars 2018 (n° 2018-152), les ATSEM/ASEM ont un rôle éducatif renforcé auprès des enfants en collaboration avec l'enseignant.

Sous l'effet conjugué de départs massifs à la retraite, de la scolarité obligatoire à compter de 3 ans et d'un taux de natalité élevé ces dernières années, les perspectives de recrutement d'ATSEM/ASEM sont réelles.

1 Comment se définit l'emploi d'ATSEM/ASEM ?

Le décret n° 92-850 du 28 août 1992 définit le statut particulier d'ATSEM/ASEM : « Les agents territoriaux spécialisés des écoles maternelles sont chargés de l'assistance au personnel enseignant pour la réception, l'animation et l'hygiène des très jeunes enfants ainsi que la préparation et la mise en état de propreté des locaux et du matériel servant directement à ces enfants ».

Ce décret précisait que les ATSEM/ASEM participaient de la communauté éducative. Depuis, leur statut a fortement évolué et ils en font désormais partie (décret n° 2018-152). En ce sens, ils jouent un rôle dans l'organisation de l'école (participation au conseil d'école par exemple) et au niveau des relations avec les différents acteurs de l'école, et notamment les parents d'élèves.

Les ATSEM/ASEM peuvent également exercer des activités de surveillance dans les cantines et assister les personnels enseignants qui accueillent dans leur classe des enfants en situation de handicap ou plus généralement des enfants à besoins éducatifs particuliers.

On peut considérer que les fonctions de l'ATSEM/ASEM sont de trois ordres :

- l'assistance au personnel enseignant pour tout ce qui concerne la prise en charge des très jeunes enfants, notamment en matière d'hygiène mais également en tant que relais et soutien dans les activités pédagogiques ;
- l'entretien des locaux et du matériel destiné aux enfants ;
- l'encadrement et l'animation des activités périscolaires.

Foire aux questions

- Quelle est la différence entre ATSEM et ASEM ?

ATSEM et ASEM sont deux dénominations pour le même métier. La plus couramment utilisée est la première. Certaines collectivités, telle que la Ville de Paris, ont opté pour la seconde.

2 Quel est le statut de l'ATSEM/ASEM ?

L'ATSEM/ASEM est soumis au statut général de la fonction publique territoriale, placé sous l'autorité hiérarchique du maire de la commune sur laquelle il exerce.

Ce métier appartient au secteur social de la filière médico-sociale de la fonction publique territoriale.

Depuis, le 1er janvier 2017, le statut d'agent territorial spécialisé des écoles maternelles est composé de deux grades, au lieu de trois précédemment, de la catégorie C :

- 1er grade : C2 – agent spécialisé principal de 2e classe (regroupant les échelles 4 et 5 de rémunération) ;
- 2e grade : C3 – agent spécialisé principal de 1re classe (correspondant à l'échelle 6 de rémunération).

Le grade d'Atsem de 1re classe a été supprimé.

L'ATSEM/ASEM est « stagiaire » lors de sa première année d'exercice. Sa titularisation intervient à la fin du stage par décision de l'autorité territoriale qui l'a nommé. À titre exceptionnel, la durée du stage peut être prolongée d'un an.

Si la titularisation n'est pas décidée, l'ATSEM/ASEM est licencié ou réintégré dans son grade antérieur (dans le cas où il avait déjà la qualité de fonctionnaire avant sa nomination).

3 Quelle est l'évolution de carrière de l'ATSEM/ASEM ?

La fonction publique territoriale prévoit une évolution de carrière de l'ATSEM/ASEM en deux grades, décrite ci-après :

Déroulement de carrière

ATSEM Principal de 2e classe

↓

Avancement au choix après au moins un an dans le 4e échelon du grade ATSEM de 2e classe et au moins 5 ans de service effectif dans ce grade ou un grade d'un autre corps ou cadre d'emplois de catégorie C doté de la même échelle de rémunération, ou dans un grade équivalent si le corps ou le cadre d'emplois d'origine est situé dans une échelle de rémunération différente ou qui n'est pas classé en catégorie C.

ATSEM Principal de 1re classe

L'avancement d'un échelon au suivant s'effectue entre l'ancienneté minimale et maximale requise précisée dans une grille indiciaire prédéfinie. Cet avancement est plus ou moins rapide selon la notation annuelle et l'appréciation professionnelle de l'agent.

4 Quelle est la rémunération de l'ATSEM/ASEM ?

La rémunération de l'ATSEM/ASEM dépend de son grade et de son échelon. On parle de traitement indiciaire.

Rémunération d'un ATSEM au 1er janvier 2019

	ATSEM principal 2e classe	ATSEM principal 1re classe
Nombre d'échelons	12	10
Indices bruts (1)	de 351 à 479	de 374 à 548
Rémunération	de 1 537,02 € au 1er échelon à 1 949,39 € au 12e échelon	de 1 616,68 € au 1er échelon à 2 183,69 € au 10e échelon

(1) *Les indices sont des nombres qui, multipliés par la valeur du point d'indice, donnent le montant du salaire du fonctionnaire.*

La rémunération comprend également un supplément familial versé en fonction du nombre d'enfants à charge effective et permanente du fonctionnaire.

Des primes et indemnités supplémentaires peuvent être versées par la collectivité territoriale.

5 Sous quelle hiérarchie l'ATSEM/ASEM travaille-t-il ?

L'ATSEM/ASEM est mis à la disposition de l'école maternelle par le maire. La mairie reste l'employeur mais l'ATSEM/ASEM est placé sous l'autorité fonctionnelle du directeur ou de la directrice de l'établissement sur le temps scolaire.

Les ATSEM/ASEM sont placés sous l'autorité exclusive du maire pour toutes les activités réalisées en dehors du temps scolaire (garderie, cantine, TAP, etc.).

En dehors de ses horaires de travail habituels, la participation de l'ATSEM/ASEM (fête de l'école, sortie scolaire, etc.) se fait sur la base du volontariat et avec accord du représentant de la municipalité dont il dépend.

La double autorité de l'ATSEM/ASEM

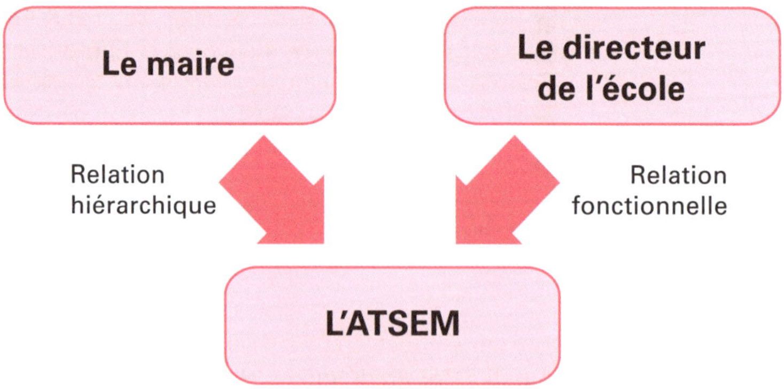

6 Quelles sont les attributions de l'ATSEM/ASEM ?

Les fonctions de l'ATSEM/ASEM différeront selon que l'on est sur ou en dehors du temps scolaire.

a. Sur le temps scolaire

L'ATSEM/ASEM assume 3 fonctions :

- **une fonction éducative :** sous la responsabilité de l'enseignant et en sa présence, il prend soin et aide les enfants aux moments de l'accueil, de l'habillage et du déshabillage, il assure les soins d'hygiène corporelle et vestimentaire (passage aux toilettes, etc.) ;
- **une fonction d'entretien du matériel et des locaux :** rangement et entretien du matériel pédagogique, rangement des locaux scolaires, nettoyage et entretien des mobiliers et des locaux ;
- **une fonction d'aide pédagogique :** sous la responsabilité de l'enseignant et en sa présence, il apporte son concours pour la mise en œuvre (préparation du matériel et des locaux) et l'animation des activités scolaires (encadrement d'ateliers) ainsi que la surveillance des élèves (récréations). Il assure également l'accompagnement des sorties scolaires (visites, piscine, spectacle, voyage, etc.).

b. En dehors du temps scolaire

Placé sous l'autorité et la responsabilité du maire, l'ATSEM/ASEM exerce des missions de surveillance et d'éducation.

c. Pendant les sorties scolaires

Dès lors que les sorties scolaires et les activités extrascolaires sont intégrées dans son emploi du temps habituel, l'ATSEM/ASEM accompagne la classe.

Si elles sont organisées en dehors du temps scolaire, l'ATSEM/ASEM participe sur la base du volontariat. Dans ce cas, son temps de travail supplémentaire donnera lieu à récupération ou rémunération complémentaire.

7 Quelle est la journée type de l'ATSEM/ASEM ?

La journée de l'ATSEM/ASEM se caractérise par une succession de temps et d'activités variés pour lesquels il est sous l'autorité de la collectivité territoriale ou de l'Éducation nationale.

Temps ou activité	Autorité compétente
La garderie du matin	Collectivité territoriale
L'accueil des enfants	Éducation nationale
Les activités pédagogiques du matin	Éducation nationale
Le temps du déjeuner	Collectivité territoriale
Les activités pédagogiques de l'après-midi	Éducation nationale
La garderie du soir	Collectivité territoriale
L'entretien des locaux	Collectivité territoriale

8 Comment les ATSEM/ASEM sont-ils affectés dans les classes ?

Le Code des communes stipule que toute classe maternelle doit bénéficier des services d'un ATSEM/ASEM. Cela ne veut pas dire qu'il y a un ATSEM/ASEM par classe. Le directeur de l'école va répartir les ATSEM/ASEM affectés dans son établissement par la mairie, en fonction des besoins. De façon générale, les petites sections de maternelle nécessitent le concours d'un ATSEM/ASEM à temps complet alors que les moyennes et grandes sections, d'un ATSEM/ASEM à temps partiel ou en temps partagé entre deux classes.

9 Quelles sont les obligations professionnelles de l'ATSEM/ASEM ?

a. Les obligations

La plus importante est l'obligation de discrétion et de réserve professionnelle sur tout ce qui concerne les activités scolaires et l'école de façon générale. En pratique, l'ATSEM/ASEM ne peut pas répondre aux questions relatives à la pédagogie, aux comportements des élèves en classe, ou aux questions concernant ce qu'il connaît de la vie des enfants et de leur famille. L'ATSEM/ASEM doit orienter ses interlocuteurs, et notamment les parents, vers l'enseignant ou le directeur de l'école.

L'ATSEM/ASEM peut informer les parents sur l'état de santé de leur enfant et les événements de la journée (repas, sieste, incidents bénins, etc.).

Il peut également être relais des informations concernant le fonctionnement de l'école sous réserve d'une délégation expresse de l'enseignant (manifestation, mouvement de grève, etc.).

Cette obligation de discrétion ne doit pas empêcher l'ATSEM/ASEM de faire part au directeur de l'école des constats ou des informations concernant des sévices éventuels infligés à des mineurs de moins de 15 ans.

b. Les interdictions

L'ATSEM/ASEM ne peut pas assurer seul la garde des élèves sur le temps scolaire ou réaliser tout acte relevant des compétences de l'enseignant. En l'absence de l'enseignant, les enfants sont placés sous la responsabilité du directeur de l'école. Néanmoins depuis 2008, l'ATSEM/ASEM peut être amené à réaliser une activité de garde sur le temps scolaire dans le cadre du service minimum (les jours de grève, les enfants sont accueillis même si leur enseignant est absent pour fait de grève).

Il lui est interdit de ramener un enfant à son domicile quels que soient les circonstances et le mode de transport utilisé.

L'ATSEM/ASEM ne peut recevoir aucune forme de rémunération des enfants, de leur famille, du corps enseignant ou du directeur de l'école.

Il lui est également interdit de faire entrer une personne étrangère dans l'enceinte de l'école ainsi que d'utiliser les locaux ou le matériel mis à disposition pour un usage personnel.

Les ATSEM/ASEM doivent faire preuve de ponctualité et d'assiduité. On attend d'eux de nombreuses qualités professionnelles dont la patience, la disponibilité, le sang-froid et le sens de l'organisation.

10 À quelle formation l'ATSEM/ASEM peut-il prétendre ?

Au cours de sa 1re année d'exercice, l'ATSEM/ASEM est dans l'obligation de suivre une formation d'intégration d'une durée de 5 jours.

Dans un délai de 2 ans, il suit une formation de professionnalisation au premier emploi d'une durée comprise entre trois et dix jours.

Les formations sont dispensées par le Centre national de la fonction publique territoriale (CNFPT).

Ce dispositif de formation va évoluer avec la mise en œuvre des dispositions de la loi Blanquer. À l'heure où nous écrivons ce livre, les décrets d'application restent à paraître.

11 Comment le temps de travail de l'ATSEM/ASEM est-il organisé ?

Les horaires de travail de l'ATSEM/ASEM sont déterminés par la collectivité territoriale dont il dépend. La journée de travail dépasse le cadre du temps scolaire dans la mesure où l'ATSEM/ASEM intervient au moment de la garderie du matin et du soir, à la cantine et sur les TAP (temps d'activités périscolaires) ainsi que pour l'entretien des locaux.

Pour organiser l'emploi du temps de l'ATSEM/ASEM, son employeur tient également compte de limites imposées par la réglementation du travail :

- la durée quotidienne de travail effectif (hors pause) ne doit pas dépasser 10 heures ;
- l'amplitude journalière de travail, c'est-à-dire le temps entre l'arrivée et le départ de l'ATSEM/ASEM, ne peut pas excéder 12 heures ;
- la durée maximale hebdomadaire (par semaine) de travail effectif est fixée à 48 heures ;
- le bénéfice d'un repos minimal de 11 heures entre la fin d'une journée de travail et le début de la suivante ;
- l'octroi d'une pause de 20 minutes au minimum toutes les six heures consécutives travaillées ;
- l'octroi d'un repos hebdomadaire de 35 heures consécutives au minimum comprenant le dimanche.

Le temps de travail des ATSEM/ASEM est généralement annualisé : le temps travaillé est plus élevé pendant la période scolaire car la charge de travail est plus importante. En revanche, le temps travaillé est plus court pendant les vacances scolaires au cours desquelles les ATSEM/ASEM sont affectées uniquement à l'entretien des locaux.

12 Qu'est-ce que la charte des ATSEM/ASEM ?

La charte des ATSEM/ASEM est un document de référence établi par la collectivité qui les emploie, visant à clarifier leur rôle et leur place au sein de la communauté éducative. Elle fixe également un cadre à l'organisation de leurs fonctions.

Cette charte contient beaucoup d'informations importantes qui facilitent l'intégration des personnels et la clarification de leur positionnement au sein de l'école. Leurs missions, les limites et les responsabilités de leur emploi, sont clairement explicitées.

13 Dans quelles structures autres que l'école maternelle exerce l'ATSEM/ASEM ?

Bien que l'intitulé de la profession laisse penser que l'ATSEM/ASEM n'exerce que dans les écoles maternelles, en réalité il peut aussi intervenir au sein des crèches, des haltes-garderies ou des centres aérés.

14 Quels sont les aspects positifs et négatifs de la profession d'ATSEM/ASEM ?

Interrogés, les ATSEM/ASEM disent apprécier le contact avec les enfants, le travail d'équipe avec l'enseignant, la participation aux ateliers et animations pédagogiques ainsi que le fait de pouvoir bénéficier d'une grande partie des vacances scolaires.

En revanche, d'autres aspects du métier plaisent moins, notamment l'amplitude importante de la journée de travail, le fait de travailler dans le bruit et enfin, la pénibilité des travaux d'entretien des locaux.

15 Quelles sont les évolutions professionnelles possibles de l'ATSEM/ASEM ?

L'ATSEM/ASEM peut évoluer vers un statut d'agent de maîtrise (catégorie B).

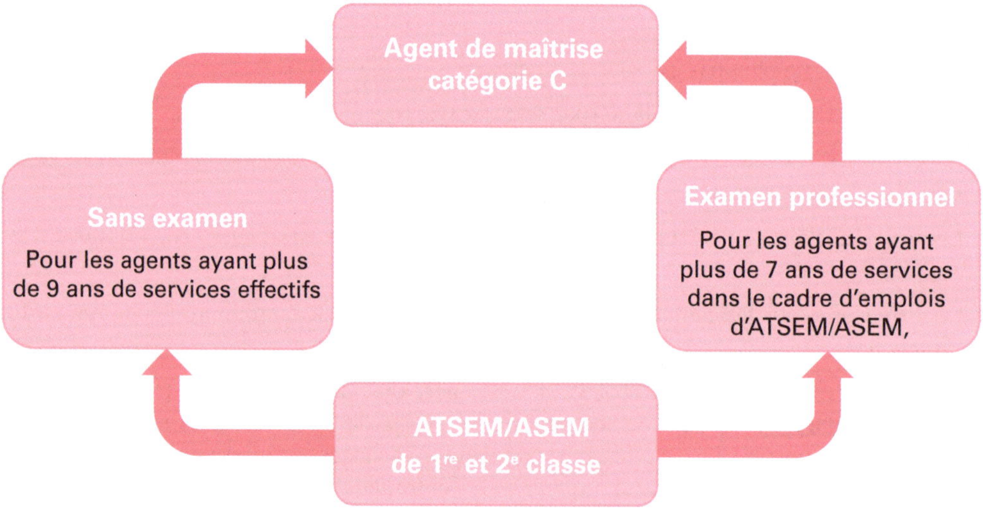

L'agent de maîtrise peut assurer des missions de coordination d'ATSEM ou d'agents techniques territoriaux. Par ailleurs, un concours interne existe pour intégrer la catégorie B des des animateurs territoriaux pour les agents qui justifient de 4 ans de services effectifs dans un emploi d'ATSEM.

Entraînement

Pour chacune des questions suivantes, mettez une croix dans la ou les case(s) correspondant à la ou aux bonne(s) réponse(s).

1. Lors de la garderie du soir, la maman d'Hector vous informe qu'elle et son conjoint se séparent et qu'elle ne sait pas comment le dire à son fils :

- ❒ **a.** Vous lui dites d'en parler avec l'enseignante car elle est responsable de la classe.
- ❒ **b.** Vous lui proposez d'être présente pour l'aider quand elle en parlera à son enfant.
- ❒ **c.** Vous l'assurez de votre vigilance auprès de son fils.
- ❒ **d.** Vous lui proposez de le dire vous même à son fils.

2. Les ATSEM/ASEM sont chargés :

- ❒ **a.** D'assister le personnel enseignant pour la réception, l'animation et l'hygiène des enfants.
- ❒ **b.** De participer à l'évaluation scolaire de fin d'année des enfants de grande section.
- ❒ **c.** De préparer et de mettre en état de propreté les locaux et le matériel servant aux enfants.
- ❒ **d.** De participer à la rédaction de la partie technique du rapport annuel adressé au conseil d'école.

3. Lors d'un grand nettoyage pendant les vacances scolaires, lesquels de ces travaux pouvez-vous réaliser ?

- ❒ **a.** Le lavage du gros matériel de motricité.
- ❒ **b.** Le lavage de tous les jeux, de tous les jouets et des petits matériels.
- ❒ **c.** Le passage de la monobrosse.
- ❒ **d.** Le déplacement des meubles et le nettoyage complet.
- ❒ **e.** L'aspiration, le balayage humide et le lavage des sols.

4. Vous accompagnez un enfant aux toilettes et vous remarquez d'importants hématomes dans son dos. Que faites-vous ?

- ❒ **a.** Vous appelez la police.
- ❒ **b.** Vous l'emmenez chez le médecin.
- ❒ **c.** Vous en parlez aux parents.
- ❒ **d.** Vous prévenez l'enseignant ou le directeur de l'école.
- ❒ **e.** Vous lui mettez de la pommade pour les coups.

5. En colère, un enfant de trois ans vous donne un coup de pied. Comment réagissez-vous ?

❐ **a.** Vous en parlez à l'enseignant.

❐ **b.** Vous en discutez avec l'enfant.

❐ **c.** Vous donnez une légère fessée à l'enfant.

❐ **d.** Vous ne faites rien compte tenu de son âge.

6. Dans une école maternelle :

❐ **a.** L'ATSEM/ASEM choisit sa classe.

❐ **b.** Le maire ou son représentant l'affecte dans une classe.

❐ **c.** Le directeur de l'école l'affecte dans une classe pour l'année scolaire.

7. En dehors de vos heures de travail, vous rencontrez un parent qui vous pose des questions sur ce que vous pensez de la classe :

❐ **a.** Vous pouvez répondre parce que vous n'êtes plus à l'école.

❐ **b.** Vous lui donnez rendez-vous pour en discuter à l'école.

❐ **c.** Vous lui expliquez que vous ne pouvez pas lui répondre car vous avez une obligation de réserve et vous devez faire preuve de discrétion aussi envers les autres parents.

8. Le cadre d'emplois d'un ATSEM/ASEM est :

❐ **a.** Un cadre d'emplois de catégorie B appartenant à la filière médico-sociale.

❐ **b.** Un cadre d'emplois de catégorie C appartenant à la filière sociale.

❐ **c.** Un cadre d'emplois de catégorie C appartenant à la filière médico-sociale.

9. L'ATSEM/ASEM appartient à :

❐ **a.** La fonction publique territoriale.

❐ **b.** La fonction publique hospitalière.

❐ **c.** La fonction publique d'État.

10. À votre arrivée, sur les quatre ATSEM/ASEM intervenant dans les autres classes, deux sont absentes. Il est 7 h 45. Les enfants arrivent à partir de 8 h 20. Habituellement, vous assurez, sur cette tranche horaire, les finitions de votre classe et installez le matériel pour l'accueil. Que faites-vous ?

❐ **a.** Vous ouvrez les volets, aérez, assurez les finitions de votre classe, vérifiez le sanitaire qui la jouxte et installez les jeux. S'il reste du temps, vous jetez un coup d'œil dans les autres classes.

❐ **b.** Vous vous mettez d'accord avec vos collègues pour vous partager les tâches (propreté minimale des espaces, jeux sur les tables, sécurité, etc.) et permettre un accueil optimal.

❐ **c.** Vous assurez en priorité votre service habituel ainsi que vos collègues puis attendez les consignes de la directrice qui a coutume d'arriver à 8 h 10.

❐ **d.** Vous appelez le service scolaire pour obtenir des remplacements ; dans l'attente, vous assurez les finitions et la préparation de l'accueil de votre classe.

Corrigé

1. **Bonne réponse A :** Les relations entre l'environnement familial et l'école sont du ressort de l'enseignant et pas de l'ATSEM/ASEM.
2. **Bonnes réponses A et C :** L'évaluation scolaire entre dans les attributions de l'enseignant et pas de l'ATSEM/ASEM et le rapport annuel au conseil d'école est rédigé par le directeur de l'établissement scolaire.
3. **Bonnes réponses A, B, C, D et E :** Toutes les tâches décrites entrent dans les attributions de l'ATSEM/ASEM.
4. **Bonne réponse D :** Même si l'ATSEM/ASEM soupçonne que l'enfant est maltraité, ce n'est pas à lui de prendre en charge la situation. En revanche, il a le devoir de prévenir l'enseignant de l'enfant ou le directeur de l'école. Une pommade est un médicament que l'ATSEM/ASEM ne peut pas appliquer en dehors d'une prescription médicale.
5. **Bonnes réponses A et B :** Il convient de parler avec l'enfant pour lui rappeler de façon calme les interdits et l'enseignant doit bien entendu être prévenu. Les punitions corporelles sont proscrites.
6. **Bonne réponse C :** C'est le directeur de l'école qui affecte les personnels ATSEM/ASEM dans les classes en fonction des besoins.
7. **Bonne réponse C :** Effectivement, les ATSEM/ASEM ont une obligation de discrétion pour ce qui concerne l'école. Cette obligation s'applique dans et en dehors de l'école et même après que l'ATSEM/ASEM a quitté ses fonctions.
8. **Bonne réponse C :** L'ATSEM/ASEM appartient au cadre d'emplois de catégorie C de la filière médico-sociale de la fonction publique territoriale.
9. **Bonne réponse A :** L'ATSEM/ASEM appartient à la fonction publique territoriale.
10. **Bonne réponse B :** L'important est de garantir un accueil de qualité dans toutes les classes, d'où la nécessité de se répartir les tâches entre les ATSEM/ASEM présentes.

2 Tout savoir sur les concours ATSEM

Il n'existe pas un mais trois concours qui s'adressent à des publics différents :

- **le concours externe** ouvert aux candidats titulaires d'un CAP accompagnement éducatif petite enfance ou d'une qualification équivalente ;
- **le concours interne** réservé aux fonctionnaires et agents publics pouvant justifier d'une expérience d'au moins deux ans auprès de jeunes enfants ;
- **le troisième concours** destiné aux candidats pouvant attester d'une expérience d'au moins quatre ans dans le secteur de la petite enfance.

Les épreuves de ces concours sont différentes. Elles portent sur le même champ de connaissances mais se basent sur des méthodologies bien distinctes.

Près de 20 000 candidats tentent le concours chaque année pour un peu plus d'un millier de postes disponibles. Finalement, 2 000 sont inscrits sur une liste d'aptitude nationale. Autrement dit, le taux de réussite est faible, de l'ordre de 10 %. Même si les épreuves ne sont pas *a priori* très compliquées, le succès du concours le rend très sélectif.

Chaque type de concours correspond à un pourcentage d'attribution de postes.

Type de concours	Pourcentage de postes à pourvoir
Concours externe	60 %
Concours interne	30 %
3e voie	5 à 10 %

Il faut admettre que la répartition actuelle des postes à pourvoir entre les lauréats est plus favorable au concours externe.

Compte tenu du nombre important de contractuels, la répartition pourrait évoluer pour permettre davantage de recrutements en interne dans l'avenir.

La loi « Pour une école de la confiance », dite loi Blanquer publiée au *Journal officiel* du 28 juillet 2019, prévoit que l'expérience acquise par les professionnels non enseignants puisse être validée par validation des acquis de l'expérience (VAE) en vue de l'obtention d'un diplôme national ou un titre professionnel. Les modalités de cette validation seront fixées dans un décret à paraître.

1 Tout savoir sur le concours externe

À noter

Le concours externe représente 60 % de postes à pourvoir.

a. Quelles sont les conditions d'accès au concours ?

Ce concours est ouvert aux candidats titulaires du certificat d'aptitude professionnelle (CAP) accompagnement éducatif petite enfance ou justifiant d'une qualification reconnue comme équivalente dans les conditions fixées par le décret du 13 février 2007.

La procédure d'équivalence de diplôme peut permettre de reconnaître l'expérience professionnelle ou de prendre en compte d'autres diplômes que ceux requis. Le contenu de cette expérience ou de ces diplômes est comparé avec celui de la formation requise pour exercer les fonctions auxquelles le concours donne accès.

Cette comparaison peut permettre d'accorder une dérogation pour se présenter au concours mais n'équivaut pas à la détention du diplôme.

Deux instances sont compétentes au niveau national pour examiner les demandes de dérogation : une placée auprès du ministre de l'Intérieur chargé des Collectivités territoriales (DGCL), une placée auprès du président du Centre national de la fonction publique territoriale (CNFPT).

Attention

Pour obtenir une équivalence de diplôme, il faut saisir une des commissions citées ci-dessous. Celle-ci va examiner le dossier que le candidat doit présenter au plus vite, sans attendre l'inscription au concours

Commissions à saisir pour obtenir une équivalence

<table>
<tr><th colspan="2">Cas de figure</th><th>Commission à saisir</th></tr>
<tr><td rowspan="3">Diplômes français avec ou sans expérience professionnelle
ou
Expérience professionnelle sans diplôme</td><td>Le candidat justifie de trois ans d'expérience professionnelle.</td><td rowspan="3">Centre national de la fonction publique territoriale
Commission reconnaissance de l'expérience professionnelle.

Sur le site du CNFPT : www.cnfpt.fr
Le candidat peut télécharger directement le dossier de demande d'équivalence pour le concours externe d'ATSEM.</td></tr>
<tr><td>Le candidat justifie de deux ans d'expérience et possède un diplôme de niveau immédiatement inférieur à celui requis.</td></tr>
<tr><td>Le candidat justifie d'une formation suivie en France et non inscrite au répertoire national des certifications professionnelles.</td></tr>
<tr><td>Diplômes étrangers avec ou sans expérience professionnelle</td><td>Le candidat possède un diplôme relevant du domaine d'activité de la profession correspondant au concours, et délivré par un autre État que la France.</td><td>Ministère de l'Intérieur
Direction générale des Collectivités locales Bureau FP 1
Commission d'équivalences pour les diplômes délivrés par des États autres que la France (FPT)
Place Beauvau 75 008 PARIS CEDEX 08</td></tr>
</table>

L'équivalence peut être délivrée sur la justification d'une activité professionnelle salariée ou non, exercée de façon continue ou non pendant une durée cumulée de trois ans équivalent temps plein (35 heures/semaine) dans l'exercice d'une profession comparable par sa nature et son niveau à celle d'ATSEM.

Lorsque le diplôme détenu est immédiatement inférieur à celui requis, des mesures compensatoires consistant à prendre en compte l'expérience professionnelle du candidat ou à mettre en place une épreuve d'aptitude ou un stage, peuvent être envisagées et organisées par le CNFPT.

Si la décision de la commission est favorable, elle est définitive. Si elle est défavorable, le candidat doit laisser passer une année avant de représenter une demande de dérogation.

Une dérogation de diplôme peut être accordée aux pères et mères de famille d'au moins trois enfants qu'ils élèvent ou ont élevé effectivement ainsi qu'aux sportifs de haut niveau.

b. Quelles sont les épreuves du concours ?

Le décret n° 2010-1068 du 8 septembre 2010 décrit l'organisation et le contenu du concours externe ATSEM :

Épreuves	Contenu	Durée	Coefficient	Note
Écrit d'admissibilité	20 questions à choix multiples (QCM) portant sur des situations concrètes habituellement rencontrées par les membres du cadre d'emploi (ATSEM) dans l'exercice de leurs fonctions.	45 min	Coefficient 1	/20
Oral d'admission	Entretien permettant d'apprécier l'aptitude du candidat et sa motivation à exercer les missions dévolues à l'ATSEM et ses connaissances de l'environnement professionnel dans lequel il sera appelé à exercer ses missions.	15 min	Coefficient 2	/20

c. Quelle est la notation ?

Il est attribué à chacune des épreuves une note variant de 0 à 20.

Le nombre minimum de points exigé pour l'admissibilité et l'admission est fixé par le jury. Il ne peut en aucun cas être inférieur à une moyenne de 10/20.

Il existe, pour chaque épreuve, une note dite « éliminatoire » ou note « plancher ». Si le candidat obtient, à une épreuve, une note inférieure ou égale à la note éliminatoire, il est immédiatement recalé. Elle est généralement de 5/20 mais elle peut être plus sélective.

La note finale s'obtient en appliquant la formule suivante :

$$\frac{\textbf{(note écrit d'admissibilité) + (note oral d'admission} \times \textbf{2)}}{\textbf{3}}$$

Prenons deux exemples

- Ophélie a obtenu 9 à l'écrit et 15 à l'oral. Sa note finale est égale à : (9) + (15 × 2) ÷ 3 = 13/20.
- Linda a obtenu 15 à l'écrit et 9 à l'oral. Sa note finale est égale à : (15) + (9 × 2) ÷ 3 = 11/20

La note finale d'Ophélie est supérieure à celle de Linda. Elle sera donc mieux classée dans la liste des admis.

Si plusieurs candidats obtiennent la même note globale, la priorité est accordée à celui qui aura obtenu la meilleure note à l'épreuve orale d'admission.

2 Tout savoir sur le concours interne

À noter

Le concours interne représente 30 % des postes à pourvoir.

a. Quelles sont les conditions d'accès au concours ?

Ce concours est ouvert aux fonctionnaires et agents des collectivités territoriales, y compris ceux de la fonction publique hospitalière (article 2 de la loi n° 86-33 du 3 janvier 1986), aux fonctionnaires et agents de l'État et des établissements publics qui en dépendent, aux militaires ainsi qu'aux agents en fonction au sein d'une organisation intergouvernementale.

Les candidats doivent justifier de deux années au moins de services publics effectifs effectués auprès de jeunes enfants en milieu scolaire ou maternel (enfants scolarisés dans une classe maternelle et âgés de 2 à 6 ans).

Le concours est également ouvert aux contractuels. En revanche, les agents sous contrat d'insertion dans l'emploi (parcours emploi compétences) ne peuvent pas se présenter au concours interne mais uniquement au troisième concours. Les contrats d'apprentissage ou contrats de professionnalisation ne donnent accès ni au concours interne ni au troisième concours.

Seules les personnes exerçant toutes les fonctions dévolues aux ATSEM peuvent s'inscrire au concours interne. Autrement dit, un agent en charge uniquement de l'entretien des locaux n'a pas accès au concours.

b. Quelle est l'épreuve du concours ?

Le décret n° 2010-1068 du 8 septembre 2010 décrit l'organisation et le contenu du concours interne ATSEM :

Épreuves	Contenu	Durée	Coefficient
Oral d'admission	Entretien débutant par une présentation du candidat à l'appui d'un document retraçant son parcours professionnel et se poursuivant par une conversation permettant d'évaluer, le cas échéant sous forme de mises en situation professionnelle, la capacité du candidat à analyser son environnement professionnel et à résoudre des problèmes rencontrés par un ATSEM.	20 min dont 5 min d'exposé	Coefficient 1

c. Quelle est la notation ?

Pour le concours interne, la note finale est celle obtenue à l'oral d'admission puisqu'il n'y a qu'une seule épreuve.

Le candidat se voit attribuer une note variant de 0 à 20 points.

3 Tout savoir sur le 3e concours

À noter

Le 3e concours représente 10 % des postes à pourvoir sans être inférieur à 5 %.

a. Quelles sont les conditions d'accès au concours ?

Ce concours est ouvert aux candidats d'une expérience de quatre années au moins :

- soit liée à une ou plusieurs activités professionnelles du secteur privé accomplie(s) auprès de jeunes enfants ;
- soit liée à un ou plusieurs mandats au sein d'une assemblée délibérante d'une collectivité territoriale ;
- soit liée à une ou plusieurs activités en qualité de responsable d'une association.

Il est recommandé aux candidats qui ne sont pas sûrs de remplir les conditions d'accès au concours interne, de s'inscrire parallèlement au concours externe et de 3e voie. Ainsi, ils se gardent une chance de passer le concours en cas de rejet de leur inscription au 3e concours.

b. Quelles sont les épreuves du concours ?

Le décret n° 2010-1068 du 8 septembre 2010 décrit l'organisation et le contenu du 3e concours ATSEM :

Épreuves	Contenu	Durée	Coefficient	Note
Écrit d'admissibilité	3 à 5 questions à réponse courte (QRC) posées à partir d'un dossier succinct remis aux candidats portant sur les problèmes susceptibles d'être rencontrés par un ATSEM dans l'exercice de ses fonctions.	2 heures	Coefficient 1	/20
Oral d'admission	Entretien débutant par une présentation du candidat à l'appui d'un document retraçant son parcours professionnel et se poursuivant par une conversation permettant d'évaluer, le cas échéant sous forme de mises en situation professionnelle, la capacité du candidat à analyser son environnement professionnel et à résoudre des problèmes rencontrés par un ATSEM.	20 min dont 5 min d'exposé	Coefficient 2	/20

c. Quelle est la notation ?

Il est attribué à chacune des épreuves une note variant de 0 à 20.

Le nombre minimum de points exigé pour l'admissibilité et l'admission est fixé par le jury. Il ne peut en aucun cas être inférieur à une moyenne de 10/20.

Il existe, pour chaque épreuve, une note dite « éliminatoire » ou note « plancher ». Si le candidat obtient, à une épreuve, une note inférieure ou égale à la note éliminatoire, il est immédiatement recalé. Elle est généralement de 5/20.

La note finale s'obtient en appliquant la formule suivante :

$$\frac{(\text{note écrit d'admissibilité}) + (\text{note oral d'admission} \times 2)}{3}$$

Prenons deux exemples

- Ophélie a obtenu 9 à l'écrit et 15 à l'oral. Sa note finale est égale à : $(9) + (15 \times 2) \div 3 = 13/20$
- Linda a obtenu 15 à l'écrit et 9 à l'oral. Sa note finale est égale à : $(15) + (9 \times 2) \div 3 = 11/20$

La note finale d'Ophélie est supérieure à celle de Linda. Elle sera donc mieux classée dans la liste des admis.

Si deux candidats obtiennent la même note globale, la priorité est accordée à celui qui aura obtenu la meilleure note à l'épreuve orale d'admission.

4 Qui organise les concours ?

L'organisation de la quasi-totalité des concours et examens professionnels de la fonction publique territoriale relève de la compétence des centres de gestion départementaux (CDG), qui les organisent pour les collectivités affiliées et pour celles qui ont passé convention à cet effet. Cependant, certaines grandes collectivités locales non affiliées à un centre de gestion organisent leurs propres concours. C'est le cas, par exemple, de la Ville de Paris (voir chapitre suivant). Au niveau régional ou interrégional, les CDG peuvent conclure ensemble une charte/convention par laquelle ils désignent un centre de gestion coordonnateur organisateur du concours.

Les regroupements conduisent à une limitation des dates de concours. On s'oriente progressivement vers l'organisation d'un concours national.

Les CDG demandent chaque année aux collectivités si elles envisagent de procéder à des recrutements. Ils comparent les besoins exprimés avec la liste des candidats inscrits sur la liste d'aptitude issus des concours précédents mais toujours à la recherche de poste et celle des agents en attente de réintégration.

S'il y a plus de postes à pourvoir que de postulants potentiels, le CDG ouvre un concours. Dans le cas contraire, le concours n'est pas organisé et les collectivités recrutent des professionnels inscrits sur la liste d'aptitude ou des remplaçants en CDD.

La périodicité des concours et des examens professionnels peut varier selon les départements : certains sont annuels, d'autres sont organisés tous les 2 ou 3 ans en fonction des besoins de recrutement.

Chaque session de concours fait l'objet d'un arrêté d'ouverture qui précise la date limite de dépôt des candidatures, la date et le lieu des épreuves, le nombre de postes à pourvoir ainsi que l'adresse à laquelle les candidatures doivent être déposées.

5 Comment s'inscrire aux concours ?

Vous trouverez les coordonnées de tous les CDG ainsi que le calendrier des concours sur le site national des centres de gestion de la fonction publique territoriale : www.fncdg.com.

Les inscriptions peuvent se faire en ligne ou sur dossier à télécharger en format papier et à adresser au centre de gestion de votre choix. Lisez bien les formalités à accomplir et respectez la date limite de dépôt des dossiers de candidature.

6 Quelle est la composition du jury de sélection ?

L'autorité territoriale qui organise le concours, nomme au minimum six examinateurs. Ces derniers constituent le jury « plénier ». Ils sont répartis, quel que soit leur nombre, équitablement dans trois collèges distincts :

- des fonctionnaires territoriaux ;
- des personnalités qualifiées ;
- des élus locaux.

Parmi ces membres, sont désignés un président et son remplaçant (pour le cas où il serait dans l'impossibilité d'accomplir sa mission).

En cas de partage égal des voix, celle du président est prépondérante.

Les examinateurs peuvent se constituer en plusieurs sous-jurys de 2 ou 3 personnes pour réaliser les oraux d'admission de l'ensemble des candidats.

Des correcteurs spécialisés peuvent également être nommés par l'autorité territoriale pour participer à la correction des épreuves sous le contrôle du jury plénier. Ils participent aux délibérations du jury avec une voix consultative, pour l'attribution des notes se rapportant aux épreuves qu'ils ont évaluées ou corrigées.

7 Quelle note finale faut-il atteindre pour espérer être inscrit sur la liste d'aptitude ?

La note d'admission finale varie de 12/20 à 18/20 selon les concours. Figurer sur la liste d'aptitude finale n'est donc pas aisé. Il est indispensable de bien se préparer aux épreuves du concours pour se donner les meilleures chances de réussir.

8 Comment est déterminée la liste d'aptitude ?

À l'issue des épreuves, le jury arrête la liste d'admission sur laquelle figurent les noms des candidats admis et ayant obtenu une note supérieure à la note d'admission dans la limite des places ouvertes au concours.

La collectivité organisatrice du concours établit, au vu de la liste d'admission, la liste d'aptitude sur laquelle figurent les lauréats classés par ordre alphabétique.

L'inscription sur la liste d'aptitude permet de postuler auprès de collectivités territoriales : communes, départements, régions et leurs établissements publics (à l'exception de la Ville de Paris qui organise son propre concours externe).

La recherche d'emploi est une démarche personnelle du lauréat, sachant que les centres de gestion proposent une liste d'offres d'emplois consultables sur leur site internet.

L'inscription sur la liste d'aptitude est nationale. Elle ne vaut pas recrutement. Il appartient aux personnes retenues de postuler auprès des collectivités ayant des postes d'ATSEM vacants en faisant valoir leur inscription sur la liste d'aptitude.

9 Quelle est la durée de validité de la liste d'aptitude ?

La durée de validité de la liste est d'un an. Elle est reconduite d'une voire de deux années supplémentaires pour les lauréats non recrutés dans ce délai. Toutefois, pour bénéficier d'une réinscription pour une deuxième ou une troisième année, ils doivent en faire la demande auprès du centre de gestion par courrier recommandé avec accusé de réception, un mois avant le terme de la première ou de la deuxième année.

Le délai maximal de trois années d'inscription sur la liste d'aptitude peut être suspendu en cas de congé maternité ou de congé parental si le lauréat en fait la demande par écrit auprès du centre de gestion.

10 Que se passe-t-il si le candidat réussit simultanément deux concours ?

En cas de réussite simultanée au concours dans deux centres de gestion différents, le lauréat a 15 jours pour opter pour une inscription sur une des deux listes d'aptitude.

Foire aux questions

- Une collectivité peut-elle recruter hors concours ?

Oui, de nombreuses offres d'emploi sont publiées régulièrement pour le recrutement d'agents contractuels sans concours. Il s'agit essentiellement de contrats de remplacement ouverts à tous, même aux débutants.

- Peut-on passer le concours tous les ans ?

Oui, si vous échouez au concours, vous pouvez vous représenter l'année suivante auprès du même CDG ou d'un autre, en fonction des ouvertures de concours.

- Si je réussis le concours en Nouvelle-Aquitaine, puis-je postuler sur un poste situé en Bretagne ?

Oui, la liste d'aptitude a un caractère national.

- Les ATSEM en poste obtiennent-ils le concours du fait de leur expérience professionnelle ?

Non, il n'y a pas de passe-droit. Ils passent les épreuves de sélection et leurs résultats doivent être suffisants pour être bien classés et figurer sur la liste d'aptitude.

3 Tout savoir sur le concours ASEM

La Ville de Paris organise son propre concours externe pour le recrutement d'agent spécialisé des écoles maternelles (ASEM).

1 Quelles sont les voies d'accès au concours ?

Le concours ASEM de la Ville de Paris est ouvert aux titulaires du CAP accompagnement éducatif petite enfance au jour de l'épreuve. De plus, en application des dispositions du décret n° 2007-196 du 13 février 2007, peuvent être admis à concourir, les candidats titulaires d'un autre diplôme et ayant une décision favorable d'équivalence émanant de la commission d'équivalence pour l'accès aux concours des administrations parisiennes (CEACAP).

Par ailleurs, les pères et les mères d'au moins trois enfants, qui sont ou ont été une charge avant leurs 16 ans ainsi que les sportifs de haut niveau inscrits sur une liste établie par le ministre chargé des Sports, ont la possibilité de s'inscrire au concours sans condition de diplôme.

2 Quelles sont les épreuves du concours ?

Le concours externe organisé par la Ville de Paris comprend deux épreuves :

Épreuves	Contenu
Admissibilité sur examen du dossier du candidat	Le jury examine le dossier du candidat constitué d'une lettre de motivation manuscrite et d'un document type à remplir retraçant son expérience et son parcours. Le jury déclare le candidat admissible ou non admissible.
Oral d'admission	L'épreuve débute par un exposé de 3 minutes du candidat sur son parcours professionnel et sa motivation. Il est suivi d'un entretien avec le jury destiné à apprécier la capacité du candidat à exercer les fonctions d'ASEM, sa connaissance des missions d'un ASEM et de son environnement de travail ainsi que sa capacité à travailler en équipe et en autonomie avec les enfants. Les 3 dernières minutes de l'entretien sont consacrées à la transcription écrite, en 2 lignes maximum, d'un message relatif à une mise en situation professionnelle communiquée par le jury au candidat. Durée : 18 minutes ; Coefficient : 1

3 Quelle est la notation ?

Seule l'épreuve orale est notée de 0 à 20.

Toute note inférieure à 5/20 à l'épreuve d'admission est éliminatoire.

La note finale est celle de l'épreuve orale puisque c'est la seule à être notée.

4 Comment s'inscrire au concours ?

Toutes les modalités d'inscription sont consultables sur le site internet www.paris.fr rubrique « insertion, emplois et formation ». Avant de vous inscrire, prenez le temps de lire le règlement général des concours de la Ville de Paris.

5 Quelle est la composition du jury ?

Le jury du concours ASEM de la Ville de Paris est composé d'au moins six membres répartis, de façon égale, dans trois collèges :

- fonctionnaires territoriaux ;
- personnalités qualifiées ;
- élus locaux.

Ce jury est éventuellement complété par des examinateurs issus du métier recruté.

6 Comment se déroule le recrutement ?

À la fin des épreuves, le jury établit une liste d'admission en classant les lauréats en fonction de leur note finale.

La Ville de Paris prend contact avec eux au fur et à mesure des besoins en personnel et en respectant l'ordre d'inscription. Autrement dit, les ASEM n'ont pas à chercher un poste. La collectivité leur propose une affectation d'abord dans le cadre d'une période probatoire puis, s'ils donnent satisfaction, en les titularisant sur un poste d'agent de la mairie de Paris.

À noter que les ATSEM titulaires dans une collectivité territoriale, peuvent demander leur détachement à Paris.

4 Comment se préparer aux concours ?

Attention

Vous devez obtenir de bons résultats pour espérer décrocher le sésame.

Pour cela, une bonne préparation est incontournable, y compris pour les candidats titulaires du CAP accompagnement éducatif petite enfance. Plus que des connaissances théoriques, on attend des futurs ATSEM/ASEM des aptitudes et des qualités indispensables pour exercer cette profession ainsi qu'une approche réaliste du métier et de son environnement professionnel.

1 Quelles sont les voies de préparation ?

Les concours ATSEM demandent un important travail de préparation. Un candidat sur vingt en moyenne est admis et inscrit sur la liste d'aptitude finale.

On estime le temps de préparation à 6 mois de travail assidu voire plus pour les candidats éloignés du secteur de la petite enfance qui auront davantage de culture professionnelle à acquérir.

Il existe plusieurs voies de préparation. L'idéal serait de ne pas se contenter d'en explorer une seule mais d'en mixer deux voire trois afin de se donner les meilleures chances de réussir.

a. Les stages préparatoires

Des instituts de formation et des collectivités proposent des journées de préparation au concours avec pour objectif de préparer les participants aux épreuves d'admissibilité et d'admission et de proposer une approche du métier et de ses conditions d'emploi (témoignages, films, etc.). Renseignez-vous autour de vous pour savoir si ce type de préparation est mis en œuvre dans votre département ou dans votre région.

b. Les cours de préparation à distance ou en ligne

On trouve tout et n'importe quoi dans ce domaine, d'où l'importance de se renseigner avant toute inscription. Par exemple, les cours du CNED (Centre national d'enseignement à distance) ont bonne réputation.

Ils sont une option sérieuse pour les candidats qui ne peuvent pas intégrer des stages de préparation et qui ont besoin, pour autant, d'être guidés dans leur préparation.

Leurs cours sur plateforme avec des échanges possibles avec des professionnels ou des enseignants sont à privilégier dans la mesure où le candidat n'est pas livré à lui-même.

Il existe des préparations accessibles sur abonnement sur une période déterminée ou au forfait plus ou moins onéreux en fonction du choix des éléments consultables : annales, tests en ligne, concours blancs, etc.

c. Les ouvrages de préparation

Il est possible de préparer le concours en s'appuyant uniquement sur des ouvrages de préparation mais cela implique d'organiser ses révisions et de travailler de façon assidue. Cette solution permet de travailler à son rythme. Elle s'adresse aux candidats capables de travailler en grande autonomie.

d. Les sites internet

Certains sites proposent en libre accès des annales, exercices et fiches de révisions pour préparer les épreuves écrites et orales du concours. Mais soyez attentifs car le contenu de ces sites peut comporter des erreurs.

e. Les forums/groupes sur les réseaux sociaux

Les forums/groupes sur Facebook du type « entraide concours ATSEM » permettent aux candidats d'échanger entre eux ou avec des professionnels sur tous les questionnements en lien avec le concours et le cadre d'emploi d'ATSEM/ASEM.

Prudence cependant, les informations sont nombreuses et parfois contradictoires. Il est utile de les vérifier en consultant des sources documentaires.

Pour autant, ces groupes développent un sentiment d'appartenance à une communauté, celle des postulants au concours, et favorisent le partage quelles que soient les difficultés rencontrées.

2 Comment organiser ses révisions ?

Dès que vous aurez identifié les épreuves de votre concours et ce que l'on attend de vous pour chacune d'entre elles, vous devrez établir un planning de révisions. En effet, l'anticipation, l'organisation et la régularité dans le travail sont les clés de la réussite.

- Commencez par lister tous les éléments des programmes concernés par les épreuves de sélection de votre concours. Malheureusement, il n'existe pas de programme officiel. Vous pouvez vous aider du contenu du présent ouvrage et des informations recueillies lors de vos lectures pour construire votre propre programme. Ne négligez pas les aspects méthodologiques : rien ne sert d'avoir des connaissances si on ne sait comment les mettre en lien avec le travail demandé.

Eléments de programme

QCM

- **Méthodologie :** se familiariser avec les QCM, s'approprier le système de notation, comprendre les consignes, faire le lien avec ses propres connaissances, gérer son temps.
- **Connaissances :** les missions de l'ATSEM, l'organisation et le fonctionnement de l'école, l'environnement de l'école, l'hygiène, la sécurité, l'entretien des locaux, etc.

Oral d'admission

- **Méthodologie :** savoir se présenter, maîtriser sa présentation, faire le lien avec ses connaissances, exposer son projet professionnel et ses motivations, répondre aux questions du jury, se connaître et savoir parler de soi.

- Repérez les éléments de ces programmes qui vous sont éloignés et qui peuvent nécessiter plus d'investissement que d'autres.
- Établissez d'abord un **planning global** de révisions avec un séquençage hebdomadaire en prenant en compte vos disponibilités et le temps qui vous reste avant le concours. Vous trouverez un planning global de révisions sur le rabat de couverture et un exemple de planning hebdomadaire de révisions pour un candidat au concours externe à la dernière page de ce chapitre. Les aspects méthodologiques sont très présents les premières semaines et disparaissent progressivement au profit d'exercices d'entraînement. Votre planning doit tenir compte de vos contraintes personnelles et professionnelles. Certains candidats ne pourront consacrer qu'une heure par jour à leurs révisions, qui s'étaleront sur une période plus longue.
- Divisez ensuite votre planning de révisions par jour et par heure. Mettez les matières les plus difficiles en début de matinée, si vous le pouvez, ou en 2e partie de journée. Ne veillez pas trop tard.
- Durant vos séances de révision, prenez systématiquement des petites pauses (au minimum toutes les deux heures pour ne pas saturer votre cerveau) et variez les matières très régulièrement.

Cette technique de préparation présente de nombreux avantages. Elle vous permet de vous forcer à réviser. En effet, si rien ne vous oblige un minimum à travailler, vous aurez pour certains du mal à vous y mettre. Un planning vous imposera donc un rythme, que vous choisirez vous-même, mais un rythme tout de même, que vous suivrez plus facilement que si vous n'aviez rien prévu. Cela permet une régularité qui est indispensable à une bonne progression et une bonne assimilation de toutes les méthodes et connaissances que vous devez apprendre.

Il est essentiel de démarrer votre préparation plusieurs mois avant le début des épreuves afin d'être prêt le jour J.

Foire aux questions

- Comment organiser ses fiches de révisions ?

Le plus souvent, les candidats choisissent d'établir une fiche par sujet et de surligner les mots clés, se rapportant aux éléments à retenir.

- Que faire en cas de découragement ?

Au début des révisions, la tâche peut sembler insurmontable. Il est recommandé de se fixer des objectifs par jour ou par semaine pour apprécier régulièrement sa progression. Évitez de vous laisser envahir par le doute. Soyez persévérant(e).

Partie 2

Connaissances et savoir-faire

- Les institutions politiques françaises
- Le développement de l'enfant
- Les déterminants de santé de l'enfant
- L'école maternelle : organisation et fonctionnement
- La scolarisation de l'enfant handicapé
- La santé à l'école
- La sécurité à l'école
- L'entretien du linge et des locaux
- Les missions de l'ATSEM sur le temps scolaire
- Les missions de l'ATSEM sur le temps périscolaire
- Les risques professionnels

1 Les institutions politiques françaises

Les institutions politiques

C'est la Constitution du 4 octobre 1958 qui régit le fonctionnement des institutions de la Vᵉ République. Elle a fait l'objet de plusieurs révisions.

1 Le président de la République

Le chef de l'État est élu pour cinq ans au suffrage universel direct (instauration du quinquennat à la suite du référendum du 24 septembre 2000).

Emmanuel Macron, huitième président de la Vᵉ République, a été élu le 7 mai 2017.

Le président de la République nomme le Premier ministre et, sur proposition de celui-ci, les membres du Gouvernement (article 8 de la Constitution).

Il préside le Conseil des ministres, promulgue les lois, signe les décrets et les ordonnances. Il est le chef des armées et de la diplomatie. Il peut dissoudre l'Assemblée nationale.

En qualité de chef de l'État, il veille au respect de la Constitution, décide des grandes orientations politiques et est garant de l'indépendance nationale et de l'intégrité de la Nation.

2 Le Conseil constitutionnel

Il est composé de 9 membres chargés de vérifier d'une part, la conformité des lois avec la Constitution et d'autre part, la régularité des opérations électorales nationales.

3 Le Premier ministre et le Gouvernement

Le Premier ministre est le chef du Gouvernement. Il est désigné par le président de la République.

Il « dirige l'action du Gouvernement » (art. 21 de la Constitution) et, à ce titre, fixe les orientations politiques essentielles qui, hors cohabitation (lorsque le chef du Gouvernement représente un courant politique opposé à celui du président), sont celles du président de la République. Il doit également assurer la coordination de l'action gouvernementale.

Il soumet les projets de lois au Parlement et assure l'exécution des lois.

Il est également responsable de la défense nationale.

Le président de la République nomme les membres du Gouvernement sur proposition du Premier ministre.

Selon la Constitution, il appartient au Gouvernement de déterminer et conduire la politique de la Nation. Le Gouvernement est composé de ministres d'État, de ministres placés à la tête d'un ministère (Finances, Santé, Agriculture, Éducation, Affaires étrangères, etc.), de ministres délégués rattachés au Premier ministre ou d'un autre ministre ainsi que des secrétaires d'État.

Le Conseil des ministres, réunion rassemblant tous les ministres, se réunit, sous la présidence du président de la République, une fois par semaine, le plus souvent le mercredi, à l'Élysée.

4 Le Parlement

Le Parlement représente les citoyens. Il est composé de 2 chambres :

- l'Assemblée nationale, dont les membres appelés « députés » sont désignés au suffrage universel par les Français ;
- le Sénat, composé de sénateurs élus au suffrage universel indirect par des « grands électeurs » (députés, élus locaux, etc.).

Le Parlement détient les pouvoirs législatifs (discuter et voter les lois) et de contrôle du Gouvernement.

Pour qu'une loi soit adoptée, il faut qu'elle soit votée par l'Assemblée nationale et par le Sénat. C'est pourquoi les textes de loi font souvent des allers-retours entre les deux assemblées (c'est ce que l'on appelle la « navette parlementaire »). En cas de désaccord, le Gouvernement peut donner le dernier mot à l'Assemblée nationale.

L'Assemblée nationale a deux caractéristiques que n'a pas le Sénat :

- elle peut voter une « motion de censure » pour renvoyer le Gouvernement ;
- le président de la République peut dissoudre l'Assemblée nationale et renvoyer les députés.

Si le président de la République décède ou démissionne avant la fin de son mandat, il est remplacé temporairement par le président du Sénat.

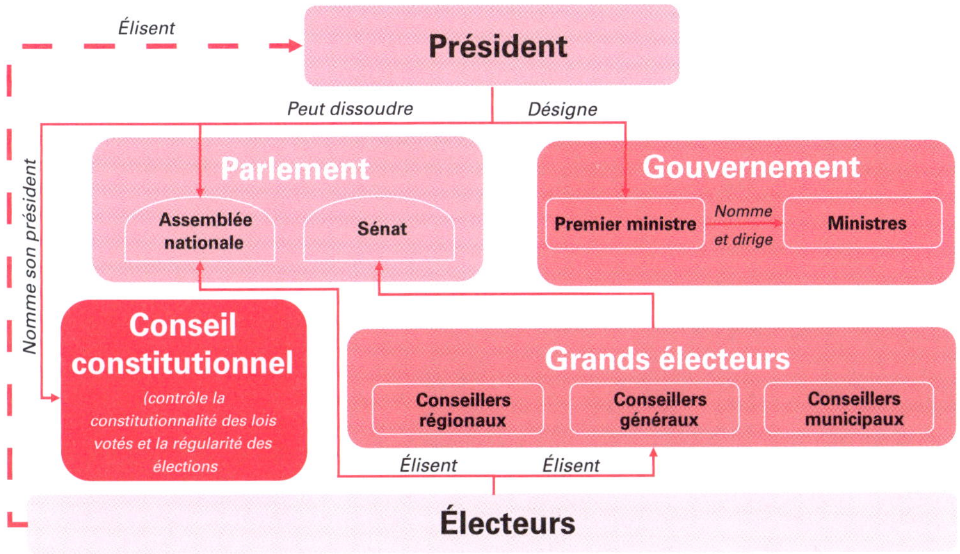

2 Les institutions politiques françaises
L'Europe

1 L'Union européenne

L'Union européenne (UE) est l'association volontaire d'États européens, dans les domaines économique et politique, afin d'assurer le maintien de la paix en Europe et de favoriser le progrès dans les domaines économique et social.

Elle réunit actuellement 28 États membres : Allemagne, Autriche, Belgique, Bulgarie, Chypre, Croatie, Danemark, Espagne, Estonie, Finlande, France, Grèce, Hongrie, Irlande, Italie, Lettonie, Lituanie, Luxembourg, Malte, Pays-Bas, Pologne, Portugal, République tchèque, Roumanie, Royaume-Uni, Slovaquie, Slovénie et Suède.

À noter que le Royaume-Uni a décidé de sortir de l'Union européenne à la suite du référendum du 23 juin 2016. On parle du « Brexit ». Sa sortie initialement prévue le 30 mars 2019, a été repoussée au 31 janvier 2020 au plus tard.

L'UE a été créée par le traité sur l'Union européenne signé à Maastricht et entré en vigueur le 1er novembre 1993.

Elle intervient dans différents domaines :

- l'agriculture avec la politique agricole commune ;
- la culture, l'éducation et l'emploi ;
- le marché commun avec la libre circulation des biens, services, capitaux et des personnes ;
- la protection de l'environnement ;
- les droits de l'homme ;
- le développement des régions (fonds régionaux).

La prise de décision dans l'Union européenne s'appuie sur plusieurs institutions : la Commission européenne (propose les lois), le Conseil et le Parlement européen (votent les lois).

2 La Commission européenne

La Commission et la Cour de justice de l'Union européenne veillent au respect des lois européennes par tous les états membres.

3 Le Conseil et le Parlement européen

Le Conseil de l'Europe (à ne pas confondre avec le Conseil européen), créé en 1949, est une organisation intergouvernementale distincte de l'Union européenne qui réunit, depuis 2014, 47 États membres. Ses objectifs principaux sont :

- de défendre les droits de l'homme et la prééminence du droit ;
- de rechercher des solutions aux problèmes de société ;

- de développer la stabilité démocratique en Europe ;
- de favoriser la prise de conscience et la mise en valeur de l'identité culturelle de l'Europe et de sa diversité.

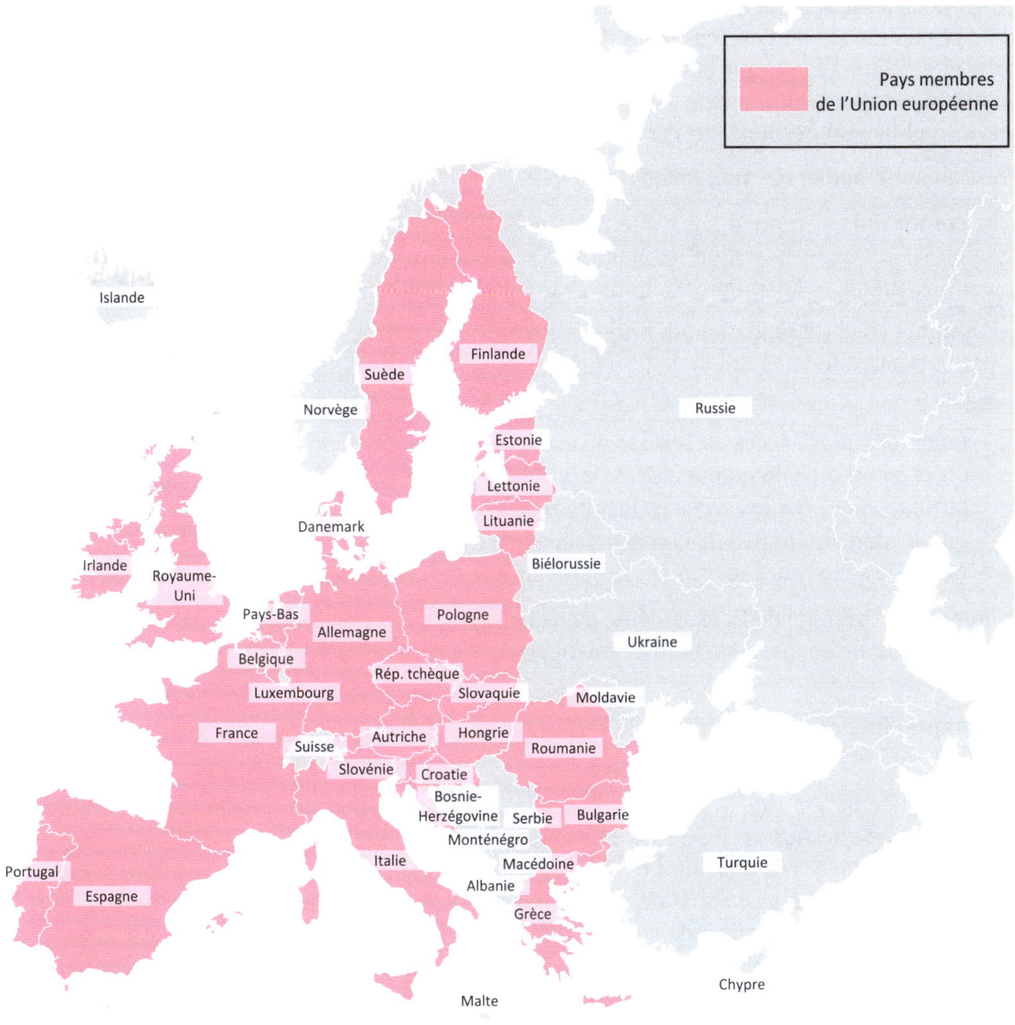

3 Les institutions politiques françaises

Le service public

Le service public remplit quatre fonctions principales : les services publics à finalité d'ordre et de régulation (la défense nationale, la justice, la protection civile, les ordres professionnels, etc.), ceux ayant pour but la protection sociale et sanitaire (Sécurité sociale, service public hospitalier, etc.), ceux à vocation éducative et culturelle (enseignement, recherche, service public audiovisuel ; etc.) et ceux à caractère économique.

Il est organisé autour de trois grands principes :

- **la continuité** : il répond sans interruption à des besoins d'intérêt général. Cependant, selon les services, la notion de continuité n'a pas le même contenu (permanence totale pour les urgences hospitalières, horaires prévus pour d'autres activités) ;
- **l'égalité** : c'est l'application du principe général d'égalité de tous devant la loi, proclamé par la Déclaration des droits de l'homme et du citoyen de 1789. Il signifie que toute personne a :
  - un droit égal à l'accès au service,
  - qu'elle participe de manière égale aux charges financières résultant du service (égalité tarifaire sauf pour les services facultatifs),
  - qu'elle doit être traitée de la même façon que tout autre usager du service sans considération de son sexe, son origine, ses croyances religieuses, son orientation sexuelle, etc.

À noter que la gratuité de l'enseignement en classes d'écoles maternelle et élémentaire ainsi que l'obligation scolaire dès 3 ans permettent d'assurer l'égalité d'accès des plus jeunes à l'éducation.

- **l'adaptabilité ou la mutabilité** : le service public se doit de prendre en compte les évolutions de la société.

En outre, l'école est dite « laïque ». Les personnels ont un devoir de stricte neutralité concernant les questions religieuses. Les enseignements des faits religieux se font dans le respect des croyances de chacun. Les signes et des tenues dont le port conduit à faire immédiatement reconnaître une appartenance religieuse (voile islamique, kippa) sont proscrits. Enfin, nul ne peut se prévaloir de son appartenance religieuse pour refuser de se conformer aux règles applicables.

Une charte de la laïcité est affichée dans les établissements scolaires depuis 2013. Elle contient 15 articles dont l'objectif est de défendre les valeurs de tolérance et du vivre-ensemble mais pose aussi certaines limites. Ainsi, l'article 15, par exemple, indique qu'un élève ne peut contester un enseignement au nom de ses croyances religieuses.

4 Les institutions politiques françaises
Les collectivités territoriales

Les collectivités territoriales ou locales sont des personnes morales de droit public distinctes de l'État qui bénéficient à ce titre d'une autonomie juridique et patrimoniale. Elles n'exercent que des compétences dévolues par l'État.

Leur gestion est assurée par des conseils ou assemblées délibérantes élus au suffrage universel direct et par des organes exécutifs qui peuvent ne pas être élus.

Il existe en France trois niveaux de collectivités territoriales : les communes, les départements et les régions.

1 Les communes

C'est l'échelon le plus proche des citoyens. Il y a 34 979 communes en France au 1er mars 2019. Le maire, qui est élu par le conseil municipal, est à la fois un représentant de l'État dans la commune (il détient des compétences en matière d'état civil et de police administrative) et le détenteur du pouvoir exécutif local (il prépare et exécute les décisions du conseil municipal).

Il s'est développé un échelon intercommunal, qui permet à plusieurs communes de partager la gestion de certains services publics et l'élaboration de certaines politiques communes. Pour ce faire, sont créés des établissements publics de coopération intercommunale (EPCI), qui sont des personnes publiques sans être des collectivités territoriales :

- les syndicats intercommunaux à vocation unique (SIVU), qui n'exercent qu'une compétence (par exemple la gestion de la voirie) ou les syndicats intercommunaux à vocation multiple (SIVOM), qui peuvent en exercer plusieurs ;
- les communautés urbaines (au nombre de 13 au 1er janvier 2019), les communautés d'agglomération (223) et les communautés de communes (1 001).

2 Les départements

Ils sont au nombre de 101, dont 96 en métropole. Depuis mars 2015, les assemblées délibérantes départementales se dénomment **conseils départementaux**. Les électeurs de chaque canton élisent deux membres de sexe différent se présentant en binôme de candidats. Les conseils départementaux se renouvellent intégralement tous les six ans.

La suppression des départements est annoncée dans les années à venir, avec la création des nouvelles régions et le développement de l'intercommunalité.

3 Les régions

Les régions sont passées de 22 à 13 au 1er janvier 2016, dans le cadre de l'application de la loi portant sur la nouvelle organisation territoriale de la République (NOTre) du 16 janvier 2015.

La nouvelle carte des régions

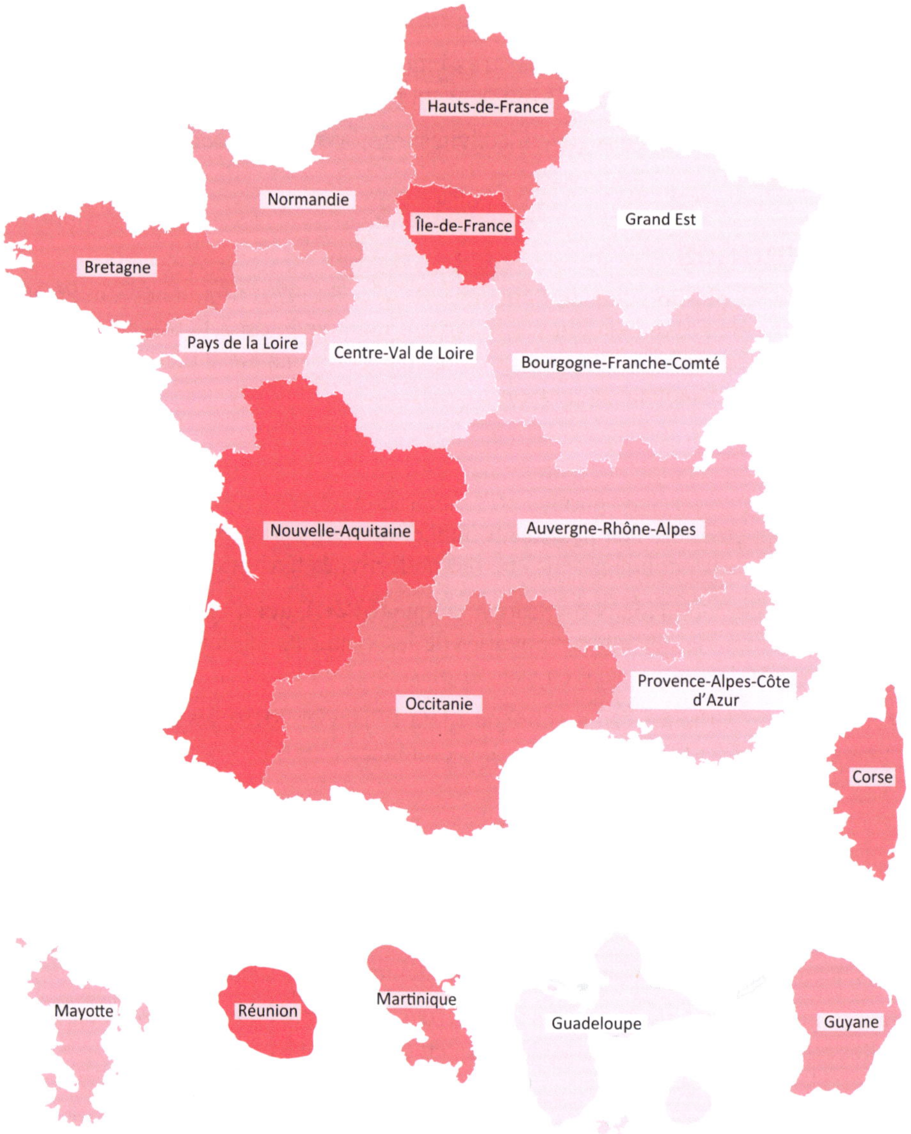

Cette évolution territoriale, qui s'accompagne d'une nouvelle répartition des compétences entre les différentes collectivités, devrait permettre une baisse des dépenses publiques et une meilleure prise en compte des besoins des citoyens français.

Les compétences de l'État et les collectivités territoriales

Les différentes collectivités interviennent en vertu de pouvoirs et dans des domaines qui leur sont conférés par la loi. On parle de « compétences » de l'État et des collectivités territoriales qui se répartissent comme suit :

	Région	Département	Commune	État
Formation professionnelle et apprentissage	Définition de la politique régionale et mise en œuvre.			Définition de la politique nationale et mise en œuvre pour certains publics.
Enseignement	Lycées (bâtiments, TOS*).	Collèges (bâtiments, TOS*).	Écoles (bâtiments).	Université (bâtiments, personnels). Politique éducative.
Culture, vie sociale, jeunesse, sports et loisirs	Culture (patrimoine, éducation, création, bibliothèques, musées, archives). Sport (subventions). Tourisme.	Culture (éducation, création, bibliothèques, musées, archives).	Culture (éducation, création, bibliothèques, musées, archives) Enfance (crèches, centres de loisirs). Tourisme.	Culture (patrimoine, éducation, création, bibliothèques, musées, archives). Sport (formation, subventions). Tourisme.
Action sociale et médico-sociale		Organisation (PMI, ASE)* et prestations (RMI, RMA et APA)*.	Action sociale facultative (CCAS*).	Organisation et prestations (AAH, CHRS)*.
Urbanisme			PLU*, SCOT*, permis de construire, ZAC*.	PIG*, OIN* et DTA*.
Aménagement du territoire	Schéma régional (élaboration) CPER*.	Schéma régional (avis, approbation).	Schéma régional (avis, approbation).	Politique d'ATR* CPER*.

	Région	Département	Commune	État
Environnement	Espaces naturels. Parcs régionaux. Eau (participation au SDAGE*).	Espaces naturels. Déchets (plan départemental). Eau (participation au SDAGE*).	Espaces naturels. Déchets (collectes, traitement). Eau (distribution, assainissement). Énergie (distribution).	Espaces naturels. Parcs nationaux. Eau (police, SDAGE*). Énergie.
Grands équipements	Ports fluviaux. Aérodromes.	Ports maritimes, de commerce et de pêche. Aérodromes.	Ports de plaisance. Aérodromes.	Ports autonomes et d'intérêt national. Voies navigables. Aérodromes.
Voirie	Schéma régional.	Voies départementales.	Voies communales.	Voies nationales.
Transports	Transports ferroviaires régionaux.	Transports routiers et scolaires hors milieu urbain.	Transports urbains.	Réglementation.
Communication	Gestion des réseaux. Financement.	Gestion des réseaux.	Gestion des réseaux.	Réglementation.
Logement		Financement, parc et aides (FSL*), plan et office de l'habitat.	Financement, parc et aides, PLH*.	Politique nationale du logement.
Développement économique	Aides directes et indirectes.	Aides indirectes.	Aides indirectes.	Politique économique.
Sécurité		Circulation. Prévention de la délinquance. Incendie et secours.	Police municipale. Circulation et stationnement. Prévention de la délinquance.	Police générale et polices spéciales.

AAH : allocation d'adulte handicapé ; APA : allocation personnalisée d'autonomie ; ASE : aide sociale à l'enfance, CCAS : centre communal d'action sociale ; CHRS : centre d'hébergement et de réinsertion sociale ; CPER : contrat de projet État/région ; DTA : directive territoriale d'aménagement ; FSL : fonds de solidarité pour le logement ; OIN : opérations d'intérêt national :

PIG : projet d'intérêt général ; PLH : programme local de l'habitat ; PLU : plan local d'urbanisme ; PMI : protection maternelle et infantile ; RMI-RMA devenu RSA : revenu de solidarité active ; SCOT : schéma de cohérence territoriale ; SDAGE : schéma d'aménagement et de gestion des eaux ; TOS : personnels ouvriers, techniciens et de service ; ZAC : zone d'aménagement concerté.

Pour parfaire vos connaissances sur ce sujet, consultez le site : www.collectivites-locales.gouv.fr.

Le fonctionnement des municipalités

Chaque commune, quelle que soit sa taille, est administrée, d'une part, par un conseil municipal et, d'autre part, par le maire et un ou plusieurs adjoints élus par le conseil municipal en son sein.

Les conseillers municipaux sont élus, pour un mandat de 6 ans, au suffrage universel direct par les électeurs français et européens inscrits sur les listes électorales. Il s'agit d'un scrutin de liste.

Dans une commune de plus de 1 000 habitants, le système combine scrutin majoritaire à 2 tours et scrutin proportionnel. L'élection est acquise au premier tour si une liste recueille la majorité absolue des suffrages supprimés. Dans le cas contraire, un second tour est organisé. À l'issue de l'élection, il est attribué à la liste qui a obtenu le plus grand nombre de voix, un nombre de sièges égal à la moitié du nombre de sièges à pourvoir, arrondi à l'entier supérieur. Les autres sièges sont répartis entre les différentes listes (si elles recueillent au moins 5 % des suffrages exprimés) à la représentation proportionnelle en appliquant la règle de la plus forte moyenne. Les sièges sont attribués aux candidats par ordre de présentation sur chaque liste.

Dans les communes de moins de 1 000 habitants, l'élection a lieu au scrutin de liste plurinominal majoritaire. Pour être élu au premier tour, la liste doit obtenir la majorité absolue des suffrages exprimés et totaliser un nombre de suffrages égal au quart de celui des électeurs inscrits. En cas de second tour, l'élection a lieu à la majorité relative.

1 Le maire

Le maire et ses adjoints sont ensuite élus par le conseil municipal. Le maire est désigné par élection à bulletin secret et à la majorité absolue. Les adjoints sont élus selon un scrutin de listes bloquées et paritaires (autant d'hommes que de femmes) à la majorité absolue.

Le maire est chargé :

- de mettre en œuvre les décisions du conseil municipal ;
- de préparer et de proposer le budget ;
- de donner ordre au comptable public de payer les dépenses ;
- de gérer les revenus de la commune et de surveiller la comptabilité communale ;
- de signer les marchés publics ;
- de conduire la procédure de passation des marchés publics en respectant les règles de publicité et de mise en concurrence concernant les travaux communaux ;
- de diriger les travaux communaux ;
- de conserver et d'administrer les propriétés de la commune ;
- de passer les actes de vente : acquisition, transaction, etc. ;

- de passer, le cas échéant, des baux conférant la jouissance exclusive d'un bien avec un cocontractant qui ne sera pas obligatoirement un habitant de la commune (exemple : bail emphytéotique administratif) ;
- de prendre les mesures relatives à la gestion de la voirie communale ;
- de surveiller les établissements communaux (CCAS, écoles maternelles et élémentaires, établissements publics sociaux ou médico-sociaux, etc.) ;
- de prendre les mesures nécessaires pour la destruction des animaux nuisibles et la prise en charge des animaux errants.

Dans le cadre de ses fonctions, le maire agit également en tant qu'agent de l'État. À ce titre, il est notamment chargé de l'état civil, de la révision et de la tenue des listes électorales, de l'organisation des élections ainsi que du recensement citoyen. En outre, il dispose d'attributions spécifiques en matière de police et de sécurité civile. Dans ces missions, le maire est placé sous le contrôle de l'autorité administrative (préfet ou sous-préfet) ou judiciaire (procureur de la République).

2 Le conseil municipal

Le conseil municipal représente les habitants de la commune. Il est chargé de régler par ses délibérations les affaires de la commune. Il vote le budget et approuve le compte administratif. Il peut créer et supprimer des services publics municipaux, décider des travaux, gérer le patrimoine communal et accorder des aides favorisant le développement économique.

Il se réunit au moins une fois par trimestre. Les séances sont présidées par le maire. Les délibérations des conseils municipaux se prennent à la majorité absolue des suffrages exprimés (soit la moitié + 1).

Dans les communes de plus de 3 000 habitants, le conseil municipal a l'obligation d'adopter un règlement intérieur fixant les règles de fonctionnement de la municipalité.

3 Les conseils communautaires

Depuis 2014, les citoyens élisent, en même temps que les élus municipaux, les conseillers communautaires. Ces derniers représentent les communes au sein des établissements publics de coopération intercommunale (EPCI).

Les électeurs des communes de plus de 1 000 habitants désignent le même jour sur le même bulletin de vote les élus de leur commune et ceux de l'intercommunalité.

Dans les communes de moins de 1 000 habitants, les conseillers communautaires sont des membres du conseil municipal.

7 Les institutions politiques françaises

La Ville de Paris

Paris est une collectivité territoriale spécifique. Elle est à la fois commune et département.

Elle est composée de 20 arrondissements présidés chacun par un maire d'arrondissement élu au sein d'un conseil d'arrondissement dont le pouvoir de décision concerne les équipements de proximité à vocation éducative, sociale, culturelle, sportive et d'information de la vie locale de l'arrondissement.

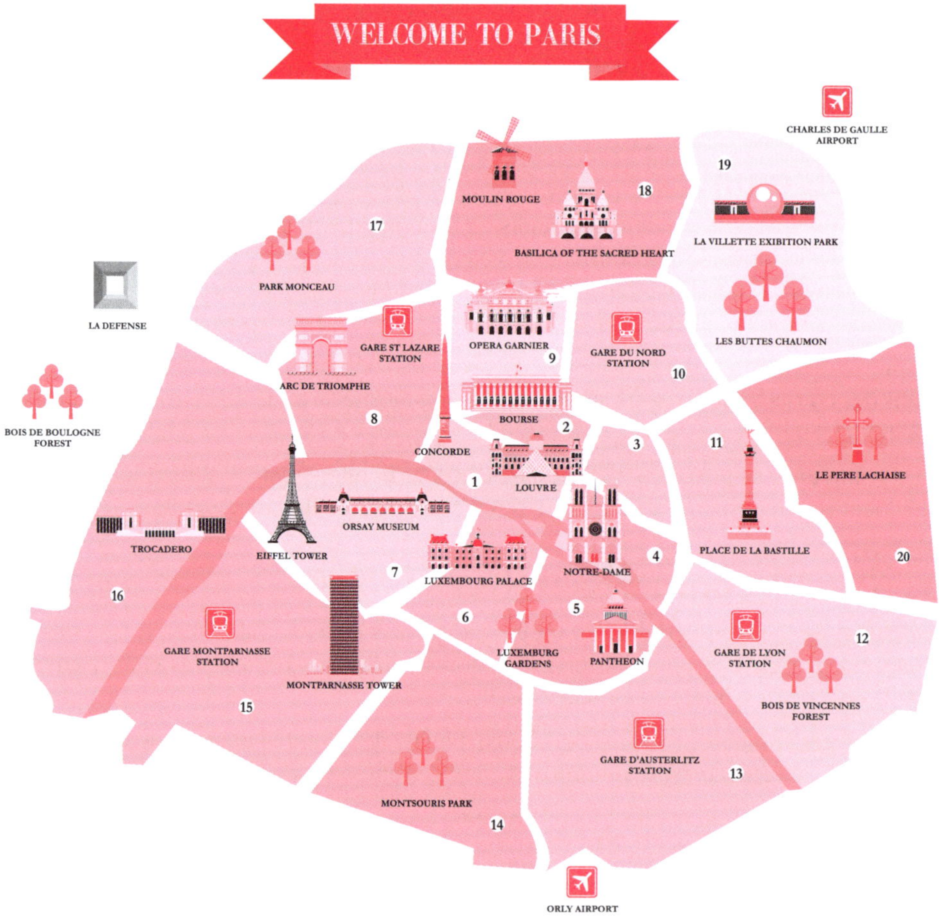

1 LOUVRE
2 BOURSE
3 TEMPLE
4 HOTEL-DE-VILLE
5 PANTHEON
6 LUXEMBOURG
7 PALAIS-BOURBON
8 ELYSEE
9 OPERA
10 ENCLOS-ST-LAURENT
11 POPINCOURT
12 REUILLY
13 GOBELINS
14 OBSERVATOIRE
15 VAUGIRARD
16 PASSY
17 BATIGNOLLES-MONCEAU
18 BUTTES-CHAUMONT
19 BOIS DE BOULOGNE
20 BOIS DE VINCENNES

Adobe Stock ©katedemian

Les maires d'arrondissement constituent le Conseil de Paris. Ils élisent en leur sein le maire de Paris.

La maire de Paris est actuellement Mme Anne Hidalgo, élue le 5 avril 2016.

Le Conseil de Paris a les attributions d'un conseil municipal (à la tête de la commune de Paris) et d'un conseil départemental (à la tête du département de Paris).

Le maire de Paris et ses adjoints et les maires et les conseillers d'arrondissements ne sont pas officiers de police judiciaire (OPJ), mais officiers d'état civil. Le préfet de police de Paris dispose de la quasi-totalité des pouvoirs de police du maire de Paris : il n'y a de préfet de police qu'à Paris, où il n'y a pas de préfet.

La métropole de Grand Paris, EPCI, regroupe la commune de Paris et les 130 communes des départements de la Petite Couronne (c'est-à-dire des Hauts-de-Seine, de la Seine-Saint-Denis et du Val-de-Marne). Elle met en œuvre des actions métropolitaines afin d'améliorer le cadre de vie de ses habitants, de réduire les inégalités entre les territoires qui la composent et de développer un modèle urbain, social et économique durable.

Entraînement

Pour chacune des questions suivantes, mettez une croix dans la ou les case(s) correspondant à la ou aux bonne(s) réponse(s).

1. Comment le président de la République est-il élu ?

❒ **a.** Au scrutin majoritaire uninominal à un tour.

❒ **b.** Au scrutin majoritaire uninominal à deux tours.

❒ **c.** Au scrutin de liste à deux tours.

2. Combien de mandats consécutifs un président de la République peut-il exercer ?

❒ **a.** 3.

❒ **b.** 2.

❒ **c.** Il n'y a pas de limitation.

3. Qui nomme le Premier ministre :

❒ **a.** Le Parlement.

❒ **b.** Le Conseil constitutionnel.

❒ **c.** Le président de la République.

❒ **d.** L'Assemblée nationale.

4. La loi est votée par :

❒ **a.** Le Sénat.

❒ **b.** L'Assemblée nationale.

❒ **c.** Le Parlement (Assemblée nationale et Sénat).

5. Les députés sont élus lors des élections :

❒ **a.** Cantonales.

❒ **b.** Législatives.

❒ **c.** Nationales.

6. La France est composée d'environ :

❒ **a.** 22 000 communes.

❒ **b.** 35 000 communes.

❒ **c.** 55 000 communes.

❒ **d.** 62 000 communes.

7. Le maire n'est pas :

❒ **a.** Élu pour 5 ans.

❒ **b.** Élu pour 6 ans.

❒ **c.** Élu par le Conseil municipal.

8. Pour nommer un ATSEM, le maire rédige :

❒ **a.** Une circulaire.

❒ **b.** Un décret.

❒ **c.** Un arrêté.

❒ **d.** Une délibération.

9. La région n'a pas pour compétence :

❒ **a.** La petite enfance.

❒ **b.** La construction, l'entretien et le fonctionnement des collèges.

❒ **c.** La construction, l'entretien et le fonctionnement des lycées.

❒ **d.** Le ramassage et le traitement des ordures ménagères.

❒ **e.** L'apprentissage.

10. La continuité du service public :

❒ **a.** Impose un fonctionnement régulier.

❒ **b.** Rend illégale la fermeture le dimanche.

❒ **c.** Est la cause de l'interdiction faite aux fonctionnaires de faire la grève.

❒ **d.** Est un des grands principes du service public.

11. La mairie de Paris :

❒ **a.** Gère la construction des écoles élémentaires.

❒ **b.** Gère l'approvisionnement des écoles maternelles en produits d'entretien.

❒ **c.** Définit les programmes scolaires dans les établissements scolaires.

❒ **d.** Finance les voyages scolaires.

12. Le maire de Paris est :

❒ **a.** Élu pour 5 ans.

❒ **b.** Élu pour 6 ans.

❒ **c.** Élu au suffrage universel.

❒ **d.** Élu par le Conseil municipal.

❒ **e.** Élu par les maires d'arrondissement.

13. La Ville de Paris est :

❒ **a.** À la fois une commune et une région.

❒ **b.** À la fois un département et une commune.

❒ **c.** Un département d'outre-mer.

14. Les conseillers de Paris siègent :

❒ **a.** Au conseil de Paris.

❒ **b.** Au conseil d'arrondissement dont ils sont élus.

❒ **c.** Au conseil de la métropole du Grand Paris.

15. La métropole du Grand Paris :

❒ **a.** A été créée par la loi du 27 janvier 2014 renforcée par la loi Notre (nouvelle organisation territoriale de la République) du 1er janvier 2016.

❒ **b.** Regroupe Paris, les communes des départements des Hauts-de-Seine, de la Seine-Saint-Denis et les 7 communes des départements limitrophes de l'Essonne et du Val d'Oise.

❒ **c.** Représente 6 millions d'habitants.

Corrigé

1. **Bonne réponse B :** Pour être élu au 1er tour, le candidat doit obtenir la majorité absolue (50 % des suffrages exprimés plus une voix). Si aucun candidat n'y parvient, un second tour de scrutin a lieu auquel ne peuvent se présenter que les deux candidats ayant réalisé les deux meilleurs scores au 1er tour. Au second tour, la majorité relative suffit. Le candidat qui a obtenu le plus grand nombre de suffrages, l'emporte.
2. **Bonne réponse B :** Depuis 2008, l'exercice de la fonction présidentielle est limité à deux mandats successifs.
3. **Bonne réponse C :** Le président de la République nomme le Premier ministre conformément à l'article 8 de la Constitution.
4. **Bonne réponse C :** La proposition de loi est adoptée lorsqu'elle a été votée par l'Assemblée nationale et le Sénat.
5. **Bonne réponse B :** Les députés sont élus lors des élections législatives.
6. **Bonne réponse B :** En 2019, on répertorie 34 979 communes.
7. **Bonne réponse A :** Le maire est élu pour un mandat de 6 ans par le Conseil municipal *(attention à la formulation négative de l'intitulé)*.
8. **Bonne réponse C :** L'ATSEM est nommé par un arrêté du maire.
9. **Bonnes réponses A, B et D :** La petite enfance est de la compétence des communes, les collèges et le ramassage des déchets de la compétence des départements.
10. **Bonnes réponses A et D :** La continuité est un des grands principes du service public. Pour autant, cela ne veut pas dire des services ouverts en continu ou ouverts tous les jours de l'année. Cela ne se justifie pas dans tous les services publics comme l'Éducation nationale par exemple. L'ouverture doit être régulière pour répondre aux besoins de la population.
11. **Bonnes réponses A, B et D :** Les programmes scolaires sont définis au niveau national par l'Éducation nationale. La collectivité soutient les initiatives et les projets scolaires.
12. **Bonnes réponses B et D :** Le maire de Paris est élu pour 6 ans comme tous les autres maires. Il est élu par les conseillers de Paris réunis dans le Conseil de Paris.
13. **Bonne réponse B :** La Ville de Paris est une commune et un département.
14. **Bonnes réponses A et B :** Ils sont conseillers municipaux et départementaux.
15. **Bonnes réponses A et B :** Grand Paris regroupe 130 communes et 7 millions d'habitants.

Le développement physique global

Le métier d'ATSEM/ASEM nécessite de connaître parfaitement les étapes du développement du jeune enfant de 0 à 6 ans sur les dimensions psychomotrice, psychologique, sociale, cognitive et du langage. Ces connaissances vont lui permettre d'adopter les pratiques et postures professionnelles adaptées.

1 Évolution de la taille et du poids

À la naissance, le nouveau-né mesure en moyenne 50 cm. Jusqu'au 3e mois, il va grandir de 3 cm par mois, puis 2 cm jusqu'au 6e mois.

Le poids moyen du nouveau-né est de 3,3 kg. À 5 mois, il a doublé son poids de naissance.

Évolution de la taille et du poids entre 6 mois et 8 ans

Âge	Taille moyenne	Poids moyen
6 mois	65 cm	7,4 kg
1 an	75 cm	10 kg
2 ans	85 cm	12 kg
3 ans	95 cm	13,5 kg
4 ans	100 cm	14,5 kg
5 ans	107 cm	17 kg
6 ans	116 cm	19 kg
7 ans	122 cm	21,5 kg
8 ans	128 cm	24 kg

2 La surveillance

Les mesures de taille et de poids sont prises régulièrement et comparées à des courbes de croissance dites « normales ».

Elles permettent de repérer par exemple une obésité de l'enfant ou un retard de croissance.

L'IMC (indice de masse corporelle ou de corpulence) se définit par le rapport du poids (en kg) sur la taille (en m). La valeur obtenue est comparée à une courbe de corpulence de référence.

9 Le développement de l'enfant
La motricité

1 La motricité globale

On entend par motricité globale, les mouvements qui font appel aux grands muscles du corps et qui incluent s'asseoir, se tenir debout, marcher, courir, garder son équilibre et changer de position.

Âge	Étapes de développement de la motricité globale : l'enfant peut…
À 3 mois	• Contrôler les mouvements de la tête en position assise. • Lever la tête et la poitrine quand il est couché sur le ventre. • S'étirer et gigoter les jambes et les bras en étant sur le dos ou sur le ventre. • Pousser sur les jambes lorsque les pieds sont appuyés sur une surface dure.
À 8 mois	• Rouler entre une position sur le dos et sur le ventre et inversement. • Se mettre en position assise tout seul. • Supporter son propre poids sur ses jambes. • Contrôler le haut du corps et les bras.
Entre 12 et 14 mois	• Marcher à quatre pattes. • Passer de la position assiste à la position à quatre pattes ou sur le ventre. • Se mettre debout. • Se déplacer avec des appuis. • Marcher en tenant la main d'un adulte voire faire quelques pas sans aide.
À 18 mois	• Grimper sur une chaise. • Marcher seul.
À 2 ans	• Porter un objet en marchant. • Courir à petite vitesse. • Lancer un ballon.
À 3 ans	• Monter un escalier en alternant les pieds sur les marches. • Courir. • Sauter sur place à pieds joints. • Pédaler sur un tricycle.
À 4 ans	• Attraper un ballon qui rebondit. • Frapper un ballon avec son pied vers l'avant • Être à l'aise pour conduire son tricycle. • Pouvoir tenir sur un pied quelques secondes.
À 5 ans	• Pouvoir sauter sur un pied. • Faire du vélo. • Pouvoir tenir quelques secondes sur la pointe des pieds.
À 6 ans	• Il fait la différence entre sa droite et sa gauche et affine sa motricité.

2 La motricité fine

On entend par motricité fine, les habiletés qui font appel aux petits muscles de la main et des doigts, qui permettent de dessiner, s'habiller, jouer et écrire. La motricité fine comprend aussi la coordination « main-œil ».

Âge	Étapes de développement de la motricité fine : l'enfant peut…
Le nouveau-né	• Refermer la main lorsqu'on dépose un objet au creux de sa paume : c'est le réflexe de préhension qui disparaît avant l'âge de trois mois. • Progressivement bouger ses bras, mains et doigts de façon contrôlée.
De 3 à 6 mois	• Tenir un objet dans la main, le secouer, le porter à sa bouche. • Jouer avec ses mains. • Lâcher un objet si on lui en présente un autre.
De 6 à 9 mois	• Tenir son biberon. • Saisir son pied. • Garder un objet dans une main si on lui en présente un autre. • Toucher quelque chose avec un doigt. • Faire au revoir.
De 12 à 18 mois	• Saisir un petit objet entre le pouce et l'index. • Jeter des objets par terre. • Donner des objets. • Essayer de manger seul. • Faire des gribouillages à l'aide d'un crayon.
De 18 à 24 mois	• Construire une tour de 3-4 cubes. • Enlever des gants et des chaussettes. • Montrer avec son index quelqu'un ou un objet.
De 2 à 3 ans	• Construire une tour de 6-7 cubes. • Tracer des traits horizontaux et des cercles. • Insérer un carré dans une boîte à formes. • Tourner les pages d'un livre pour enfants. • Prendre de la nourriture avec une fourchette. • Découper une feuille avec des ciseaux.
De 4 à 5 ans	• Tenir un crayon comme un adulte. • Construire une tour de 10 cubes. • Recopier des lettres. • Boutonner et déboutonner ses vêtements.
Après 5 ans	• Écrire spontanément et entre des traits. • Attacher ses lacets. • Recopier un carré, un triangle. • Colorier des images.

Foire aux questions

- Pourquoi propose-t-on des parcours motricité à l'école maternelle ?

L'activité « motricité » permet aux jeunes élèves de vivre des expériences corporelles et contribue à leur développement moteur, sensoriel, affectif et cognitif. Les enfans explorent le champ des possibles et apprennent à agir dans des environnements variés.

10 Le développement psychique

Sigmund Freud a donné une description du développement psycho-affectif de l'enfant sous la forme d'un enchaînement de stades ou de problématiques rencontrées en lien avec une zone érogène déterminée, un choix d'objet et un niveau de relation objectale spécifiques. Il utilisait la notion de « sexualité infantile » pour définir « tout ce qui concerne les activités de la première enfance en quête de jouissance/plaisir local, que tel ou tel organe est susceptible de procurer ».

1 Le stade oral

Le stade oral caractérise approximativement la première année de l'enfant.

La zone érogène prévalente est la bouche : c'est la partie du corps avec laquelle le nourrisson entre en contact avec l'extérieur. L'enfant éprouve du plaisir à sucer le sein de sa mère ou la tétine du biberon. Progressivement, il va aussi sucer son pouce.

Selon Freud, l'objet original du désir est le sein maternel qui provoque « la satisfaction libidinale étayée sur le besoin physiologique d'être nourri ».

Vers 8-9 mois, peut se mettre en place un comportement agressif. L'enfant mord le sein de sa mère, les autres enfants, etc.

2 Le stade anal

Le stade anal débute vers 18 mois pour se terminer entre 3 et 4 ans.

La zone érogène prévalente devient la région anorectale et par extension, l'intérieur du corps. L'enfant va éprouver du plaisir à décider de contenir ou non ses excréments (selles et urines) et à les contempler.

C'est aussi la période des gros mots. L'enfant contrôle sa propreté mais aussi son langage. C'est une étape indispensable au développement normal des individus.

Il est important de ne pas exiger trop tôt d'un enfant qu'il soit propre dans la mesure où cet apprentissage va de pair avec son développement moteur. Cette attitude pourrait se traduire ultérieurement par des troubles psychiques de type obsessionnel.

3 Le stade phallique

Le stade phallique prend place entre 3 et 5 ans.

La zone érogène prévalente est les parties génitales : le pénis chez le garçon, le clitoris chez la fille. L'enfant découvre les différences anatomiques garçon/fille et se constitue progressivement sa propre identité sexuelle. La masturbation infantile est quelque chose de normale à ce stade du développement psychique.

Le petit garçon éprouve une réelle angoisse de « castration » : peur d'une punition qui consisterait à lui couper son pénis. La petite fille, elle, se considère comme déjà « castrée ».

Cette période se caractérise également par l'apparition du complexe d'Œdipe : l'enfant veut épouser sa mère mais doit tuer symboliquement son père pour y parvenir. En effet, il découvre que la mère éprouve un sentiment tendre envers le père et que lui-même n'est pas le seul objet de préoccupation de sa mère.

Le petit garçon montre de l'agressivité et de la jalousie à l'égard de son père. Il veut devenir l'unique objet de désir de sa mère. Le père est donc un rival. L'angoisse de castration peut limiter la compétition avec le père. La relation peut évoluer vers un rapport de soumission, puis d'admiration.

La petite fille fait du charme à son père. Elle est jalouse de ne pas avoir de pénis et cherche auprès de son père à l'acquérir ou du moins à obtenir ce qu'elle ressent comme un équivalent : un enfant.

Le complexe d'Œdipe peut se définir par le rejet inconscient et normal du parent de même sexe, dû à une projection amoureuse sur le parent de sexe opposé. Cette étape se résout naturellement par l'identification progressive au parent de même sexe.

Vers 5-6 ans, le complexe d'Œdipe est refoulé. Une période dite de latence se met en place jusqu'au moment de la puberté. Les sensations ressenties pendant les phases précédentes sont oubliées.

Foire aux questions

- Est-ce normal que des enfants aient des réticences face aux toilettes communes ?

L'entrée en maternelle marque, pour beaucoup d'enfants, le début de la vie en collectivité. Ils doivent apprendre à gérer leur intimité. L'ATSEM doit chercher à comprendre le ressenti de l'enfant et s'efforcer de respecter sa pudeur.

11

Le développement de l'enfant

Le développement cognitif (ou intellectuel)

Selon Jean Piaget (psychologue), il existe 4 stades dans le développement de l'intelligence.

1 L'intelligence sensori-motrice (0 à 2 ans)

C'est un stade axé sur la perception et l'action. L'enfant fait des expériences de manipulation et perçoit progressivement les limites de son corps. Il acquiert la permanence de l'objet (le fait de savoir qu'un objet existe même s'il n'est pas visible) et commence à faire des liens de causalité entre ses actions et leurs résultats.

2 L'intelligence pré-opératoire (2 à 6-7 ans)

L'enfant commence à faire le lien entre l'objet et le symbole (l'objet fourchette, le mot fourchette prononcé, le mot fourchette écrit, le dessin d'une fourchette, etc.). C'est le stade du développement du langage, de l'imitation, du dessin.

3 L'intelligence des opérations concrètes (7 à 11-12 ans)

À ce stade, la pensée devient logique, les notions de temps, d'espace et de vitesse se précisent et les classifications fondées sur des critères s'affinent.

4 L'intelligence des opérations formelles (à partir de 11-12 ans)

L'adolescent peut réfléchir à des choses abstraites (l'art, l'amour, la mort, la religion, etc.) et peut adopter temporairement l'avis d'un autre, c'est le début de l'autocritique.

12 Le développement de l'enfant
La dentition

À partir de 6 mois, l'enfant va développer des dents de lait qui vont lui permettre de mâcher et parler.

0 à 6 mois **6 à 10 mois** **7 à 12 mois**

Les incisives centrales d'abord inférieures puis supérieures apparaissent les premières.

10 à 12 mois

12 à 14 mois

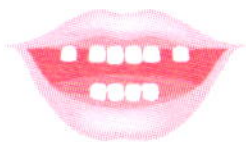

15 à 19 mois

Les incisives latérales supérieures sont visibles entre le 9e et le 13e mois, et les incisives latérales inférieures viennent entre le 10e et le 16e mois.

Les canines inférieures apparaissent entre le 16e et le 23e mois, et les supérieures entre le 16e et le 22e mois.

Les premières molaires supérieures apparaissent entre 13 et 19 mois, les premières molaires inférieures mettent un peu plus de temps, elles arrivent entre le 14e et le 18e mois.

Les secondes molaires inférieures arrivent entre le 23e et le 31e mois, les secondes molaires supérieures entre le 25e et le 33e mois.

À 3 ans, la plupart des enfants ont leurs 20 dents de lait temporaires.

Les dents de lait commencent à tomber à partir de l'âge de 6 ans, pour laisser la place à la dentition définitive. Il s'agit d'abord des incisives vers l'âge de 6 ans, les prémolaires vers 11 ans et les canines vers 12 ans.

En plus du remplacement des dents de lait, apparaissent les molaires : les premières vers 6 ans et les secondes vers 12 ans.

Les troisièmes molaires ou dents de sagesse peuvent être visibles à partir de 18 ans.

La dentition définitive comprend par mâchoire : 4 incisives, 2 canines, 4 prémolaires, 6 molaires.

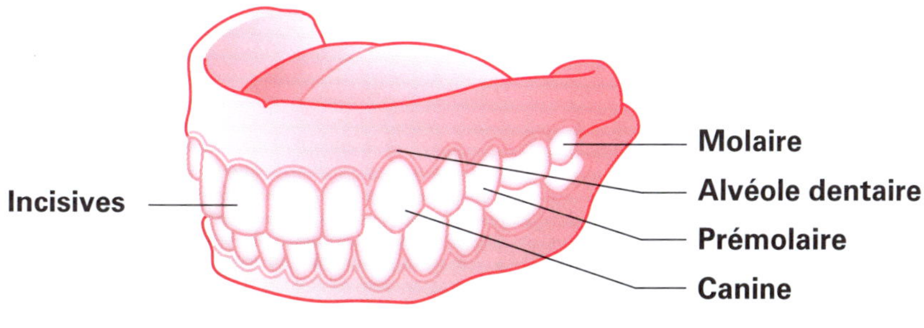

Le brossage des dents doit commencer dès que les dents apparaissent. Pour éviter les caries et la formation de la plaque dentaire, le brossage doit être régulier (matin, midi et soir) et l'absorption de sucres en dehors des repas est à éviter.

À l'école maternelle, vous devez, en qualité d'ATSEM, lors du passage aux toilettes après le repas, encadrer et surveiller le brossage des dents des élèves.

Chaque enfant dispose de sa propre brosse à dents et gobelet.

Idéalement, le brossage doit s'effectuer de haut en bas avec un mouvement rotatif pendant au moins 3 minutes. Cette méthode est difficile pour les plus jeunes qui n'ont pas une motricité suffisamment fine pour réaliser ces gestes précis. Pour autant, le temps de brossage doit être respecté. La bouche est rincée après le brossage.

13 Le développement de l'enfant
Le langage

Âge	Étapes de développement du langage : l'enfant peut…
À 3 mois	• Produire des rires et petits cris de joie et exprimer des émotions différentes par des gazouillisspécifiques.
À 6 mois	• Répondre par des vocalisations lorsqu'on lui parle. • Produire des syllabes (babillage). • Tenter de reproduire des sons et des bruits.
À 12 mois	• Imiter le discours de l'adulte. • Dire ses premiers mots (papa, maman, etc.).
À 18 mois	• Utiliser 7 à 20 mots de vocabulaire sous une forme simplifiée. • Demander quelque chose en le nommant. • Juxtaposer deux mots. • Dire « non ». • Comprendre les consignes simples.
À 2 ans	• Posséder de 50 à 200 mots de vocabulaire. • Faire des phrases de 2 ou 3 mots (« papa parti »). • Commencer à poser des questions. • Comprendre des ordres simples (« va chercher ton pyjama »). • Utiliser son prénom.
À 3 ans	• Posséder de 400 à 900 mots de vocabulaire. • Utiliser le pronom personnel « Je » pour parler de lui. • Construire des phrases avec sujet + verbe + adjectif. • Chanter des comptines. • Décrire un dessin.
À 4 ans	• Maîtriser tous les sons de la langue sauf : ch-j et s-z qui peuvent ne pas être différenciés. • Inventer des mots. • Produire des phrases complexes avec des propositions relatives. • Nommer les couleurs. • Compter jusqu'à 5.
À 5 ans	• Tenir une conversation. • Comprendre les consignes complexes avec des mots abstraits. • Réciter les lettres de l'alphabet. • Compter jusqu'à 10 voire 15.
À 6 ans	• Il est prêt pour l'apprentissage de l'écrit. La lecture est normalement acquise en une année scolaire et se perfectionne par la suite.

Les differents troubles du langage

Le jeune enfant peut présenter des troubles du langage. Ces derniers sont principalement :

- **un retard de parole ou de langage :** immaturité de développement, liée à des causes neurologiques ou psychologiques ou encore une perte auditive permanente, qui peut rendre nécessaire une prise en charge par un orthophoniste. On constate une évolution favorable dans la moitié des cas ;
- **la dysphasie développementale :** trouble sévère et durable qui atteint la compréhension et/ou l'expression du langage en raison d'un dysfonctionnement des structures cérébrales mises en jeu lors de l'activité langagière ;
- **la dyslexie :** difficulté majeure et durable lors de l'apprentissage de la lecture liée à un dysfonctionnement cérébral ou à des facteurs héréditaires.

À noter

L'autisme ainsi qu'un déficit intellectuel se traduisent fréquemment par des difficultés de communication.

Foire aux questions

- Est-il possible de scolariser un enfant autiste dans une classe de maternelle ?

Oui et c'est d'ailleurs un des engagements du plan national pour l'autisme 2018-2020. L'objectif du Gouvernement est de parvenir à 100 % d'enfants autistes en maternelle contre 30 % aujourd'hui. L'intervention en classe d'équipes médico-sociales est prévue pour soutenir l'enseignant et les autres professionnels de l'école.

Le développement de l'enfant
Le schéma corporel

C'est la représentation que l'enfant a de son propre corps et qu'il exprime au moyen du dessin.

Vers 3 ans, il apparaît sous la forme d'un bonhomme « têtard » : un rond qui représente à la fois la tête et le corps avec deux traits verticaux pour symboliser les jambes. Par la suite, deux autres traits horizontaux sont ajoutés pour représenter les bras.

Les yeux, le nez et la bouche sont dessinés ou pas. Les mains et les pieds sont progressivement ajoutés.

À partir de 5 ans, un second cercle apparaît qui permet de distinguer la tête et le tronc.

Après 6 ans, le bonhomme est complet. Il a des cheveux et des habits qui permettent la différenciation sexuelle.

À partir de 7 ans, l'enfant commence à dessiner des personnages de profil. Les proportions entre les différentes parties du corps ne sont pas encore respectées.

15 Le développement de l'enfant
L'acquisition de la propreté

L'apprentissage de la propreté se fait progressivement entre 15 mois et 3 ans.

Il est conditionné à la capacité de l'enfant de maîtriser ses sphincters, à s'asseoir et se relever seul, à exprimer son besoin ainsi qu'à son envie de grandir. L'important est de respecter le rythme de progression de chaque enfant.

Les écoles maternelles exigent généralement que l'enfant soit propre au moment de rentrer en petite section mais des aménagements sont possibles.

L'enfant peut souffrir d'émissions involontaires d'urine (énurésie) ou de matières fécales (encoprésie), émissions qui ont lieu le jour (diurnes) ou la nuit (nocturnes) voire les deux.

On différencie également les troubles primaires et secondaires. L'énurésie/encoprésie est appelée primaire si l'enfant n'a jamais connu de période de propreté d'une durée supérieure à six mois. On parle d'énurésie/encoprésie secondaire chez les enfants qui recommencent à se souiller après une période de « propreté » supérieure à six mois.

En pratique

1. Quelle est la place du « doudou » à l'école maternelle ?

Le « doudou » (peluche, tissu, etc.) est un objet transitionnel qui fait le lien entre la maison et l'extérieur, et notamment l'école. Il représente une présence rassurante au moment de la séparation le matin, de la sieste et éventuellement lors des moments de tristesse.

Tous les enfants n'ont pas de « doudou ». Ce n'est pas systématique. Et progressivement, l'enfant désinvestit son « doudou » qu'il abandonne définitivement vers 5-6 ans.

Avant le début de la classe, l'enseignant demande aux enfants de déposer leur « doudou ». Il est placé dans une boîte ou une corbeille prévue à cet effet. Facile d'accès, l'élève pourra le reprendre en cas de besoin. Il est ramené le soir à la maison.

2 . La maman de Romain, 5 ans, demande à l'ATSEM/ASEM des conseils pour le rendre plus autonome dans la vie quotidienne. Que peut-il répondre ?

Il existe de nombreux leviers pour permettre à un jeune enfant de faire le maximum de choses seul.

Pour l'habillage/déshabillage, grâce à des chaussures à scratchs, il pourrait se chausser et se déchausser tout seul.

Si, dans sa chambre, une partie des meubles et des étagères sont adaptés à sa hauteur, il pourra prendre des objets ou effets personnels dont il a besoin. Par exemple, il peut, le soir, sortir les vêtements qu'il mettra le lendemain.

En disposant dans la salle de bain d'un lavabo adapté à sa taille, il pourra plus facilement se laver les mains, les dents ou le visage.

Les parents peuvent aussi associer l'enfant dans les tâches quotidiennes : mettre la table, mettre son linge sale dans la corbeille prévue à cet effet, ranger ses jouets, etc.

Pour que l'enfant progresse, ses parents doivent adopter une posture dans laquelle ils laissent Romain faire seul, même s'il peut faire quelques erreurs.

Entraînement

Pour chacune des questions suivantes, mettez une croix dans la ou les case(s) correspondant à la ou aux bonne(s) réponse(s).

1. L'enfant commence à jouer à des jeux symboliques à :

- ❒ **a.** 6 mois.
- ❒ **b.** 12 mois.
- ❒ **c.** 24 mois.
- ❒ **d.** 36 mois.

2. Le stade oral chez l'enfant correspond :

- ❒ **a.** Au moment où l'enfant parvient à se faire comprendre oralement.
- ❒ **b.** À la période où l'enfant commence à parler.
- ❒ **c.** À la période où l'enfant est capable de répondre à des questions.
- ❒ **d.** À la période où la connaissance de son environnement s'appréhende par la bouche.

3. Qu'est-ce qu'un bonhomme « têtard » :

- ❒ **a.** Le dessin d'un monstre.
- ❒ **b.** La représentation d'une expérience en sciences.
- ❒ **c.** La représentation du propre schéma corporel d'un enfant de 3 ans.
- ❒ **d.** La représentation symbolique de l'homme par un adulte.

4. À quel(s) signe(s) peut-on repérer un enfant qui présente un déficit auditif ?

- ❒ **a.** L'enfant ne communique pas ou très peu.
- ❒ **b.** L'enfant parle fort.
- ❒ **c.** L'enfant présente des troubles du langage (mauvaise prononciation).
- ❒ **d.** L'enfant pleure fréquemment.

5. L'énurésie est :

- ❒ **a.** Une carence en fer.
- ❒ **b.** Une perte d'appétit.
- ❒ **c.** Un manque de vitamine D.
- ❒ **d.** Un trouble du contrôle de la miction.

6. Un enfant a acquis la propreté diurne. Cela signifie :

- ❒ **a.** Qu'il est propre le jour et la nuit.
- ❒ **b.** Qu'il n'est propre que la nuit.
- ❒ **c.** Qu'il n'est propre que le jour.

7. L'emploi du « je » s'acquiert vers :

- ❒ **a.** 2 ans.
- ❒ **b.** 3 ans.
- ❒ **c.** 4 ans.
- ❒ **d.** 5 ans.

8. En moyenne, un enfant de 3 ans pèse :

- ❒ **a.** 8 kg.
- ❒ **b.** 10 kg.
- ❒ **c.** 13 kg.
- ❒ **d.** 15 kg.

9. Combien, en moyenne, un enfant de 2 ans utilise-t-il de mots ?
   - ❒ **a.** 30.
   - ❒ **b.** 100.
   - ❒ **c.** 300.
   - ❒ **d.** 700.

10. À quoi sert le fluor ?
   - ❒ **a.** À nettoyer la bouche.
   - ❒ **b.** À fixer le calcium des os et des dents.
   - ❒ **c.** À soigner une infection.

11. La maman de Sophie vous signale que sa fille est dysphasique. Pour vous, il s'agit :
   - ❒ **a.** D'une maladie de la digestion.
   - ❒ **b.** D'un trouble du langage.
   - ❒ **c.** D'un problème de transpiration excessive.

Corrigé

1. **Bonne réponse D :** Les jeux symboliques ou les jeux à faire semblant se développent pendant la période 30-36 mois. Ils permettent de développer le langage, les règles sociales, les émotions, etc. Certains coins de la classe de maternelle sont dédiés à l'imitation : le coin cuisine, le coin épicerie, le coin déguisements, etc.
2. **Bonne réponse D :** Le stade oral, entre 0 et 18 mois, se caractérise par une période durant laquelle l'enfant entre en contact avec le monde extérieur avec sa bouche.
3. **Bonne réponse C :** Vers 3 ans, l'enfant dessine un homme sous la forme d'une grosse tête avec deux traits verticaux qui représentent les jambes. Peu après, il ajoute deux traits horizontaux qui partent de la tête pour les bras.
4. **Bonnes réponses A et C :** L'enfant qui souffre d'un déficit auditif présente rapidement un retard de langage. Il confond les consonnes et a des difficultés à articuler les mots. Il peut également montrer des troubles du comportement : agressivité, isolement, apathie, etc.
5. **Bonne réponse D :** L'énurésie est une miction (faire pipi) involontaire qui intervient la nuit et/ou le jour.
6. **Bonne réponse C :** L'adjectif diurne signifie « qui concerne le jour ».
7. **Bonne réponse B :** Le « je » apparaît vers 3 ans.
8. **Bonne réponse C :** Un enfant de 3 ans pèse en moyenne 13 kg.
9. **Bonne réponse B :** À 2 ans, un enfant utilise une centaine de mots.
10. **Bonne réponse B :** Le fluor est un oligo-élément qui se fixe sur l'émail des dents et les rend plus résistantes aux bactéries en les minéralisant.
11. **Bonne réponse B :** La dysphasie est un trouble qui touche l'expression ou la compréhension du langage, voire dans les cas les plus sévères, les deux fonctions.

16 Les déterminants de santé de l'enfant
L'alimentation de l'enfant

1 L'alimentation de 0 à 3 ans

a. Le nouveau-né

Le nouveau-né se nourrit exclusivement de lait jusqu'à l'âge de 3 mois environ. Il s'agit du lait maternel ou artificiel.

Il existe deux types de lait en poudre : le lait 1er âge destiné aux enfants de 0 à 4 mois et le lait 2e âge pour les enfants de 5 à 12 mois.

La quantité de lait absorbé est en moyenne de 500 ml pour couvrir ses besoins. Le nombre de repas diminue progressivement avec l'âge de l'enfant.

b. À partir de 4 mois

À partir de 4 mois, il est possible de passer à une alimentation semi-diversifiée. Le lait reste prépondérant mais on commence à introduire de la farine pour bébé, des jus de fruits, des légumes et fruits cuits mixés. Ces éléments apportent à l'enfant des glucides, des vitamines B et C, des fibres et des sels minéraux.

c. À l'âge de 5 mois

À l'âge de 5 mois, on passe à l'alimentation diversifiée en introduisant de nouveaux aliments : les yaourts, viande et poisson mixés, jaune d'œuf cuit et légumes en purée.

d. À partir de 9 mois

À partir de 9 mois, l'enfant peut manger du fromage. Il faut attendre 1 an, compte tenu du risque d'allergie, pour lui donner du blanc d'œuf.

e. Entre 9 et 12 mois

Entre 9 et 12 mois, il peut commencer à manger des fruits et légumes en morceaux.

f. Après 12 mois

Par la suite, l'alimentation de l'enfant évolue pour se rapprocher progressivement de celle de l'adulte. Jusqu'à 3 ans, l'apport en produits laitiers (lait de croissance, yaourt, gruyère, etc.) doit représenter 500 à 800 ml. À partir d'1 an, l'enfant est capable de tenir son verre et sa cuillère. Les repas (petit-déjeuner, déjeuner, goûter et dîner) doivent être équilibrés et variés.

Attention

Des aliments sont à éviter : les frites, les chips, la charcuterie, le ketchup ou encore la mayonnaise. Les sodas sont aussi déconseillés. Quant au sel, il n'est pas nécessaire chez les tout-petits. Les sucres rapides, trouvés dans les viennoiseries ou les boissons sucrées, ne sont pas indispensables. Quant au grignotage entre les repas, il est à proscrire.

2 L'alimentation de 3 à 6 ans

Une alimentation équilibrée est une alimentation variée qui comporte du sucre, des protéines végétales ou animales, des graisses, des laitages, des fruits et des légumes.

L'alimentation du jeune enfant doit respecter la présence et les proportions des aliments nécessaires à son équilibre alimentaire.

Nombre de portions d'aliments à consommer chaque jour selon l'âge

Aliments	Enfant de 3 ans	Enfant de 4 à 6 ans
Fruits et légumes	4	5
Produits céréaliers	3	4
Lait et substituts	2	2
Viande et substituts	1	1

La journée alimentaire devrait se composer comme suit :

- **le petit-déjeuner :** idéalement, il comporte un produit céréalier (tartines de pain avec une fine couche de beurre, de confiture/miel, etc. ou des céréales peu sucrées et non fourrées), un fruit ou jus de fruit pressé sans sucre ajouté, un produit laitier (lait, yaourt ou fromage blanc).
- **le déjeuner et le dîner :** ils comprennent une portion de légumes (crudités et/ou accompagnement du plat principal), une portion de viande, poisson ou œuf, des féculents (pain complet, riz, pommes de terre, pâtes, lentilles, etc.), un produit laitier (fromage, yaourt, fromage blanc, etc.), un fruit (en morceaux ou en compote) et de l'eau à volonté.
- **le goûter :** le goûter de l'après-midi est important pour les enfants. Il peut être constitué d'un ou deux aliments choisis parmi les aliments suivants : fruits, lait ou produits laitiers ou produits céréaliers.

3 Les troubles de l'alimentation

Les troubles alimentaires observés sont :

- **la consommation sélective :** l'enfant refuse systématiquement de manger certains aliments ayant un goût, une odeur, une texture ou une apparence particulier(e) ;
- **le trouble post-traumatique :** l'enfant est anxieux à l'idée de manger après avoir vécu un traumatisme (forçage alimentaire, fausse route, intubation, vomissements, etc.) ;
- **l'anorexie infantile :** l'enfant mange peu ou pas. Il n'exprime pas de sensation de faim. Aucun antécédent traumatique ou de maladie infantile ne peut expliquer ce comportement.

Les difficultés nutritionnelles peuvent avoir des origines multiples : des facteurs physiologiques dont l'intolérance ou les allergies alimentaires, l'existence de reflux gastro-oesophagien, un manque d'appétit, des causes psychologiques ou génétiques, etc.

Le sommeil de l'enfant

1 Évolution du sommeil chez l'enfant

Le nouveau-né dort en moyenne 16 heures par jour. Le sommeil est organisé en cycles de 50 minutes à 1 heure, avec une phase agitée et une phase calme plus courte. Le sommeil agité occupe 50 à 60 % de tout le temps durant lequel le bébé dort. On reconnaît ce stade à certaines manifestations (grognements, succion de la langue). Ces signes donnent parfois l'impression que le nouveau-né est réveillé.

Vers 2-3 mois, les phases agitées disparaissent au profit des phases paradoxales, plus stables. Celles-ci n'occupent plus qu'un tiers du temps de sommeil quotidien (puis un quart vers l'âge d'un an).

Vers 24 mois, le sommeil prend sa forme définitive.

Pendant les phases de sommeil dit « lent », l'activité cérébrale diminue. Elle est importante dans les phases de sommeil dit « paradoxal » durant lesquelles l'individu rêve.

Un cycle de sommeil dure en moyenne 75 à 90 minutes.

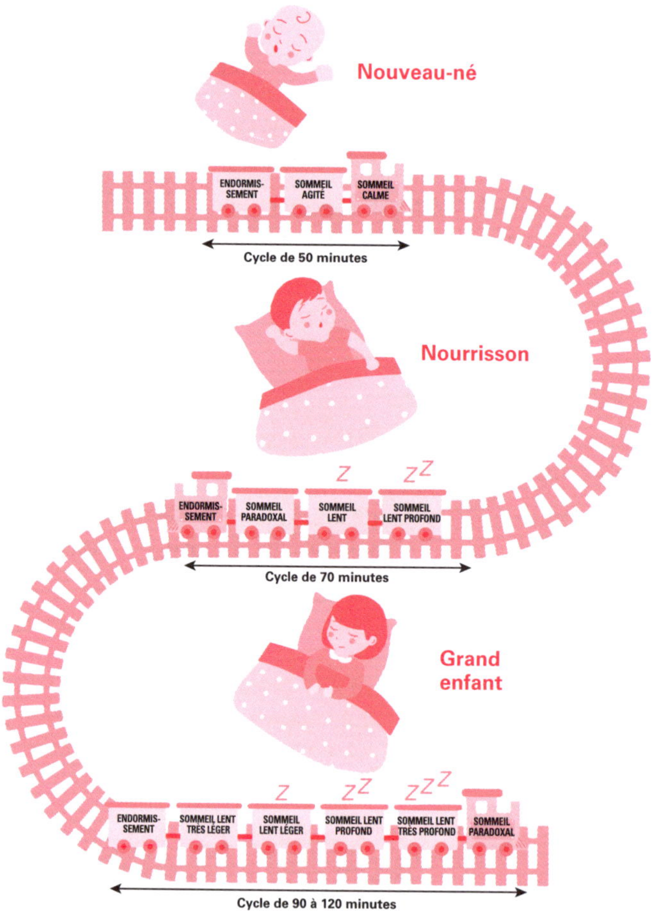

2 Les fonctions du sommeil

Lorsque l'enfant dort, il se repose mais pas seulement :

- il grandit en sécrétant une hormone de croissance ;
- il stimule son système nerveux en produisant de la prolactine ;
- il mémorise et organise les informations ce qui lui permet de diminuer les tensions accumulées ;
- il renforce son système immunitaire.

3 La sieste

La sieste répond aux besoins physiologiques des jeunes enfants. Elle permet de contribuer à son équilibre psychologique, moteur, affectif et cognitif.

La sieste n'est pas obligatoire. Elle est proposée aux élèves de TPS, PS et en début d'année en MS.

La sieste est un temps de repos, pas forcément de sommeil, qui s'organise juste après la pause déjeuner.

Endormissement : cette phase ne dépasse pas 20 à 30 minutes. Si l'enfant ne dort pas au bout de 20 minutes lors de la sieste, il est préférable de le lever et de lui faire regagner sa classe.

Sommeil : il dure entre 1H15 et 1H30. Au delà de 2 heures, l'enfant démarre un nouveau cycle de sommeil. Lors de la sieste, il se réveille spontanément à la fin d'un cycle de sommeil, l'ATSEM doit lui permettre de se lever pour éviter qu'il se rendorme.

Réveil : Les élèves se réveillent de façon échelonnée. Les enfants sont rhabillés, passent aux toilettes et regagnent leur classe. Idéalement, ils débutent leur après-midi par une activité calme.

Des précisions sur les conditions de réalisation de la sieste sont présentées dans le chapitre consacré aux activités périscolaires.

18

Les déterminants de santé de l'enfant

Les maladies infantiles

1 Principales maladies infantiles et leurs caractéristiques

Une maladie infantile concerne principalement les enfants.

Principales maladies infantiles et leurs caractéristiques

	Agent à l'origine de la maladie	Durée d'incubation	Mode de transmission	Maladie éruptive	Symptômes
Bronchiolite	Virus.	De 2 à 8 jours.	Voie aérienne, par contact direct ou indirect.	Non.	Rhume ou toux au départ, évolution vers une gêne respiratoire.
Otite	Virus ou bactérie.	De 1 à 3 jours.	Voie respiratoire essentiellement.	Non.	C'est souvent la complication d'un rhume. Douleur, bourdonnements, fièvre, maux de tête, etc.
Oreillons	Virus.	3 semaines.	Voie aérienne par la salive.	Non.	Fièvre, maux de tête, gonflement des glandes salivaires. La maladie peut être sans symptôme associé.
Rougeole	Virus.	10 jours.	Voie respiratoire et contact direct.	Oui.	Rhume, forte fièvre, toux sèche et yeux bouffis et larmoyants. Dans un deuxième temps, plaques sur le visage puis le corps entier.
Rubéole	Virus.	15 jours.	Voies respiratoire et transplacentaire.	Oui.	Ganglions au niveau du cou, fièvre, maux de tête, irritation de la gorge et taches plates de couleur rosée sur le visage et le corps.

Scarlatine	Bactérie.	De 2 à 4 jours en moyenne.	Voies respiratoire, par contact direct ou indirect.	Oui.	Angine, fièvre, vomissements, langue blanchâtre avec bord et pointe rouges. Dans un deuxième temps, éruptions cutanées au niveau des plis puis thorax et enfin le reste du corps.
Varicelle	Virus.	14 jours.	Voies respiratoire, cutanée, transplacentaire.	Oui.	Boutons sur le torse, puis le visage, le cou, les bras et les jambes.

Certaines de ces maladies peuvent être également contractées à l'âge adulte.

2 Phases d'évolution de la maladie transmissible

Les maladies transmissibles évoluent en 5 phases.

Phase 1	Phase d'incubation.	C'est la période entre le contact avec l'agent pathogène et l'apparition des premiers signes cliniques.
Phase 2	Phase d'invasion.	L'agent pathogène se multiplie dans l'organisme. Des premiers signes cliniques non spécifiques apparaissent.
Phase 3	Phase d'état.	C'est la période de l'apparition et de la présence des signes cliniques spécifiques. Le diagnostic devient possible. L'intensité des symptômes de la maladie est au plus haut.
Phase 4	Phase de défervescence.	L'intensité de la maladie diminue et les signes cliniques diminuent progressivement.
Phase 5	Phase de convalescence.	Les fonctions et les organes de l'organisme récupèrent et reviennent à la normale.

3 Mesures de précautions pour limiter la contagion

Des mesures simples, mais efficaces, permettent de limiter la transmission d'un virus, comme :

- se laver systématiquement les mains à l'eau et au savon ;
- garder vos distances avec les enfants si vous êtes enrhumé(e) ou grippé(e) ;
- ne pas échanger les tétines, les brosses à dents et gobelets entre les enfants ;
- décontaminer les surfaces et les objets ;
- éviter les chocs thermiques. Une différence de température trop importante entre l'intérieur et l'extérieur peut favoriser l'inflammation des voies respiratoires.

Pour lutter contre la plupart des maladies infantiles, le moyen le plus efficace est la vaccination.

19 Les déterminants de santé de l'enfant
Les vaccinations infantiles

En vaccinant, on injecte dans un organisme un agent extérieur (virus, bactérie) afin de créer une réponse immunitaire contre un agent infectieux.

La vaccination est utilisée à titre préventif : elle permet au corps de ne pas être contaminé lorsqu'il se trouve en contact avec le germe d'une maladie car il possède déjà des anticorps contre lui. Elle limite la propagation de la maladie au sein d'une population.

1 Le calendrier vaccinal de l'enfant

Le calendrier vaccinal fixe les vaccinations applicables aux personnes résidant en France, en fonction de leur âge. Certaines vaccinations sont obligatoires, d'autres sont simplement recommandées.

Depuis le 1er janvier 2018, 11 vaccinations sont obligatoires pour les enfants nés à partir de cette date et ceux de moins de 2 ans. L'obligation vaccinale concerne la diphtérie, le poliomyélite, le tétanos, la coqueluche, l'haemophilus influenzae B, l'hépatite B, le méningocoque C, le pneumocoque, la rougeole, les oreillons et la rubéole.

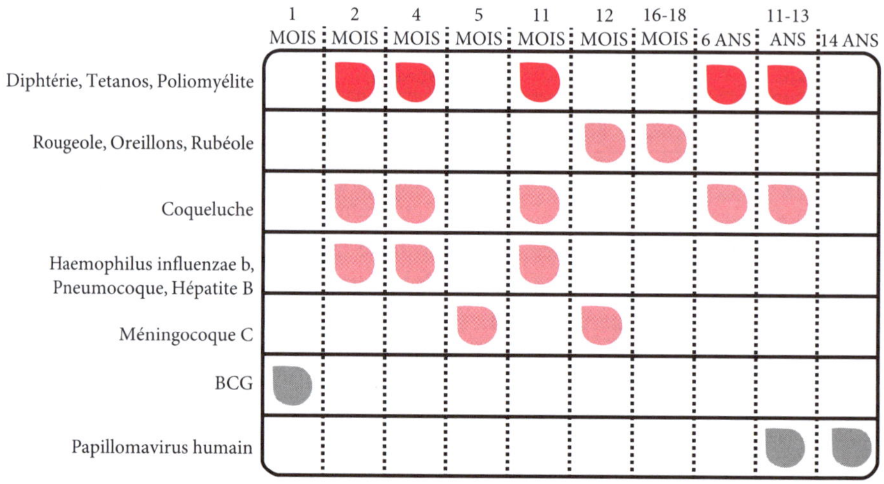

Seuls le BCG et le vaccin contre les infections à papillomavirus humains sont facultatifs mais recommandés. L'élargissement de la couverture vaccinale est à mettre en lien avec le retour de certaines maladies comme la rougeole.

2 L'obligation de vaccination

Les parents qui refusent de faire vacciner leur enfant ne s'exposent pas à une sanction pénale ou une amende. Cependant, les enfants non vaccinés n'auront pas accès aux écoles et aux crèches.

En pratique

1. Pourquoi la collation du matin n'est-elle pas proposée aux enfants à l'école maternelle ?

La collation ne se justifie pas. Si le petit-déjeuner est complet et qu'il n'est pas pris trop tôt, la prochaine prise alimentaire se fera au moment du déjeuner. La collation ne serait nécessaire que pour ceux qui n'ont pas pris de petit-déjeuner ou dont l'apport nutritionnel n'aurait pas été suffisant.

Une collation donnée vers 10 heures peut avoir pour effet de réduire l'appétit des élèves au moment du déjeuner. En effet, les prises alimentaires doivent être espacées de 4 à 5 heures au minimum.

De plus, quand elle existe, la collation est trop riche avec des aliments très caloriques (chocolats, viennoiseries, etc.). Elle favorise le surpoids voire l'obésité.

2. Quels conseils donner à un parent qui doit préparer un goûter pour son enfant qui ira en garderie après sa journée de classe ?

Le goûter est un des quatre repas de la journée alimentaire de l'enfant.

Il doit être composé des aliments suivants :

- un produit céréalier (pain, biscottes, biscuits peu gras, etc.) ;
- un produit laitier (lait, yaourt nature peu sucré, fromage, etc.) ;
- un fruit, une compote ou un jus de fruit ;
- de l'eau si le goûter ne contient pas de boisson.

Ce goûter permet des apports de :

- calcium indispensable pour la croissance ;
- protéines nécessaires au développement des muscles ;
- glucides qui donnent de l'énergie ;
- vitamines et des sels minéraux.

Le goûter est mis dans un contenant adapté type lunch box. Les aliments choisis doivent pouvoir se conserver dans ces conditions.

3. Que répondre à un parent qui demande que son enfant ne fasse pas la sieste à l'école pour qu'il dorme davantage la nuit ?

Les parents ont bien entendu leur mot à dire sur la sieste à l'école. L'enseignant respecte leur demande dans la mesure où l'élève qui n'a pas dormi est en capacité de suivre les activités de l'après-midi. En effet, en cas de fatigue, il peut avoir des difficultés d'attention et de concentration.

Il est important de rappeler aux parents les bienfaits de la sieste sur le développement de leur enfant et le bénéfice sur leur scolarité. De plus, faire une sieste n'a pas d'effet sur la durée du sommeil nocturne.

4. Quels signes peuvent permettre de repérer un enfant fatigué ?

Les signes d'alerte sont multiples et variés :

- il a tendance à s'endormir facilement, il baille, il se frotte les yeux, etc. ;
- il se réveille difficilement après la sieste ;
- il montre des difficultés de concentration dans le travail scolaire ;
- il a moins d'appétit ;
- il est pâle avec des yeux cernés ;
- il présente des troubles du comportement : irritabilité, hyperactivité, hyperémotivité, impatience, caprices, etc. ;
- il va chercher son « doudou » et demande des câlins.

5. La maman de Tom s'inquiète que son fils soit contaminé par le bouton de fièvre de son grand frère. Quels conseils l'ATSEM peut-il lui donner ?

Il faut d'abord lui rappeler que le bouton de fièvre ou herpès labial est une infection d'origine virale. La maladie est effectivement contagieuse.

Des précautions simples peuvent être mises en œuvre pour limiter les risques de contamination.

Le virus se transmet par les contacts directs : les enfants ne doivent pas s'embrasser et éviter de se toucher. En effet, si l'enfant atteint passe sa main sur le bouton de fièvre, il contaminera son frère par la suite en le touchant avec sa main contaminée.

De la même façon, ils ne doivent pas partager d'objets : verre, brosse à dents, gants, serviettes de toilettes, etc.

6. Quelles sont les principales parasitoses observées chez l'enfant ?

Une parasitose est une maladie due à la présence de parasites dans l'organisme.

Maladie	Parasite	Symptômes	Mode de contamination
Pédiculose.	Poux.	Démangeaisons du cuir chevelu.	Par contact direct avec les cheveux, bonnet ou oreiller contaminés.
Oxyure.	Vers intestinaux.	Démangeaisons locales au niveau de l'anus.	Par ingestion des œufs transmis par les doigts des enfants infectés.
Gâle.	Sarcopte (famille des acariens).	Démangeaisons intenses et lésions de grattage.	Par contacts personnels proches et par l'intermédiaire de vêtements ou literie contaminés.

7. Que faire en cas de retard de vaccination ?

On croit souvent, à tort, qu'en cas d'oubli, il sera nécessaire de recommencer le programme de vaccinations à son début. En réalité, en cas de retard, il convient de reprendre au stade où a été interrompue la vaccination et de la compléter. Le nombre d'injections va dépendre de l'âge de la personne concernée.

8. L'école maternelle peut-elle refuser ou exclure un enfant non vacciné ?

Effectivement, un enfant non à jour des vaccinations obligatoires peut se voir refuser l'accès à l'école. C'est une condition incontournable pour fréquenter l'école. Elle est inscrite dans le règlement intérieur de l'établissement.

La seule exception possible est la contre-indication médicale sur la base d'un certificat établi par un médecin.

9. Le restaurant scolaire sert-il des produits bio ?

Il n'y a pas d'obligation en la matière à l'heure actuelle. Néanmoins, le ministère de l'Éducation nationale et de la Jeunesse annonce que les repas servis en restauration collective devront comporter, d'ici le 1er janvier 2022, au moins 20 % de produits issus de l'agriculture biologique.

Entraînement

Pour chacune des questions suivantes, mettez une croix dans la ou les case(s) correspondant à la ou aux bonne(s) réponse(s).

1. Pour équilibrer l'alimentation de l'enfant d'âge scolaire sur la journée, il faut :

❒ **a.** Alterner des aliments du même groupe.

❒ **b.** Alterner des aliments de groupes différents.

❒ **c.** Privilégier les produits lactés puis compléter par d'autres aliments.

❒ **d.** Répartir les quantités d'aliments selon l'importance du repas.

❒ **e.** Tenir compte du repas de midi pour composer celui du soir.

2. Les nutriments énergétiques doivent se répartir de la manière suivante :

❒ **a.** 15 % lipides, 55 % de protides et 30 % de glucides.

❒ **b.** 55 % lipides, 30 % de protides et 15 % de glucides.

❒ **c.** 30 % lipides, 15 % de protides et 55 % de glucides.

3. Quels sont les aliments à privilégier en cas de diarrhée ?

❒ **a.** Les fruits juteux.

❒ **b.** Les légumes riches en fibre.

❒ **c.** Les produits laitiers.

❒ **d.** Les féculents.

4. Le rachitisme est dû à une carence en :

❒ **a.** Fer.

❒ **b.** Vitamine D.

❒ **c.** Vitamine C.

5. Un enfant diabétique doit éviter de manger :

❒ **a.** Des légumes.

❒ **b.** Des bonbons.

❒ **c.** De la viande.

6. Kevin est allergique au gluten. C'est la semaine du goût et vous devez lui proposer des dégustations. Pour autant, vous veillerez à ce qu'il ne mange pas :

❒ **a.** Des fruits.

❒ **b.** Du pain aux céréales.

❒ **c.** Du fromage.

❒ **d.** Des céréales.

❒ **e.** Des gâteaux secs.

7. En restauration collective, toutes les précautions sont prises pour éviter les TIAC. Que signifie ce sigle ? :

❒ **a.** Troubles intestinaux en alimentation collective.

❒ **b.** Troubles infectieux alimentaires collectifs.

❒ **c.** Toxi-infections alimentaires collectives.

❒ **d.** Troubles intestinaux accidentels collectifs.

❒ **e.** Technique et ingénierie alimentaires et culinaire.

8. Un enfant souffre de constipation passagère. À la cantine, vous enlevez de son plateau ce qui ne convient pas :

❒ **a.** L'eau.

❒ **b.** La salade de tomates.

❒ **c.** La cuisse de poulet.

❒ **d.** La purée de carottes.

❒ **e.** La compote d'abricot.

9. Une maman apporte à l'école un gâteau fait maison pour l'anniversaire de sa fille :

❒ **a.** Vous acceptez le gâteau.

❒ **b.** Vous regrettez de ne pas pouvoir prendre le gâteau, la consommation des gâteaux préparés par les parents étant interdite à l'école.

❒ **c.** Le gâteau est préparé sur place.

❒ **d.** Vous goûtez le gâteau pour vérifier qu'il est consommable.

❒ **e.** Vous demandez à la maman les ingrédients utilisés pour réaliser le gâteau.

10. Le lait est un aliment complet parce qu'il contient :

❒ **a.** Des protides.

❒ **b.** Des sels minéraux, des vitamines et de l'eau.

❒ **c.** Des lipides.

❒ **d.** Des glucides.

11. Quel est le nombre de repas recommandé pour un enfant de 3 à 5 ans ?

❒ **a.** 3.

❒ **b.** 4.

❒ **c.** 5.

12. À partir de 3 ans, combien de temps l'enfant passe-t-il à la sieste :

❒ **a.** 1 heure.

❒ **b.** 2 heures.

❒ **c.** 3 heures.

❒ **d.** 4 heures.

13. Un enfant pleure au moment de la sieste :

❒ **a.** Vous vous renseignez pour savoir s'il a un « doudou » et restez auprès de lui pour qu'il se calme.

❒ **b.** Vous le laissez pleurer car il faut qu'il s'habitue aux règles de la collectivité.

❒ **c.** Vous le rassurez et attendez une demi-heure heure avant de le lever.

❒ **d.** Vous le levez sans attendre.

14. À quel stade du sommeil est secrétée l'hormone de croissance :

❒ **a.** Le sommeil lent léger.

❒ **b.** Le sommeil paradoxal.

❒ **c.** Le sommeil lent très profond.

❒ **d.** Lors de la phase la plus longue du cycle de sommeil.

15. Au moment de la sieste, qu'est-ce qui peut contribuer à l'endormissement des enfants ?

❒ **a.** Coucher chaque enfant en position latérale de sécurité.

❒ **b.** Proposer aux enfants qui le souhaitent de prendre leur « doudou » avec eux.

❒ **c.** Faire boire un verre d'eau à chaque enfant avant qu'il se couche.

❒ **d.** Découvrir systématiquement les enfants pour qu'ils n'aient pas trop chaud pendant leur sommeil.

❒ **e.** Mettre un fond musical apaisant.

❒ **f.** S'allonger à côté d'un enfant turbulent afin de s'assurer qu'il ne réveille pas les autres.

16. Au moment de la sieste, un enfant refuse de s'allonger. Que faites-vous ?

❒ **a.** Vous l'obligez à s'allonger car c'est le moment de la sieste.

❒ **b.** Vous acceptez qu'il reste assis à condition qu'il ne fasse aucun bruit.

❒ **c.** Vous l'incitez à s'allonger en essayant de comprendre pourquoi il ne veut pas s'allonger.

❒ **d.**Vous le gardez assis à côté de vous.

17. Le sommeil comprend plusieurs phases qui sont dans l'ordre :

❒ **a.** Sommeil paradoxal/ Sommeil profond/Sommeil léger.

❒ **b.** Sommeil léger/ Sommeil paradoxal/ Sommeil profond.

❒ **c.** Sommeil léger/Sommeil profond/ Sommeil paradoxal.

18. Parmi les affirmations suivantes, lesquelles sont exactes ?

❒ **a.** Un enfant s'endort dans un laps de temps de 5 à 10 minutes. Au-delà, l'enfant qui ne dort pas n'a pas un réel besoin de sommeil.

❒ **b.** Le besoin de sieste reste important pour tous les enfants jusqu'à 5 ans.

❒ **c.** En fin de sieste, il faut créer des conditions propices pour que les enfants se réveillent seuls (porte ouverte, lumière douce, musique, etc.) mais les gros dormeurs peuvent être réveillés en les secouant tout doucement.

❒ **d.** Au réveil, il faut laisser aux enfants un temps nécessaire et suffisant pour retrouver leur tonus.

❒ **e.** La ritualisation de l'endormissement et une pièce propre et bien aérée contribuent au bien-être de l'enfant.

19. Laquelle de ces maladies est éruptive ?

❒ **a.** La coqueluche.

❒ **b.** La scarlatine.

❒ **c.** Les oreillons.

❒ **d.** L'otite.

20. Comment s'appelle la phase de la maladie pendant laquelle les premiers symptômes sont visibles ?

❒ **a.** La phase d'incubation.

❒ **b.** La phase d'état.

❒ **c.** La phase d'invasion.

21. Une maman vous informe que sa fille est atteinte de saturnisme. Il s'agit :

❒ **a.** D'une maladie des yeux.

❒ **b.** D'une allergie.

❒ **c.** D'une intoxication au plomb.

❒ **d.** D'une maladie de la peau.

22. Dans la classe, un enfant souffre d'une cysticercose. Il s'agit :

- ❐ **a.** D'une intoxication d'origine bactérienne.
- ❐ **b.** D'une intoxication d'origine virale.
- ❐ **c.** D'une intoxication d'origine parasitaire.
- ❐ **d.** D'une intoxication d'origine chimique.

23. Un élève a le nez qui coule. Que faites-vous ?

- ❐ **a.** Vous lui mouchez le nez avec votre mouchoir.
- ❐ **b.** Si besoin, vous l'aidez à se moucher avec un mouchoir en papier.
- ❐ **c.** Après l'avoir mouché vous lui mettez un mouchoir dans la poche.
- ❐ **d.** Vous lui montrez la boîte de mouchoirs à disposition des élèves dans la classe.

24. Comment une gastro-entérite se propage-t-elle ?

- ❐ **a.** Par le contact des mains.
- ❐ **b.** Par le toucher des surfaces et objets souillés.
- ❐ **c.** Par l'ingestion d'aliments trop froids.
- ❐ **d.** Par l'ingestion de nourriture contaminée.

25. Les antibiotiques :

- ❐ **a.** Peuvent détruire les bactéries.
- ❐ **b.** Inhibent la multiplication des bactéries.
- ❐ **c.** Chassent les bactéries.
- ❐ **d.** Peuvent dissoudre les virus.

26. Le vaccin BCG :

- ❐ **a.** Est obligatoire pour l'entrée en maternelle.
- ❐ **b.** N'est pas obligatoire pour l'entrée en maternelle.
- ❐ **c.** Immunise contre la tuberculose.
- ❐ **d.** Immunise contre le tétanos.
- ❐ **e.** Immunise contre la coqueluche.

27. Le DTP est un vaccin obligatoire pour l'entrée à l'école maternelle. Contre quelles maladies protège-t-il ?

- ❐ **a.** La poliomyélite et la tuberculose.
- ❐ **b.** La poliomyélite, le tétanos et la diphtérie.
- ❐ **c.** La poliomyélite et la coqueluche.

28. Le vaccin :

- ❐ **a.** Peut avoir des effets indésirables.
- ❐ **b.** Peut être injecté en même temps que d'autres vaccins.
- ❐ **c.** Est déconseillé pour les enfants asthmatiques.
- ❐ **d.** Est inscrit dans le carnet de vaccinations s'il est obligatoire.

Corrigé

1. **Bonnes réponses B, C et E :** L'alimentation de l'enfant doit comprendre des aliments de cinq groupes différents :
   - lait et laitages (500 mg/jour) ;
   - viandes, poissons ou œuf (30 mg/jour) ;
   - légumes verts et fruits ;
   - féculents ;
   - matières grasses ajoutées.

Tous les repas sont importants et il est primordial de composer chacun d'entre eux en fonction des aliments contenus dans les autres prises alimentaires de la journée.

2. **Bonne réponse C :** Les besoins énergétiques se répartissent de la façon suivante : 15 % de protides (viande, poisson, œuf, produits laitiers, etc.), 30 % de lipides (beurre, huile, charcuterie, etc.) et 55 % de glucides (céréales, pommes de terre, fruits, légumes, riz, sucre, etc.).
3. **Bonne réponse D :** En cas de diarrhée, il est déconseillé de manger des fruits et légumes qui accélèrent le transit. Il faut privilégier les féculents pauvres en fibres : riz, semoule, pâtes, etc. et des légumes cuits comme les pommes de terre et les carottes.
4. **Bonne réponse B :** Le rachitisme est une maladie du squelette due à une carence en vitamine D. Elle se caractérise par un défaut de maturation des os sur lesquels le calcium et le phosphore ne parviennent pas à se fixer.
5. **Bonne réponse B :** Le diabète est une maladie qui se caractérise par l'incapacité de l'organisme à réguler le taux de sucre dans le sang. La consommation de sucreries n'est pas totalement proscrite mais elle doit être réduite.
6. **Bonnes réponses B, D et E :** Le gluten est une protéine que l'on trouve dans certaines céréales : seigle, blé, orge, etc. En cas d'intolérance ou d'allergie, il faut adapter le régime alimentaire en supprimant le pain, les viennoiseries, les pâtisseries, les gâteaux, les pâtes, la semoule, les charcuteries en croûte, les poissons panés, etc.
7. **Bonne réponse C :** Les toxi-infections alimentaires collectives sont causées par des bactéries (salmonelle, staphylocoque, etc.). La contamination peut intervenir par défaut d'hygiène au moment de la réalisation d'un plat, par rupture de la chaîne du froid ou par l'introduction d'un aliment contaminé. Les personnes touchées peuvent présenter des nausées, des vomissements, des douleurs abdominales, des diarrhées et parfois de la fièvre.
8. **Bonne réponse D :** La carotte est un aliment considéré comme constipant.
9. **Bonnes réponses B et C :** Les gâteaux faits maison sont en principe interdits à l'école par précaution. En effet, l'enseignant est responsable en cas d'intoxication. Il ne peut pas être sûr que les ingrédients et la façon dont a été réalisé le gâteau respectent les règles d'hygiène alimentaire. Le gâteau est confectionné sur place ou les parents apportent des gâteaux réalisés dans le commerce.

10. **Bonnes réponses A, B, C et D :** Constitué à près de 90 % d'eau, le lait est un liquide riche qui contient la plupart des nutriments nécessaires à tous les âges de la vie : l'eau hydrate, les protéines et les sels minéraux (calcium, phosphore, etc.) permettent la croissance, les glucides et les lipides fournissent de l'énergie, les vitamines protègent.

11. **Bonne réponse B :** 4 repas sont recommandés : le petit-déjeuner, le déjeuner, le goûter et le dîner.

12. **Bonne réponse A :** Après l'endormissement, le temps de sommeil est d'une heure en moyenne.

13. **Bonne réponse A :** L'enfant va être rassuré par la présence de l'ATSEM et de son doudou. S'il ne dort pas au bout de 20 minutes, il a peu de chances de s'endormir. Il est préférable de le lever.

14. **Bonnes réponses C et D :** Pendant la phase de sommeil lent profond, l'enfant sécrète l'hormone de croissance appelée mélatonine. Le sommeil lent profond représente plus de 40 % de temps de sommeil total.

15. **Bonnes réponses B et E :** L'environnement du dortoir doit être apaisant. Les personnes chuchotent. Un fond musical calme favorise le repos des enfants. Le « doudou » fait le lien entre la maison et l'école, il est rassurant pour l'enfant. L'école autorise les enfants à apporter leur « doudou » à l'école. Il est rangé pendant la classe mais peut être récupéré lors de la sieste.

16. **Bonne réponse C :** La sieste n'est pas obligatoire. Il n'y a pas lieu de l'obliger à se coucher. S'il ne veut pas se coucher, il peut regagner sa classe pour une activité calme. L'ATSEM doit s'efforcer de comprendre la motivation de l'enfant et de résoudre si possible la difficulté rencontrée.

17. **Bonne réponse C :** Le cycle débute par le sommeil léger, suivi par le sommeil profond et le sommeil paradoxal.

18. **Bonnes réponses A et E :** Tous les enfants n'ont pas besoin de faire une sieste. Elle ne doit pas être systématique. L'enfant fatigué s'endort rapidement. Il se réveille spontanément. Les conditions d'endormissement et la qualité du dortoir sont importantes pour que la qualité de la sieste soit optimale.

19. **Bonne réponse B :** La scarlatine est la seule maladie éruptive de la liste proposée.

20. **Bonne réponse C :** Pendant la phase d'invasion, les signes de la maladie sont visibles.

21. **Bonne réponse C :** Le saturnisme est dû à une intoxication au plomb.

22. **Bonne réponse C :** La maladie est due à la présence d'un ver, le tænia solium qui pond ses œufs dans l'estomac.

23. **Bonnes réponses B et D :** Par mesure d'hygiène, l'ATSEM ne doit pas utiliser son propre mouchoir pour moucher le nez de l'enfant. Il convient d'utiliser un mouchoir en papier propre qui sera jeté dans une poubelle après usage. Pour permettre à l'élève de développer son autonomie, l'ATSEM ne fait pas à sa place. Il n'intervient que si cela est nécessaire. Le plus souvent, une boîte de mouchoirs est mise à la disposition des enfants dans la classe.

24. **Bonnes réponses A, B et D :** Les virus se transmettent par la salive, les mains et les selles. Il faut éviter les contacts physiques et de partager des objets ou de la nourriture souillés.

25. Bonne réponse A : Les antibiotiques sont des médicaments qui traitent, en les détruisant les agents pathogènes, les infections bactériennes.

26. Bonnes réponses B et C : Le vaccin bilié de Calmette et Guérin (BCG) immunise contre la tuberculose. Il n'est plus obligatoire depuis 2007.

27. Bonne réponse B : Pour l'entrée à l'école maternelle, les vaccinations antidiphtérique, antitétanique et contre la poliomyélite sont trois des vaccinations obligatoires sauf contre-indication médicale (sur un total de onze).

28. Bonnes réponses A et B : La vaccination peut provoquer l'apparition de signes peu intenses de la maladie, de la fièvre, etc. Plusieurs vaccins peuvent être injectés en même temps. Tous les vaccins, obligatoires et recommandés, sont inscrits dans le carnet de santé de l'enfant.

Les objectifs de l'école maternelle

L'instruction est dorénavant obligatoire dès l'âge de 3 ans. Cette mesure n'entraîne pas une obligation de scolarisation. L'instruction peut être dispensée « à domicile » dans la famille ou dans un établisement scolaire.

Les enfants sont pour la plupart accueillis à l'école maternelle à partir à 3 ans. Ils peuvent être admis dans la limite des places disponibles dès l'âge de 2 ans s'ils sont prêts physiquement et psychologiquement à fréquenter l'école. Ils sont scolarisés à l'école maternelle jusqu'à la rentrée scolaire de l'année civile au cours de laquelle ils atteignent l'âge de 6 ans.

La première inscription se fait auprès de la mairie de la commune dans laquelle résident les parents. Si ces derniers désirent scolariser leur enfant sur une autre commune, ils doivent solliciter une dérogation.

En 2014, la France comptait 15 079 écoles maternelles publiques et 137 privées.

L'école maternelle a pour finalité d'aider chaque enfant à devenir autonome et à s'approprier des connaissances et des compétences afin de se préparer aux apprentissages fondamentaux.

Le tableau suivant présente ce que l'élève devrait être en capacité de faire à la fin du cycle des apprentissages premiers.

Compétences de fin de cycle des apprentissages premiers

Au niveau	Objectifs
Du langage	• Comprendre un message et agir ou répondre de façon pertinente. • Nommer avec exactitude un objet, une personne ou une action de la vie quotidienne. • Formuler en se faisant comprendre une description ou une question, • Raconter en se faisant comprendre un épisode vécu inconnu de son interlocuteur, ou une histoire inventée. • Prendre l'initiative de poser des questions ou d'exprimer son point de vue.
De l'écrit	• Identifier les principales fonctions de l'écrit. • Écouter et comprendre un texte lu par l'adulte. • Connaître quelques textes du patrimoine, principalement des contes. • Produire un énoncé oral dans une forme adaptée pour qu'il puisse être écrit par un adulte.
De la préparation à l'écriture et à la lecture	• Différencier les sons, distinguer les syllabes d'un mot prononcé. • Reconnaître une même syllabe dans plusieurs énoncés. • Faire correspondre les mots d'un énoncé court à l'oral et à l'écrit. • Reconnaître et écrire la plupart des lettres de l'alphabet. • Mettre en relation des sons et des lettres. • Copier en écriture cursive (d'un seul trait, sans interruption), sous la conduite de l'enseignant, de petits mots simples dont les correspondances en lettres et sons ont été étudiées. • Écrire en écriture cursive son prénom.

Du devenir de l'élève	• Respecter les autres et respecter les règles de la vie commune. • Écouter, aider, coopérer, demander de l'aide. • Éprouver de la confiance en soi. • Contrôler ses émotions, identifier les adultes et leur rôle. • Exécuter en autonomie des tâches simples et jouer son rôle dans des activités scolaires. • Dire ce qu'il apprend.
Du corps	• Adapter ses déplacements à des environnements ou contraintes variés. • Coopérer et s'opposer individuellement ou collectivement. • Accepter les contraintes collectives. • S'exprimer sur un rythme musical ou non, avec un engin ou non, exprimer des sentiments et des émotions par le geste et le déplacement. • Se repérer et se déplacer dans l'espace. • Décrire ou représenter un parcours simple.
De la maîtrise de l'environnement	• Reconnaître, nommer, décrire, comparer, ranger et classer des matières, des objets selon leur qualité et leur usage. • Connaître des manifestations de la vie animale et végétale, les relier à de grandes fonctions : croissance, nutrition, locomotion, reproduction. • Nommer les principales parties du corps humain et leur fonction. • Distinguer les cinq sens et leur fonction. • Connaître et appliquer quelques règles d'hygiène du corps, des locaux et de l'alimentation. • Repérer un danger et le prendre en compte. • Utiliser des repères dans la journée, la semaine et l'année. • Situer des événements les uns par rapport aux autres. • Dessiner un rond, un carré, un triangle. • Comparer des quantités. • Résoudre des problèmes portant sur les quantités. • Mémoriser la suite des nombres au moins jusqu'à 30. • Dénombrer une quantité en utilisant la suite orale des nombres connus. • Associer le nom de nombres connus avec leur écriture chiffrée. • Se situer dans l'espace et situer les objets par rapport à soi. • Se repérer dans l'espace d'une page. • Comprendre et utiliser à bon escient le vocabulaire du repérage et des relations dans le temps et dans l'espace.
De la perception, la sensation, l'imagination et la création	• Adapter son geste aux contraintes matérielles (instruments, supports, matériel). • Utiliser le dessin comme moyen d'expression et de représentation. • Réaliser une composition en plan ou en volume selon un désir exprimé. • Observer et décrire des œuvres du patrimoine. • Construire des collections. • Avoir mémorisé et savoir interpréter des chants, des comptines. • Écouter un extrait musical ou une production, puis s'exprimer et dialoguer avec les autres pour donner ses impressions.

L'organisation des enseignements à l'école primaire

L'école primaire comprend les classes de maternelle et les classes de l'élémentaire, de la petite section au CM2 :

- l'école maternelle est divisée en 3 classes : la petite section (PS), la moyenne section (MS) et grande section (GS) ;
- l'école élémentaire comprend les classes du CP au CM2.

Organisation de l'école primaire en 3 cycles (BO du 5 septembre 2013 – Code de l'Éducation modifié)

PS - MS - GS

- Cycle des apprentissages premiers : s'approprier le langage, découvrir l'écrit, devenir élève, agir et s'exprimer avec son corps, découvrir le monde, percevoir, sentir, imaginer et créer.

CP - CE1 - CE2

- Cycle des apprentissages fondamentaux : maîtrise du langage et de la langue française, vivre ensemble, mathématiques, découvrir le monde, langue vivante étrangère, éducation artistique, éducation physique et sportive, instruction civique et morale.

CM1 - CM2 - 6e

- Cycle de consolidation : français, mathématiques, éducation physique et sportive, langue vivante étrangère, sciences expérimentales et technologies, culture humaniste, techniques usuelles de l'information et de la communication, instruction civique et morale.

Certaines écoles maternelles comprennent une classe de TPS (toute petite section) qui accueillent des enfants de 2 à 3 ans. Le programme et les horaires de classe sont adaptés au jeune âge des élèves.

22 L'école maternelle : organisation et fonctionnement
L'organisation du temps scolaire

Le temps d'enseignement est de 24 heures par semaine réparties du lundi au vendredi.

1 L'organisation hebdomadaire du temps scolaire

Dans la cadre de la réforme des rythmes scolaires en 2013, le temps scolaire se répartissait sur 9 demi-journées incluant les lundi, mardi, jeudi et vendredi ainsi que le mercredi matin (par dérogation le samedi matin).

Le décret n° 2013-77 du 24 janvier 2013 et la circulaire n° 2013-017 du 6-2-2013 posent également les principes suivants :

- une journée d'enseignement de 5 h 30 maximum, avec une demi-journée ne pouvant excéder 3 h 30 ;
- une pause méridienne d'1 h 30 minimum ;
- la mise en place d'activités pédagogiques complémentaires en groupes restreints d'élèves, venant s'ajouter aux 24 heures d'enseignement hebdomadaire, se déclinant soit sous la forme d'une aide aux élèves rencontrant des difficultés dans leur apprentissage, soit sous la forme d'une aide au travail personnel ou de mise en œuvre d'une activité prévue par le projet d'école, le cas échéant en lien avec le projet éducatif territorial.

Un décret paru le 27 juin 2017 est venu assouplir le rythme scolaire. En effet, si le conseil d'école est d'accord, il est possible de revenir à la semaine de 4 jours dans les classes. À la rentrée 2018, près de 90 % des communes avaient choisi de revenir à l'organisation antérieure.

La mise en œuvre du Plan mercredi à compter de la rentrée 2018, a convaincu la très grande majorité des communes à repasser à la semaine à 4 jours. Les activités périscolaires sont organisées le mercredi avec un cofinancement de l'État et de la CAF (caisse d'allocations familiales).

2 L'emploi du temps journalier

Journée type en maternelle

Matin		Après-midi	
8 h 50	Accueil des enfants.	**13 h 00**	Début de la sieste après le repas.
9 h 00	Début de l'enseignement : le regroupement.	**13 h 30**	Sieste pour ceux qui reviennent à l'école après un déjeuner à la maison. Reprise de l'enseignement pour les plus grands.
9 h 30	Atelier.	**14 h 30**	Réveil échelonné pour les plus petits.

10 h 15	Récréation.	**15 h 00**	Récréation.
10 h 45	Éventuellement collation.		
11 h 00	Atelier.	**15 h 30**	Atelier.
11 h 45	Fin de l'enseignement – Préparation pour le déjeuner ou le départ.	**16 h 45**	Fin de l'enseignement.

L'emploi du temps peut varier légèrement d'une école à une autre. Il est également lié à l'organisation de la semaine scolaire sur 4 ou 4,5 jours.

3 Les temps forts de la journée scolaire

a. L'accueil

C'est un moment important au cours duquel l'enfant passe du statut d'enfant à celui d'élève. C'est un temps de transition d'une durée de 10 à 20 minutes en moyenne au cours duquel les parents peuvent communiquer avec l'enseignant ou l'ATSEM.

b. Les rituels

Ils correspondent à une ritualisation de situations d'apprentissage dans la journée et à partir de contenus bien définis comme la date, l'appel, l'organisation des activités et des déplacements, etc.

Les objectifs sont multiples : asseoir des règles de vie collective, avoir des points de repère spatio-temporels, créer un cadre d'habitudes répétées sécurisant pour l'enfant, faciliter le dialogue pédagogique, etc.

c. La collation

La collation matinale n'est ni systématique, ni obligatoire. Elle ne se justifie par aucun besoin nutritionnel et peut éventuellement entraîner un déséquilibre alimentaire dans la mesure où elle n'est pas reproduite quand l'enfant est à la maison.

Si elle est proposée, la collation doit intervenir deux heures au minimum avant le déjeuner. Selon les recommandations du Plan national nutrition santé (PNNS), elle doit permettre une offre alimentaire diversifiée permettant une liberté de choix en privilégiant l'eau, les purs jus de fruit, le lait et les produits laitiers demi-écrémés, le pain, les céréales non sucrées et en évitant les aliments à haute densité énergétique (viennoiseries, sodas, biscuits, etc.).

d. Le passage aux toilettes

Le passage aux toilettes est fréquent à l'école maternelle afin de permettre à l'enfant de construire son autonomie physique. Il est collectif en petite section mais doit rapidement devenir individuel de manière à respecter les besoins propres à chaque enfant. C'est un moment privilégié pour sensibiliser les enfants aux questions d'hygiène et de santé.

e. La sieste

C'est un temps de repos avec ou sans sommeil pris après le déjeuner.

Elle répond à un besoin physiologique du jeune enfant en TPS, PS et éventuellement en début d'année de MS.

Entre 2 et 3 ans, l'enfant a besoin de 12 heures de sommeil par jour. La sieste dure en moyenne 1 h 30 voire 2 heures. Elle intervient juste après le déjeuner.

La sieste contribue à l'équilibre psychologique, moteur, affectif et cognitif de l'enfant et lui permet d'être dans de bonnes dispositions pour apprendre.

f. La récréation

À l'école maternelle, les temps de récréation sont compris entre 15 et 30 minutes.

La récréation rythme la journée des élèves : elle se situe vers la moitié de chaque demi-journée et pour les élèves ne faisant pas la sieste, après le déjeuner. Elle est systématiquement surveillée.

g. Les ateliers

C'est une modalité de travail pour faciliter des apprentissages. Les ateliers permettent de proposer de manière simultanée à des petits groupes d'enfants, des activités nécessitant un niveau d'autonomie différent de la part des élèves ou répondant à des besoins identifiés.

Ils favorisent la découverte, l'exploration active, le tâtonnement, les échanges, la coopération et l'entraide. Ils peuvent être encadrés, accompagnés ou en autonomie selon les objectifs visés, le type de tâches, le matériel et les supports utilisés, etc.

La classe comprend généralement un coin jeux, surtout en PS. L'accès est libre : l'enfant prend l'initiative d'y aller.

h. Les regroupements

À plusieurs reprises au cours de la journée, l'enseignant va regrouper ses élèves dans un lieu dédié à cette activité. La configuration choisie permet à tous les enfants assis confortablement de se voir, renforçant ainsi le sentiment d'appartenance au groupe.

Ils comprennent un espace d'affichage lisible et fonctionnel : date, emploi du temps, heure, prénoms des élèves, etc.

Ils servent à différentes activités collectives : rituels, chant, écoute de contes, jeux musicaux, etc.

23 L'école maternelle : organisation et fonctionnement

Les acteurs de l'école maternelle

1 Le directeur de l'école

Le directeur est à la fois gestionnaire, animateur pédagogique, administrateur, coordinateur, médiateur et, bien sûr, responsable devant l'inspecteur de circonscription qui représente l'Éducation nationale. Mais il n'a aucun pouvoir hiérarchique sur les enseignants de l'école. D'ailleurs, dans les établissements scolaires de petite taille, il a souvent la charge d'une classe. Du côté des parents, il les reçoit pour les inscriptions ou à leur demande, organise les élections des représentants de parents d'élèves et intervient dans les conflits enseignant/parent. Il élabore également le projet d'école, accompagné de toute l'équipe scolaire, et préside les différents conseils (conseils de maîtres, d'école et de cycle).

2 Les professeurs des écoles

L'enseignement en école maternelle est assuré par des professeurs des écoles qui ont la même formation que ceux de l'école élémentaire.

Ils dépendent du ministère de l'Éducation nationale et leur supérieur hiérarchique est l'inspecteur de l'Éducation nationale (IEN) de la circonscription sur laquelle se trouve l'école.

Ils sont en charge les élèves sur le temps scolaire.

Ils organisent des activités qui permettent l'apprentissage du langage, la sociabilisation, le développement intellectuel, culturel et corporel de l'enfant.

3 Les personnels non enseignants

On trouve dans cette catégorie :

- le médecin scolaire chargé des actions de prévention collectives et individuelles;
- les agents de maintenance et de service, qui assurent l'entretien et l'hygiène courant des locaux et veillent à maintenir en l'état les installations de l'établissement;
- les agents territoriaux spécialisés d'école maternelle (ATSEM) dont le rôle est d'assister le personnel enseignant pour l'accueil, l'animation et l'hygiène des très jeunes enfants ainsi que la préparation et la remise en état de propreté des locaux et matériels utilisés par les élèves.

24 L'école maternelle : organisation et fonctionnement
Les partenaires de l'école maternelle

1 La commune ou l'intercommunalité

L'école maternelle est placée administrativement sous le contrôle de la commune dont elle dépend.

Cette dernière est propriétaire des locaux : elle construit, agrandit et entretient les bâtiments. Elle fournit et assure la maintenance des équipements nécessaires au fonctionnement de l'école. Elle recrute, forme et rémunère les agents d'entretien et les ATSEM/ASEM.

Elle organise et finance le service de restauration ainsi que la surveillance périscolaire.

2 Le RASED (réseau d'aides spécialisées aux élèves en difficulté)

Il s'agit d'un dispositif « ressources » pour aider les enfants en difficulté scolaire.

Il est composé d'un psychologue scolaire et de professeurs des écoles spécialisés. Ils font partie intégrante de l'équipe éducative de l'école dans laquelle ils interviennent.

Ils concourent à une aide personnalisée et à la mise en place des programmes personnalisés de réussite éducative (PPRE).

3 Les parents d'élèves

Ils ont le droit d'être informés des résultats et du comportement scolaires de leur(s) enfant(s), notamment par l'intermédiaire du cahier de liaison et de participer aux décisions importantes de leur scolarité.

Ils peuvent s'impliquer dans la vie de l'école par l'intermédiaire de leurs représentants élus au conseil d'école. Ces derniers sont élus par les parents.

Il y a un représentant élu pour chaque classe de l'école. Il est élu pour l'année scolaire et a une voix délibérative au conseil d'école.

4 Le conseil départemental de l'Éducation nationale (CDEN)

Il est composé de 30 membres représentant les collectivités territoriales (commune, département et région), les personnels des établissements d'enseignement et de formation et les usagers (parents d'élèves, associations, etc.).

Il est présidé par le préfet du département ou le président du conseil départemental.

Il est consulté ou peut émettre des attentes sur toute question relative à l'organisation et au fonctionnement du service public d'enseignement dans le département.

5 L'inspecteur de l'Éducation nationale (IEN) de circonscription

Il représente l'État. Il met en œuvre les politiques éducatives de l'enseignement primaire et a un rôle de pilotage, de conseil et de contrôle.

L'IEN est le premier interlocuteur des mairies pour l'ouverture et la fermeture de classes.

25 L'école maternelle : organisation et fonctionnement
Les instances de l'école primaire

1 Le conseil d'école

a. Composition

- Le directeur de l'école qui préside les réunions.
- Le maire ou son représentant.
- Un conseiller municipal désigné par le conseil municipal ou le président de l'établissement public de coopération intercommunale ou son représentant.
- Les maîtres d'école et les maîtres remplaçants présents au moment des réunions du conseil.
- Un des membres du Réseau d'aides spécialisées intervenant dans l'école.
- Des représentants élus des parents d'élèves dont le nombre est égal au nombre de classes.
- Le délégué départemental de l'Éducation nationale.
- L'inspecteur de l'Éducation nationale.

b. Attributions

- Établit et vote le règlement intérieur de l'école.
- Participe à l'élaboration du projet d'école.
- Donne son avis sur les questions qui concernent l'école : les conditions d'intégration des enfants handicapés, les activités périscolaires, l'utilisation des moyens alloués à l'école et les activités complémentaires éducatives, sportives ou culturelles.

D'autres personnes peuvent être présentes aux réunions mais sans participer aux votes. Il s'agit de personnes chargées des activités sportives et culturelles, des professionnels chargés des actions de prévention et de l'aide psychologique, l'équipe médicale scolaire, les assistants sociaux et les ATSEM.

Il est constitué pour une année. Il se réunit au moins deux fois par an et obligatoirement dans les quinze jours qui suivent la proclamation des résultats des élections des représentants des parents d'élèves. Une réunion peut être organisée sur demande du directeur d'école, du maire ou de la moitié de ses membres.

Le projet d'école

Le projet d'école est élaboré par l'équipe pédagogique sous l'autorité du directeur de l'école. Il s'inscrit dans les missions de l'école publique et veille à adapter son action aux spécificités locales.

Il comprend obligatoirement 3 volets :

- améliorer les acquis des élèves ;
- personnaliser et fluidifier le parcours des élèves ;
- et un volet libre, répondant aux spécificités locales.

Il propose des actions qui sous-tendent les objectifs visés : la construction d'outils, la répartition des élèves par groupes de niveau, le tutorat, etc.

Il se décline en projets de cycle et de classe et en projets pédagogiques.

Exemples de projets d'école

- Intégrer l'usage du numérique dans les pratiques pédagogiques quotidiennes.
- Construire un parcours artistique et culturel.
- Développer l'écoute, l'attention et la mémorisation par la mise en place de jeux.

2 Le conseil des maîtres

Il est composé de l'ensemble des enseignants de l'école ainsi que des enseignants du RASED. Il est présidé par le directeur de l'établissement.

Il se réunit au moins une fois par trimestre et donne son avis sur l'organisation du service scolaire et sur les problèmes qui concernent la vie à l'école.

3 Le conseil des maîtres de cycles

Il réunit l'équipe pédagogique exerçant dans un même cycle. Il est présidé par un des enseignants et permet de faire le point sur la progression des enfants dans l'acquisition des compétences relatives à chaque cycle.

Au sein de cette instance est discuté le passage des élèves d'un cycle à un autre ou le redoublement.

4 Le conseil école – collège

Il réunit les enseignants des collèges et écoles du même secteur et assure la continuité pédagogique entre le premier et le second degré. Il est présidé par le principal du collège et l'inspecteur de l'Éducation nationale.

26 L'école maternelle : organisation et fonctionnement
Les sorties et voyages scolaires

Certaines activités pédagogiques se déroulent en dehors de l'enceinte de l'école maternelle.

1 Les différents types de sortie

On distingue :

a. Les sorties scolaires régulières

Il s'agit d'activités qui sont inscrites régulièrement dans l'emploi du temps des élèves, par exemple la piscine, la bibliothèque, la médiathèque, etc.

Elles sont obligatoires et ne nécessitent par l'accord préalable des parents. Ces derniers sont simplement informés de la sortie afin de préparer les effets personnels nécessaires pour réaliser l'activité, par exemple le maillot de bain pour la piscine.

Les sorties scolaires régulières doivent être autorisées par le directeur de l'école.

b. Les sorties scolaires occasionnelles sans nuitée

Il s'agit d'activités, à caractère exceptionnel, qui se déroulent en dehors de l'enceinte de l'école : visite d'un monument, d'un lieu, carnaval, séance au cinéma, etc.

Elles sont obligatoires si elles se déroulent sur les horaires habituels de la classe et n'englobent pas la pause méridienne (déjeuner).

A contrario, elles sont facultatives si elles dépassent les horaires de la classe et englobent la pause méridienne.

Comme les sorties régulières, elles doivent être autorisées par le directeur de l'école.

c. Les sorties/voyages scolaires avec nuitée(s)

Entrent dans cette catégorie les voyages collectifs et les classes découvertes.

Elles sont facultatives et nécessitent l'accord préalable des parents.

Elles doivent également être autorisées par le directeur académique des services de l'Éducation nationale (DASEN).

L'élève qui ne participe pas à une sortie facultative est accueilli à l'école.

2 L'encadrement des élèves lors des sorties scolaires

Quelle que soit la nature de la sortie scolaire, les modalités d'encadrement des élèves sont les suivantes :

2 adultes : enseignant + 1 adulte (ATSEM, parent, bénévole, etc.)
+ à partir du 17e élève, 1 adulte supplémentaire pour 8 élèves.

Le chauffeur du bus qui transporte les élèves pendant la sortie scolaire, ne peut pas être compté comme un encadrant.

3 Les conditions de participation des élèves aux sorties scolaires facultatives

La participation des élèves à une sortie facultative implique l'autorisation expresse des parents.

L'enseignant rédige donc une note d'information précisant les modalités d'organisation et de déroulement de la sortie (lieu, horaires, conditions de restauration, etc.) qui est transmise aux parents *via* le cahier de liaison. Elle comporte une partie « autorisation des parents » détachable, à remplir et à signer par ces derniers. Ce document est remis à l'enseignant avant la sortie scolaire. La signature d'un des deux parents suffit, sauf situation de désaccord entre les parents connue par l'enseignant.

Une assurance responsabilité civile ainsi qu'une assurance individuelle accidents corporels sont exigées. Un élève non assuré ne participera pas à une sortie scolaire facultative.

27 L'école maternelle : organisation et fonctionnement

L'accueil de l'élève en l'absence de l'enseignant

L'école maternelle accueille les élèves en cas d'absence imprévisible de l'enseignant ou en cas de grève si les grévistes représentent moins de 25 % de la totalité des enseignants de l'école. Dans ce cas, les élèves sont répartis dans les classes des enseignants présents.

Si les enseignants grévistes représentent 25 % ou plus des enseignants, c'est à la commune d'organiser l'accueil des élèves : on parle de SMA (service minimum d'accueil).

La collectivité détient une liste de personnes habilitées à prendre en charge les élèves (ATSEM, assistants maternels, enseignants retraités, animateurs de centres de loisirs, bénévoles, parents d'élèves, etc.) qu'elle mobilise en cas de grève.

Plusieurs communes peuvent s'associer pour assurer ensemble un service commun d'accueil des élèves.

La collectivité doit impérativement informer les familles et les représentants des parents au Conseil d'école, des modalités d'organisation du service d'accueil. Ce dernier peut être mis en œuvre dans l'enceinte de l'école ou dans d'autres locaux de la commune.

En pratique

1. Comment procéder pour inscrire son enfant à l'école maternelle ?

L'inscription dans une école publique nécessite une double démarche :

- dans un premier temps, s'adresser à la mairie de la commune en présentant les documents demandés (livret de famille ou carte d'identité de l'enfant ou copie de l'extrait de naissance, justificatif de domicile, justificatif des vaccinations obligatoires) qui délivre un certificat d'inscription ;
- dans un deuxième temps, inscrire l'enfant auprès du directeur de l'école.

Les parents peuvent inscrire leur enfant dans une autre école que celle du secteur dans lequel se trouve leur domicile :

- dans une autre école de leur commune sous réserve d'obtenir l'accord du maire ;
- dans une école d'une autre commune sous réserve d'avoir l'accord du maire de leur commune et celui du maire de la commune d'accueil.

Lors du passage dans la classe supérieure, et si l'enfant ne change pas d'établissement scolaire, les parents n'ont pas à renouveler l'inscription. Cette dernière est automatique.

2. Un enfant qui n'est pas propre peut-il être accueilli à l'école maternelle ?

Le Code de l'Éducation nationale précise que l'enfant est accueilli dans une école maternelle s'il est mature au niveau physiologique et psychologique. Rien n'est précisé sur le fait qu'il doit être propre.

Concrètement, il est évident que le fait de devoir prendre en charge les accidents de propreté peut être compliqué pour un ATSEM dont la charge de travail est importante. Il douche et change l'enfant. Il est recommandé aux parents de prévoir des tenues de rechange. Les effets personnels souillés sont remis dans un sac plastique aux parents. Certaines écoles maternelles acceptent que l'élève porte des couches culottes. Cette solution permet de limiter la surcharge de travail de l'ATSEM.

Des enfants souffrent d'énurésie diurne (de jour) nécessitant une prise en charge médicale et/ou psychologique. Dans ce cas, l'exclusion scolaire pourrait avoir un impact négatif sur leur bien-être et leur développement. Des dérogations sont donc possibles.

Entraînement

Pour chacune des questions suivantes, mettez une croix dans la ou les case(s) correspondant à la ou aux bonne(s) réponse(s).

1. La réforme des rythmes scolaires avait pour effet :
   - ❒ **a.** D'augmenter le temps d'enseignement par semaine.
   - ❒ **b.** De répartir le temps scolaire sur 9 demi-journées par semaine.
   - ❒ **c.** De rallonger les vacances scolaires d'été à partir de 2014.
   - ❒ **d.** De supprimer la sieste en moyenne section.
   - ❒ **e.** De proposer un nouveau temps d'accueil périscolaire pour les parents qui le souhaitent.

2. La directrice de l'école vous informe de la tenue prochaine du conseil d'école et vous invite à participer à cette réunion :
   - ❒ **a.** Vous avez l'obligation de participer au conseil d'école.
   - ❒ **b.** Vous pouvez être désignée pour rédiger le compte rendu.
   - ❒ **c.** Vous avez une voix délibérative sur les sujets abordés lors du conseil d'école.
   - ❒ **d.** Vous avez une voix consultative sur les sujets abordés lors du conseil d'école.

3. Les PS et MS de maternelle constituent le cycle des apprentissages premiers parmi lesquels on trouve :
   - ❒ **a.** Les mathématiques.
   - ❒ **b.** Devenir élève.
   - ❒ **c.** Découvrir l'écrit.
   - ❒ **d.** L'éducation physique et sportive.
   - ❒ **e.** L'éducation musicale.

4. Que signifie le sigle RASED ?
   - ❒ **a.** Le réseau d'aides spécialisées aux élèves en difficulté.
   - ❒ **b.** Le réseau d'assistants spécialisés aux enseignements du premier degré.
   - ❒ **c.** Le réseau d'aides scolaires aux élèves en difficulté.

5. Un projet d'école est un document écrit qui :
   - ❒ **a.** Présente les travaux qui ont été faits dans l'école.
   - ❒ **b.** Établit la liste des moyens à mettre en œuvre dans les zones d'éducation prioritaire.
   - ❒ **c.** Retrace le budget alloué par la commune à l'école.
   - ❒ **d.** Développe les objectifs et les moyens mis en place pour enseigner dans une école dans le respect des consignes nationales.

6. Le conseil d'école est mis en place :

❐ **a.** Chaque année.

❐ **b.** Tous les 2 ans.

❐ **c.** Tous les 3 ans.

7. Le supérieur hiérarchique de l'enseignant en école maternelle est :

❐ **a.** Le directeur de l'école.

❐ **b.** Le maire de la commune.

❐ **c.** L'inspecteur de l'Éducation nationale.

❐ **d.** Le président du Conseil départemental.

8. La maman de Nicolas vous dit qu'elle refuse que son enfant figure sur la « photo de classe ». Comment réagissez-vous ?

❐ **a.** Vous lui répondez qu'elle devrait changer d'avis car la « photo de classe » est un moment important pour la cohésion entre élèves de la classe.

❐ **b.** Vous lui conseillez d'en parler avec l'enseignant.

❐ **c.** Vous considérez que la demande de la maman peut être entendue dans la mesure où la participation à la « photo de classe » est facultative.

❐ **d.** Vous lui rappelez que l'autorisation parentale n'engage pas la famille à acheter la « photo de classe ».

9. Le coin cuisine installé dans la classe :

❐ **a.** Permet de préparer les collations/goûters des élèves.

❐ **b.** Est utilisé sur un temps d'intervention pédagogique pour apprendre aux enfants à cuisiner.

❐ **c.** Est un espace de jeu pour les élèves.

❐ **d.** Est un espace transitionnel.

10. Concernant les sorties à la piscine, l'ATSEM :

❐ **a.** Peut décider de ne pas accompagner la classe.

❐ **b.** Ne peut participer que s'il est formé au secourisme.

❐ **c.** N'a pas besoin d'être autorisé par la mairie.

❐ **d.** Peut encadrer un groupe d'élèves dans le petit bassin.

11. L'enseignant de grande section organise une sortie au zoo pour les 28 élèves de la classe. Combien d'encadrants en plus de lui, seront nécessaires pour accompagner la sortie :

❐ **a.** 1

❐ **b.** 2

❐ **c.** 3

❐ **d.** 4

Corrigé

1. **Bonnes réponses B et E :** Les élèves ont toujours 24 heures d'enseignement mais elles se répartissaient sur 4 jours et demi par semaine, dont le mercredi matin. Les journées de classe sont plus courtes au profit d'activités éducatives et périscolaires (sport, culture, etc.). Néanmoins, un assouplissement a été instauré par décret en 2017, confirmé par le Plan mercredi en 2018.
2. **Bonne réponse D :** Les ATSEM peuvent participer sur la base du volontariat et avec voix consultative au conseil d'école. C'est le directeur de l'école qui rédige le compte rendu.
3. **Bonnes réponses B et C :** L'apprentissage des mathématiques, l'éducation physique et sportive ainsi que l'éducation musicale ne démarrent qu'à partir du 2e cycle.
4. **Bonne réponse A :** Le réseau d'aides spécialisées aux élèves en difficulté.
5. **Bonne réponse D :** Le projet d'école exprime les stratégies et les moyens qu'une équipe enseignante choisit de mettre en œuvre afin de répondre aux orientations, aux instructions et aux programmes fixés par le cadre national de l'Éducation nationale.
6. **Bonne réponse A :** Le Conseil d'école est mis en place à chaque rentrée scolaire.
7. **Bonne réponse C :** Le modèle hiérarchique de l'Éducation nationale est le suivant :

Échelon	Professionnel	Structure d'appartenance
Échelon national.	Ministre de l'Éducation nationale.	Ministère de l'Éducation nationale.
Échelon régional.	Recteur.	Rectorat.
Échelon départemental.	Directeur académique des services de l'Éducation nationale (DASEN).	Inspection académique.
Échelon de la circonscription.	Inspecteur de l'Éducation nationale.	Inspection de l'Éducation nationale.
Échelon local.	Directeur d'école. Enseignants.	École maternelle.

8. **Bonnes réponses B, C et D :** La participation de l'élève à la photographie collective est facultative. Elle nécessite une autorisation préalable des parents. Cette dernière n'implique aucune obligation d'achat. Ce n'est pas le rôle de l'ATSEM de faire changer d'avis la maman de Nicolas. Il peut donner des informations. L'interlocuteur est l'enseignant dans la mesure où la photo de classe est organisée sur le temps scolaire.
9. **Bonnes réponses C et D :** Le coin cuisine est utilisé au moment de l'accueil le matin et le soir en attendant l'arrivée des parents : il est sécurisant pour l'enfant car il reproduit une situation que l'élève connaît à la maison. Il peut aussi être utilisé par l'enseignant pour des apprentissages spécifiques : il permet de développer l'autonomie de l'enfant et sa socialisation (construire son identité, respecter les autres, interagir avec eux, etc.).

Il facilite les jeux d'imitation des rôles des parents et des exercices de motricité fine. C'est un espace transitionnel qui aide au passage de la maison à l'école, du statut d'enfant à celui d'élève. L'enfant y retrouve un cadre et des objets familiers qui le rassurent et lui permettent de s'adapter à l'environnement nouveau qu'est l'école.

10. Bonne réponse C : Dans la mesure où la sortie se déroule sur le temps scolaire, l'ATSEM ne peut pas refuser d'accompagner la classe. Il accompagne mais n'encadre pas les élèves. Il n'a donc pas à se trouver dans le bassin avec les élèves. Sa participation n'a plus à être autorisée par la mairie (circulaire de 2017).

11. Bonne réponse C : Il convient de prévoir un encadrant par tranche de 8 élèves, soit 4 au total y compris l'enseignant.

28 La scolarisation de l'enfant handicapé
Les différents types de handicap

Selon la **définition de l'Organisation mondiale de la santé (OMS)**, « est handicapée toute personne dont l'intégrité physique ou mentale est passagèrement ou définitivement diminuée, soit congénitalement, soit sous l'effet de l'âge ou d'un accident, en sorte que son autonomie, son aptitude à fréquenter l'école ou à occuper un emploi s'en trouvent compromises ».

Selon la **nouvelle définition donnée par la loi du 11 février 2005**, constitue « un handicap, toute limitation d'activité ou restriction de participation à la vie en société subie dans son environnement par une personne en raison d'une altération substantielle, durable ou définitive d'une ou plusieurs fonctions physiques, sensorielles, mentales, cognitives ou psychiques, d'un polyhandicap ou d'un trouble de santé invalidant ».

On répertorie différents types de handicap :

- le **handicap mental** (ou la déficience intellectuelle) caractérisé par une insuffisance des facultés et du niveau global d'intelligence, il trouve son origine à la conception (trisomie 21, aberrations chromosomiques, etc.), pendant la grossesse (effets de l'alcool, du tabac, maladies infectieuses, etc.), à la naissance (prématurité, souffrance cérébrale, etc.) ou après la naissance (traumatisme crânien, asphyxie, maladies infectieuse ou virale, etc.) ;
- le **handicap auditif** caractérisé par une perte partielle ou totale de l'ouïe ;
- le **handicap visuel** qui concerne les personnes malvoyantes ou atteintes de cécité ;
- le **handicap moteur** qui recouvre l'ensemble des troubles qui entraînent une atteinte de la motricité ;
- l'**autisme** et les **troubles envahissants du développement** (TED) caractérisés par une atteinte des interactions sociales et de la communication, des comportements répétés, des difficultés d'adaptation aux changements, etc. ;
- le **handicap psychique** qui est la conséquence d'une pathologie mentale (psychoses, schizophrénie, etc.) et touche surtout les adolescents et les adultes avec des perturbations graves du comportement et de l'adaptation sociale ;
- les **maladies dégénératives** désignent des pathologies évolutives, souvent d'origine génétique, se traduisant par des atteintes et des déficiences : myopathie, sclérose en plaques, maladie d'Alzheimer, de Parkinson, de Creutzfeldt-Jakob, etc.

Les différentes formes de scolarisation de l'enfant handicapé

La loi du 11 février 2005, pour l'égalité des droits et des chances, affirme le droit pour chacun à une scolarisation en milieu ordinaire au plus près de son domicile et à un parcours scolaire continu et adapté.

La scolarisation d'un enfant handicapé peut prendre plusieurs formes :

- une intégration individuelle dans une classe ordinaire ;
- une intégration collective au sein d'une CLIS (classe pour l'inclusion scolaire) à l'école primaire pour les enfants pour lesquels la scolarisation individuelle en classe ordinaire n'est pas envisageable. Certains pourront suivre des enseignements en temps partagé entre la CLIS et une classe ordinaire. Il existe 4 catégories de CLIS :
  - CLIS 1 : classes destinées aux élèves dont la situation de handicap est caractérisée par des troubles des fonctions cognitives ou mentales. En font partie les troubles envahissants du développement ainsi que les troubles spécifiques du langage et de la parole,
  - CLIS 2 : classes destinées aux élèves en situation de handicap auditif avec ou sans troubles associés,
  - CLIS 3 : classes destinées aux élèves en situation de handicap visuel avec ou sans troubles associés,
  - CLIS 4 : classes destinées aux élèves en situation de handicap moteur dont font partie les troubles dyspraxiques, avec ou sans troubles associés, ainsi qu'aux situations de pluri-handicap.

  La CLIS comprend un enseignant spécialisé dans le domaine du handicap et souvent une AVS/AESH (auxiliaire de vie scolaire). L'effectif de la classe est réduit avec un maximum de 12 élèves ;
- **une scolarisation à temps plein ou à temps partagé dans un établissement médico-social** dont les IME (instituts médico-éducatifs), les instituts thérapeutiques, éducatifs et pédagogiques de rééducation (ITEP) les instituts d'éducation motrice (IEM), les établissements d'éducation spéciale pour enfants polyhandicapés et les établissements d'éducation sensorielle pour les déficients visuels et auditifs.

Le mode de scolarisation de l'enfant handicapé relève d'une décision de la Commission des droits et de l'autonomie des personnes handicapées (CDAPH) après l'élaboration d'un projet personnalisé de scolarisation (PPS). Cette commission dispose d'outils d'aide à la scolarisation.

30 La scolarisation de l'enfant handicapé
Les outils d'aide à la scolarisation

1 Le projet personnalisé de scolarisation (PPS)

Il est élaboré à la suite d'une demande de la famille par une équipe pluridisciplinaire de la Maison départementale des personnes handicapées (MDPH).

Cette équipe comprend des professionnels dont un médecin, un psychologue, des enseignants spécialisés, un éducateur spécialisé, etc.

Elle est chargée d'évaluer la situation de l'enfant et ses besoins, de réaliser un diagnostic et de proposer la solution la mieux adaptée à sa scolarité.

Les résultats sont communiqués à la CDAPH (Commission des droits et de l'autonomie des personnes handicapées) qui élabore le PPS. Le PPS précise si la scolarisation doit être individuelle ou collective, en milieu ordinaire ou en établissement médico-social.

Il détermine les modalités de déroulement de la scolarité et assure la cohérence du parcours, en concertation avec les parents.

Le PPS est ensuite proposé aux parents qui disposent de 15 jours pour formuler un avis sur les propositions ou faire des observations. Après accord, il est validé par la CDAPH et est transmis à l'enseignant référent chargé de sa mise en œuvre.

2 L'enseignant référent

Un enseignant référent de l'inspection académique suit la scolarité et la mise en œuvre du PPS de l'élève en situation de handicap.

Il assure plusieurs missions :

- l'accompagnement des parents : information, conseil, aide aux démarches auprès de la MDPH ;
- l'organisation et l'animation de réunions d'équipe de suivi de la scolarisation composée de la famille, l'enseignant référent et les enseignants qui interviennent auprès de l'enfant ;
- le recueil des expertises et des évaluations médicales, pédagogiques et sociales indispensables à l'équipe pluridisciplinaire de la MDPH ;
- le suivi de tous les élèves handicapés de son secteur.

3 L'auxiliaire de vie scolaire (AVS/AESH)

La CDAPH peut décider, après évaluation des besoins, d'attribuer une aide humaine individuelle à un élève handicapé.

L'AVS/AESH intervient en classe selon des modalités définies avec l'enseignant et/ou en dehors du temps scolaire (repas, interclasses, etc.). Il peut également accompagner l'élève lors des sorties scolaires. Il a vocation à contribuer à son autonomie dans les apprentissages, faciliter sa participation aux activités, favoriser les relations avec les autres élèves et s'assurer de son installation dans des conditions optimales de sécurité et de confort.

Leur temps d'intervention par semaine est déterminé par la CDAPH.

L'AVS/AESH peut être un assistant d'éducation (AED) ou un emploi de vie scolaire (EVS).

4 Des aides techniques

Sur décision de la CDAPH, l'inspection académique peut fournir à l'école du matériel pédagogique adapté (MPA). Le mobilier et l'environnement peuvent dans certains cas être modifiés pour tenir compte du handicap.

5 L'aide aux transports

La CDAPH peut également décider de la mise en place d'un transport scolaire adapté aux besoins de l'enfant pour les trajets domicile-école aller et retour.

6 L'intervention d'un SESSAD

Le service d'éducation spéciale et de soins à domicile (SESSAD) a vocation à apporter un soutien spécialisé aux enfants maintenus dans leur milieu de vie et d'éducation ordinaires.

Il existe plusieurs types de SESSAD en fonction de leur spécificité et de l'âge des enfants pris en charge :

- SAFEP : service d'accompagnement familial et d'éducation précoce, pour les déficients sensoriels de 0 à 3 ans ;
- SSEFIS : service de soutien à l'éducation familiale et à l'intégration scolaire pour les déficients auditifs après 3 ans ;
- SAAAIS : service d'aide à l'acquisition de l'autonomie et à l'intégration scolaire pour les déficients visuels ;
- SSAD : service de soins et d'aide à domicile pour les enfants polyhandicapés.

Pour les enfants scolarisés dans une école ordinaire, le SESSAD peut assurer des actes médicaux et de rééducation : kinésithérapie, orthophonie, psychomotricité, etc. et faire appel à un éducateur/enseignant spécialisé.

7 L'intervention du RASED

Les enseignants spécialisés et psychologues du RASED (réseau d'aides spécialisées aux élèves en difficulté), s'ils sont sollicités, apportent leur expertise et aident à la réalisation du projet personnalisé de scolarisation (PPS).

Leur intervention s'inscrit en complémentarité avec les missions de l'enseignant. Ils répondent en collaboration avec les professionnels de l'école aux difficultés d'apprentissage et d'adaptation de l'élève en situation de handicap.

8 Le rôle du médecin scolaire

Le médecin scolaire aide l'équipe éducative à comprendre les difficultés/limitations de l'enfant handicapé et à adapter l'enseignement à ses capacités.

Il participe à la rédaction du PAI (projet d'accueil individualisé) pour les enfants atteints de pathologie nécessitant un suivi médical (par exemple prise de médicament sur le temps scolaire). Il contribue au suivi du PPS.

9 Le rôle de l'ATSEM auprès de l'élève en situation de handicap

L'ATSEM n'est pas habilité, ni spécifiquement qualifié, pour prendre en charge de jeunes élèves en situation de handicap. Ces derniers bénéficient de l'intervention de professionnels dans le cadre d'un PPS.

Son rôle est de contribuer, au même titre que les autres membres de la communauté éducative, à leur vie collective à l'école.

Il ne peut pas assurer seul la surveillance d'un enfant handicapé ou la réalisation d'une activité avec lui.

L'ATSEM s'occupe d'un élève handicapé comme des autres enfants en collaborant étroitement avec les AVS/AESH qui assurent une aide individuelle. Si l'élève bénéficie d'un PAI, l'ATSEM est associé à son élaboration et ceci d'autant plus qu'il est présent sur des temps périscolaires.

En pratique

1. Quels sont les impacts de la présence d'un enfant handicapé dans la classe ?

Les impacts sont nombreux. L'enseignant et l'ATSEM doivent tout mettre en œuvre pour assurer la cohésion du groupe d'enfants même si l'un d'entre eux est différent. Il convient de parler aux élèves de cette différence et de répondre à leurs questions pour lever toute peur, pour éviter tout isolement de l'enfant handicapé. Ce travail est réalisé à l'aide de supports spécifiques : ouvrages ou histoires.

Par ailleurs, les règles de vie collective dans la classe ou dans l'école peuvent être impactées par la présence d'un élève handicapé. Des aménagements peuvent être nécessaires pour lui permettre de suivre sa scolarité dans les meilleures conditions. Un professionnel peut être présent pour l'aider. Les élèves peuvent être sollicités pour compenser les difficultés rencontrées par leur camarade : ils seront plus souvent associés à des activités ou des jeux collectifs dans une classe qui accueille un enfant autiste, ils aideront en portant le matériel d'un camarade en situation de handicap physique, etc.

L'enseignant doit également adapter ses méthodes pédagogiques pour prendre en compte le handicap de l'élève. Ce dernier doit être placé dans un environnement le plus sécurisant et stimulant possible afin de permettre son développement moteur, intellectuel, social, etc.

2. L'enseignant qui accueille un élève handicapé dans sa classe bénéficie-t-il d'une formation spécifique ?

Le plus souvent, l'enseignant n'a pas de formation spécifique. Il doit adapter sa pédagogie au handicap de l'élève en permettant à tous les enfants de la classe de développer les apprentissages prévus dans le programme scolaire.

Il doit aussi s'assurer que l'ATSEM et éventuellement l'auxiliaire de vie scolaire remplissent leurs missions respectives de façon appropriée auprès de l'élève handicapé.

Entraînement

Pour chacune des questions suivantes, mettez une croix dans la ou les case(s) correspondant à la ou aux bonne(s) réponse(s).

1. Un plan personnalisé de scolarisation d'un élève handicapé fixe :

- ❒ **a.** Son orientation vers une forme particulière de scolarisation (classe ordinaire, CLIS, etc.).
- ❒ **b.** Des objectifs aux parents pour l'aide à la scolarisation de leur enfant.
- ❒ **c.** L'attribution d'aides matérielles (supports pédagogiques adaptés, mobilier spécifique, etc.).
- ❒ **d.** L'attribution d'une auxiliaire de vie scolaire.
- ❒ **e.** La mise en place d'un mode de transport adapté pour le trajet domicile-école.
- ❒ **f.** L'aménagement des évaluations et des examens pour tenir compte du handicap.

2. Une auxiliaire de vie scolaire :

- ❒ **a.** Favorise la socialisation de l'enfant, la prise de parole et les échanges avec les autres élèves.
- ❒ **b.** Se substitue à l'élève pour faire le travail demandé par l'enseignant.
- ❒ **c.** Surveille la classe en l'absence de l'enseignant.
- ❒ **d.** Donne des soins médicaux à l'élève.
- ❒ **e.** Apporte son aide pour les soins d'hygiène, pour les déplacements de l'élève si nécessaire.

3. Dans une CLIS, l'effectif est au maximum de :

- ❒ **a.** 10 élèves.
- ❒ **b.** 12 élèves.
- ❒ **c.** 15 élèves.

4. Parmi les pathologies suivantes, quelles sont celles qui engendrent un handicap durable ?

- ❒ **a.** La maladie des enfants de la Lune.
- ❒ **b.** La myopathie de Duchenne.
- ❒ **c.** La scarlatine.
- ❒ **d.** La rubéole.
- ❒ **e.** Les oreillons.

5. À l'école maternelle, quels sont les professionnels intervenant spécifiquement dans le soutien des élèves en situation de handicap ?

- ❒ **a.** L'éducateur de jeunes enfants.
- ❒ **b.** L'assistant d'éducation.
- ❒ **c.** L'enseignant référent.
- ❒ **d.** L'éducateur spécialisé.

6. Arthur, atteint d'un léger retard mental, ne parle pas du tout. Il est dans une classe de petite section et ne bénéficie pas d'une auxiliaire de vie sociale.
   - ❒ **a.** Vous vous occupez de lui au même titre que les autres enfants.
   - ❒ **b.** Vous n'avez pas à vous occuper d'un enfant porteur d'un handicap.
   - ❒ **c.** Vous restez en permanence auprès de cet enfant qui a plus de besoins que les autres élèves.
   - ❒ **d.** Vous vous occupez de lui en remplaçant les mots par les gestes.
   - ❒ **e.** Vous vous montrez très attentif à ce qu'il fait et comprend.

Corrigé

1. **Bonnes réponses A, C, D, E et F :** Le PPS définit les modalités de déroulement de la scolarité d'un enfant handicapé.
2. **Bonnes réponses A et E :** L'AVS/AESH ne doit pas faire à la place de l'élève, sa mission étant de lui permettre le plus d'autonomie possible. La surveillance de la classe et les soins médicaux ne sont pas de son ressort.
3. **Bonne réponse B :** 12 élèves.
4. **Bonnes réponses A et B :** La maladie des enfants de la Lune est une maladie d'origine génétique qui se développe pendant l'enfance. Les personnes qui en sont atteintes sont très sensibles à la lumière et développent des cancers multiples de la peau. Cette maladie est très invalidante car les enfants ne peuvent vivre dans un cadre ordinaire et doivent se protéger contre les radiations ultraviolettes. La myopathie de Duchenne est une maladie génétique provoquant une dégénérescence progressive de l'ensemble des muscles. Elle s'accompagne de difficultés motrices et respiratoires qui vont en s'accentuant. La scarlatine, la rubéole et les oreillons sont des maladies enfantines qui, bien soignées, n'ont pas de conséquences sur l'autonomie de l'enfant.
5. **Bonnes réponses B et C :** L'enseignant référent pour la scolarisation des élèves handicapés (ERSEH) coordonne le parcours de l'élève et l'intervention éventuelle de l'assistant d'éducation.
6. **Bonnes réponses A et E :** L'ATSEM doit apporter son concours à un élève en situation de handicap comme elle le fait aux autres élèves. Un retard mental n'implique pas de s'exprimer différemment et notamment par gestes. En revanche, L'ATSEM doit s'assurer que l'enfant comprend ce que l'on demande de faire et qu'il ne se met pas en danger.

31 Le suivi médical à l'école

1 En petite et moyenne sections

Le service de protection maternelle et infantile (PMI) de chaque conseil départemental propose un bilan de santé des enfants entre 3 et 4 ans scolarisés dans une école maternelle. Ce bilan est effectué dans un premier temps par une infirmière puéricultrice qui réalise un dépistage des troubles de la vision et de l'audition, l'évaluation de l'état bucco-dentaire, la surveillance du poids et de la taille, la vérification des vaccins, l'appréciation du développement de l'enfant, de sa socialisation et de son langage. Dans un deuxième temps, le médecin de la PMI réalise un examen médical de l'enfant en présence si possible des parents.

À la suite de ce bilan, l'enfant peut être orienté si nécessaire vers son médecin traitant ou un spécialiste. Lorsqu'une prise en charge spécialisée est nécessaire, le service de la PMI assure le suivi de l'enfant. Le dossier médical est transmis au service de santé scolaire pour la visite obligatoire au cours de la 6e année de l'enfant.

2 À partir de la grande section

Les médecins et les infirmières du service de santé scolaire de l'Éducation nationale interviennent dans les écoles maternelles pour réaliser la visite médicale obligatoire au cours de la sixième année de l'enfant. La visite se déroule en grande section en présence des parents. Elle comporte un bilan de santé (taille, poids, auscultation, etc.), des tests de dépistage au niveau des fonctions sensorielles (vue, ouïe, etc.), cognitives et du langage. Elle permet aussi d'assurer le suivi vaccinal de l'enfant.

3 Pour tous les niveaux de l'école maternelle

Les professionnels du service de santé scolaire sont également chargés :

- du suivi médical des élèves atteints de pathologies chroniques : pour ces derniers, un document dénommé « projet d'accueil individualisé » (PAI) a été établi ;
- de l'assistance aux victimes ou témoins de faits potentiellement traumatisants pour un ou plusieurs élèves ;
- du conseil en cas de survenance de maladies transmissibles en milieu scolaire (méningite, coqueluche, etc.) ;
- de l'intervention en urgence auprès d'enfants en danger, victimes de mauvais traitements ou de sévices sexuels ;
- de l'intégration des enfants en situation de handicap dans le cadre du projet personnalisé de scolarisation (PPS).

La santé à l'école

32 Les soins et urgences à l'école

Un protocole national encadre l'organisation des soins et des urgences dans les écoles (BO n° 1 du 6 janvier 2000).

Il appartient au directeur de l'école de mettre en place une organisation qui réponde au mieux aux besoins des élèves et des personnels. Il peut s'appuyer sur l'aide technique de l'infirmière et du médecin de l'Éducation nationale.

L'information des familles sur les soins effectués sur leur enfant se fait par le biais du carnet de correspondance ou de liaison.

1 La pharmacie

Les soins doivent être prodigués dans une pièce avec un point d'eau à commande non manuelle, un distributeur de savon liquide pour le lavage des mains et un distributeur de serviettes à usage unique pour l'essuyage.

La pièce doit également être équipée d'une poubelle pourvue d'un sac plastique et d'un distributeur de gants jetables.

Les produits doivent être rangés dans une armoire prévue à cet effet.

Le matériel et les produits doivent être vérifiés, remplacés ou renouvelés régulièrement.

Les quantités doivent être limitées et en petit conditionnement (dosettes) pour éviter le stockage prolongé et la péremption des produits.

Avant de réaliser des soins, il est indispensable de réaliser un lavage soigneux des mains et, si possible, de mettre des gants.

Il est déconseillé d'utiliser du coton qui adhère aux plaies et un désinfectant coloré qui masque les lésions.

Il ne faut appliquer qu'un seul antiseptique sur une plaie. En cas de cumul de traitements, l'effet des antiseptiques peut être amoindri.

Remarque

En l'absence d'infirmière au sein de l'établissement, des consignes sur la conduite à tenir en cas d'urgence doivent être affichées dans l'école et l'armoire à pharmacie reste fermée à clef.

Contenu de la pharmacie

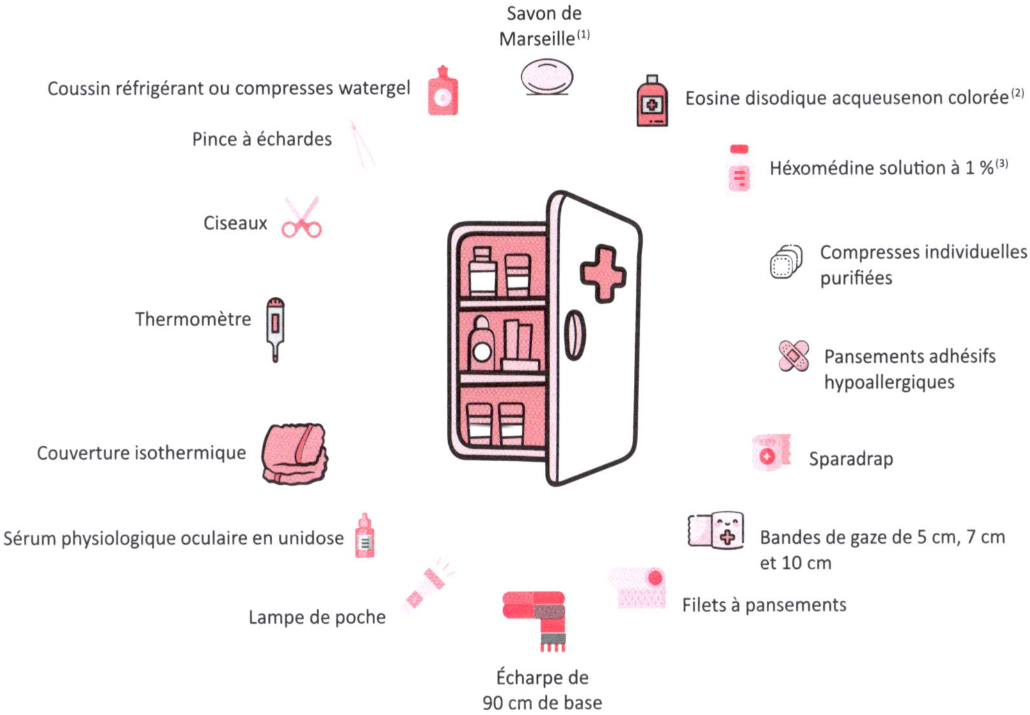

(1) Le savon de Marseille mélangé avec de l'eau potable pour laver les mains du soignant et faire une première désinfection d'une plaie.
(2) Antiseptique local léger à visée asséchante. La solution est appliquée pure, à l'aide d'une compresse ou en la versant directement sur la plaie.
(3) Antiseptique pour un traitement d'appoint des affections de la peau. À utiliser pure en application ou avec pansements humides. Voie cutanée exclusive.

2 La trousse de premiers secours

Lors des sorties scolaires, il convient d'emporter une trousse de premiers secours non fermée à clef et facilement transportable. Elle contient les consignes à suivre en cas d'urgence, un antiseptique, des compresses, une écharpe, des pansements, une bande, des gants, une paire de ciseaux et les médicaments des enfants bénéficiant d'un projet d'accueil individualisé (PAI).

3 La fiche d'urgence

Un document dénommé « fiche d'urgence » est renseigné par les parents en début d'année scolaire. Il contient les coordonnées de toutes les personnes susceptibles d'être contactées en cas d'accident ou d'urgence et précise la date du dernier rappel du vaccin antitétanique.

Il mentionne également les informations concernant la santé de l'enfant : allergies, traitement en cours, précautions à prendre.

Les coordonnées du médecin traitant de l'élève figurent dans la fiche d'urgence.

4 Les premiers soins

Les soins et les urgences devraient être assurés par des personnels titulaires d'une formation premiers secours. Il revient au directeur de l'école de mettre en place une organisation qui réponde au mieux aux besoins des élèves et des personnels de son école.

Les soins sont assurés par l'enseignant ou l'ATSEM sous la responsabilité de l'enseignant. Dans tous les cas, l'ATSEM informe l'enseignant des soins prodigués.

Si l'état de l'enfant nécessite une intervention médicale, seules les personnes titulaires d'une formation aux premiers secours pourront prodiguer des soins. Dans ce cas, c'est le directeur de l'école qui décide des mesures à prendre.

Avant et après tout soin, il est impératif de se laver les mains. Le port de gants jetables est impératif.

- **En cas de plaie superficielle :**
  - désinfectez la plaie avec de l'eau et du savon de Marseille ou avec de l'héxomédine ;
  - désinfectez du centre vers l'extérieur avec une compresse (pas de coton) ;
  - laissez la plaie à l'air libre, mettez un pansement uniquement en cas de frottement.
- **En cas de plaie profonde :**
  - désinfectez la plaie avec de l'eau et du savon de Marseille ;
  - protégez la plaie avec une compresse stérile ;
  - la suture par un médecin doit intervenir dans les 2 heures qui suivent.
- **En cas de saignement de nez :**
  - faites asseoir l'enfant, la tête en avant pour éviter la déglutition du sang ;
  - faites se moucher l'enfant ;
  - comprimez la ou les narine(s) qui saignent avec un doigt pendant 5 minutes ;
  - si le nez continue à saigner, continuez la compression.

Si le saignement intervient après un coup sur le nez ou sur la tête, il est important de surveiller l'état de conscience de l'enfant et de faire intervenir les secours d'urgence en cas de perte de conscience.

- **En cas de bosse :**
  - appliquezde l'eau froide, un coussin réfrigérant ou de la glace dans un linge propre ou des compresses.
- **En cas de doigt pincé :**
  - appliquez de l'eau froide ou un coussin réfrigérant.
- **En cas de brûlure :**
  - appliquez de l'eau froide (mais pas glacée) pendant 15 minutes ;
  - protégez en enveloppant d'un linge ;
  - ne mettez pas de corps gras sur la plaie.
- **En cas de chute/fracture de dent :**
  - rincez la bouche de l'enfant ;
  - en cas de chute de dent, réimplantez-la immédiatement dans la gencive ;
  - un dentiste doit être consulté dans les 2 heures qui suivent.
- **En cas de chute sur la tête ou sur le dos :**
  - laissez l'enfant au sol, ne les bougez pas ;
  - couvez-le avec une couverture ;
  - ne le laissez pas seul ;

- ne le faites pas boire ;
- vérifiez régulièrement son état de conscience en lui posant des questions ;
- appelez les urgences.

- **En cas d'intoxication/d'empoisonnement :**
  - ne le faites pas boire ;
  - ne le faites pas vomir ;
  - cherchez la source de l'intoxication ;
  - appelez les urgences ;
  - surveillez l'enfant, ne le laissez pas seul ;
  - s'il est inconscient, mettez-le en position latérale de sécurité.
- **En cas de piqûre :**
  - si possible, retirez le dard et désinfectez ;
  - si réaction importante ou malaise, appelez les urgences.
- **En cas de difficultés respiratoires :**
  - laissez l'enfant dans la position dans laquelle il se sent le mieux ;
  - isolez-le ;
  - desserrez ses vêtements ;
  - rassurez-le et calmez-le ;
  - si les signes persistent, appelez les urgences ;
  - si l'enfant est asthmatique, faites-lui prendre son traitement selon le protocole du PAI.
- **En cas de coup de chaleur :**
  - allongez l'enfant à l'ombre ;
  - desserrez son col et sa ceinture ;
  - mettez une compresse d'eau froide sur le front ;
  - si l'enfant est conscient, donnez-lui à boire de l'eau à température ambiante ;
  - si l'enfant est inconscient, mettez-le en position latérale de sécurité ;
  - appelez les secours.

À retenir

Dans tous les cas, il est important de chercher à tranquilliser et consoler l'enfant.

5 Le protocole d'alerte

Le protocole est affiché dans l'école, dans toutes les classes et près de tous les téléphones.

Exemple d'affiche

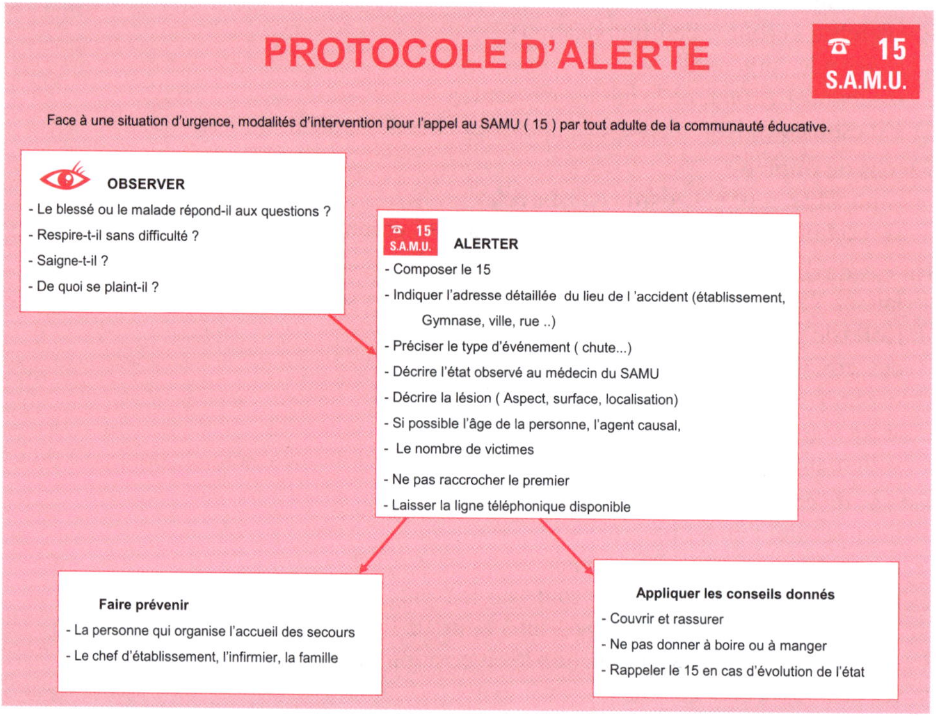

6 Le registre des soins

Ce registre est tenu par les personnes qui sont amenées à prodiguer des soins aux élèves. Il y est mentionné le nom de l'élève ayant bénéficié de soins, la date et l'heure de l'intervention, les mesures de soins et d'urgence prises, ainsi que les éventuelles orientations de l'élève (retour au domicile, prise en charge par les services d'urgence et structures de soins).

Tous les incidents concernant la santé des élèves et les accidents sont notifiés par écrit aux parents.

La tenue du registre de soins est placée sous la responsabilité du directeur de l'école.

33 La santé à l'école
Les mesures à prendre en cas de fièvre de l'enfant

La fièvre est une élévation de la température au-dessus de 38 °C pour un enfant normalement couvert, en l'absence d'activité physique intense et dans une ambiance tempérée. La fièvre est un symptôme, la réponse de l'organisme en réaction à une infection bactérienne ou virale.

1 Les signes associés à la fièvre

Comment repérer qu'un enfant a de la fièvre ? Il peut être fatigué ou asthénique. Il a éventuellement des frissons ou se plaint d'avoir froid. Il peut être chaud au niveau du front ou de la nuque. Il peut parler de douleurs (céphalées, courbatures, etc.).

2 La prise de température

On peut mesurer la température du corps par le rectum, la bouche, l'oreille ou sous l'aisselle. On utilise pour cela un thermomètre électronique.

En fonction de la technique sélectionnée, les températures normales varient selon les fourchettes suivantes :

Méthode utilisée	Variations habituelles de la température
Voie rectale	36,6 à 38 °C
Voie buccale	35,5 à 37,5 °C
Voie axillaire	34,7 à 37,3 °C
Voie tympanique	35,8 à 38 °C

On préfère généralement recourir à une prise de température rectale qui est plus fiable. Dans ce cas, la procédure est la suivante :

- nettoyez le thermomètre à l'eau fraîche et savonneuse, puis rincez-le ;
- si vous utilisez un thermomètre en verre, secouez-le pour que le liquide descende sous les 36 °C. Si vous employez un appareil électronique, lisez bien la notice avant usage.
- pour faciliter l'introduction du thermomètre, vous pouvez recouvrir son extrémité argentée d'un peu de vaseline.
- si vous prenez la température d'un enfant, placez-le sur le dos, genoux pliés.
- insérez doucement le thermomètre dans le rectum, sur une longueur d'environ 2,5 cm. Maintenez-le dans cette position.
- au bout de trois minutes (ou au signal sonore si vous utilisez un appareil électronique), retirez l'instrument. Puis lisez la température.
- nettoyez de nouveau le thermomètre.

3 Les premières mesures à prendre

Les personnels de l'école ne sont pas habilités à donner un médicament antipyrétique.

La priorité est de prévenir les parents afin qu'ils viennent chercher leur enfant.

En attendant, l'enseignant ou l'ATSEM peut appliquer des premiers gestes pour tenter de rafraîchir l'enfant :

- faites boire l'enfant régulièrement pour compenser les pertes d'eau ;
- ôtez les couches de vêtements superflues ou découvrez-le lors de la sieste ;
- mettez l'enfant au calme et au repos ;
- maintenez la pièce à une température comprise entre 18 °C et 20 °C ;
- appliquez des compresses fraîches ou pulvérisez de l'eau fraîche sur son visage.

34 Les mesures à prendre en cas de maladie contagieuse

Lorsqu'un cas de maladie contagieuse est suspecté en milieu scolaire, il convient dans un premier temps de faire confirmer le diagnostic, en fonction de l'âge de l'enfant, soit par le médecin de la PMI, soit par le médecin de la santé scolaire, seuls habilités à établir ou à se faire confirmer le diagnostic.

Une fois le diagnostic posé, en fonction de chaque pathologie, des conduites à tenir sont établies.

Voici dans le tableau ci-après les conduites à tenir pour les principales pathologies rencontrées à l'école.

Principales maladies contagieuses
Mesures à prendre en milieu scolaire (arrêté du 3 mai 1989)

Maladies	Durée d'éviction du sujet porteur	Mesures à prendre pour la collectivité
Coqueluche	30 jours à compter des premières quintes ou 5 jours à compter du début du traitement.	Pas de désinfection des locaux.
Diphtérie	30 jours d'éviction à compter de la guérison clinique.	Renforcement des règles d'hygiène individuelle et collective.
Fièvres typhoïdes et paratyphoïdes	Éviction jusqu'à guérison clinique.	Renforcement des règles d'hygiène individuelle et collective.
Gale	Éviction jusqu'à guérison clinique.	Désinfection de la literie.
Hépatite A	Éviction jusqu'à guérison clinique.	Renforcement des mesures d'hygiène rigoureuses collectives et individuelles.
Impétigo	Éviction jusqu'à guérison clinique.	Renforcement des règles d'hygiène individuelle (mains – ongles).
Infection par le VIH (virus du sida) ou le virus de l'hépatite B	Pas d'éviction.	Utilisation systématique de gants à usage unique pour toute plaie soignée à l'école.
Méningite cérébro-spinale	Éviction jusqu'à guérison clinique.	Prophylaxie médicamenteuse des sujets au contact. Si méningite du groupe A ou C, vaccination des sujets ayant des contacts fréquents. Pas de fermeture de l'école ou de désinfection des locaux.

Méningite virale	Éviction jusqu'à guérison clinique.	
Pédiculose (poux)	Pas d'éviction si traitement.	Désinfecter la literie, laver les draps et les taies d'oreiller.
Rougeole **Oreillons** **Rubéole**	Éviction jusqu'à guérison clinique.	Vaccination recommandée chez les personnes non vaccinées et n'ayant pas eu antérieurement la maladie. Dès qu'un cas de rubéole se déclare, les femmes en âge de procréer doivent être informées et le signaler à leur médecin.
Scarlatine	Éviction jusqu'à présentation d'un certificat médical attestant du traitement.	Si épidémie (3 cas en 8 jours dans la même classe), prélèvement de gorge et traitement antibiotique à l'initiative des autorités sanitaires.
Teigne	Éviction jusqu'à la présentation d'un certificat attestant qu'un examen microscopique a montré la disparition de l'agent pathogène.	Dépistage systématique. Surveillance et traitement si nécessaire.
Tuberculose	Éviction jusqu'à la présentation d'un certificat attestant la non contagiosité.	Dépistage systématique.
Varicelle **Syndrome grippal**	Éviction jusqu'à guérison clinique.	

Le projet d'accueil individualisé (PAI)

1 Le PAI

Le PAI favorise l'accueil et l'intégration des enfants atteints de troubles de la santé évoluant sur une longue période et les élèves en situation de handicap.

Il est systématique dès que l'état de santé de l'enfant nécessite des aménagements à prévoir et des précautions à prendre tels que :

- la prise de médicaments sur le temps scolaire ;
- des soins médicaux et paramédicaux ;
- des aménagements pédagogiques : horaires, dispense de certaines activités, etc. ;
- des aménagements matériels : salle de soins, ascenseur, etc. ;
- le protocole d'intervention d'urgence en cas de maladies évoluant par crises décrivant les signes d'alerte, les symptômes visuels, les mesures à prendre pour la mise en sécurité de l'élève.

2 L'administration de médicaments

Le personnel de l'école n'est pas habilité à donner des médicaments aux enfants, ceci afin de prévenir tout risque de réaction d'allergie.

Pour autant, un élève peut être contraint exceptionnellement de prendre des médicaments sur le temps scolaire en raison de problèmes de santé ponctuels ou durables.

Le personnel de l'école peut, avec une demande écrite des parents et une prescription médicale (ordonnance), administrer des médicaments.

Attention

Tous les médicaments destinés aux élèves ayant un traitement dans le cadre d'un PAI doivent être clairement identifiés et stockés dans une armoire à pharmacie ou dans un meuble fermant à clé dans la classe de l'élève.

En pratique

1. En aidant un élève à se rhabiller, l'ATSEM constate des marques suspectes sur son corps. Comment doit-il réagir ?

Selon le Code pénal, toute personne ayant eu connaissance de privations, de mauvais traitements ou atteintes sexuelles infligés à un enfant, doit en informer les autorités administratives ou judiciaires compétentes.

L'ATSEM doit donc signaler ce qu'il a vu à l'enseignant ou le directeur d'école.

Si l'ATSEM constate les marques en dehors du temps scolaire, il s'adresse à son supérieur hiérarchique au sein de la mairie ou de la collectivité dont il dépend.

Le cas échéant, il peut contacter le 119, service national d'accueil téléphonique de l'enfance en danger.

De plus, il est recommandé de noter les observations réalisées en précisant bien la date et les circonstances dans lesquelles les marques ont été constatées. Ces informations pourront éventuellement être utiles en cas de poursuites judiciaires.

2. L'école maternelle peut-elle accueillir un enfant qui a de la fièvre ?

Le règlement intérieur de l'école peut prévoir que la place d'un enfant fiévreux, enrhumé ou fatigué n'est pas en classe. Ceci est d'autant plus important qu'aucun médicament ne pourra lui être administré à l'école.

Dans les faits, il ne faut pas se voiler la face, il arrive que des parents, sans solution pour faire garder leur enfant, choisissent de lui faire fréquenter l'école alors qu'il est malade.

Dans ce cas, l'ATSEM devra redoubler de vigilance à son égard afin de lui assurer le meilleur confort possible (le maintenir dans la classe sous surveillance pendant le temps de récréation, prolonger le temps de sieste, etc.).

Entraînement

Pour chacune des questions suivantes, mettez une croix dans la ou les case(s) correspondant à la ou aux bonne(s) réponse(s).

1. Pendant la récréation, Paul tombe et se fait une bosse au front :

❒ **a.** Vous prévenez immédiatement les parents.

❒ **b.** Vous prévenez l'enseignant responsable de la récréation.

❒ **c.** Vous prenez la température de Paul.

❒ **d.** Vous appliquez une pommade que vous utilisez couramment avec vos enfants.

❒ **e.** Vous observez le comportement de Paul durant la suite des activités.

2. Parmi ces maladies, lesquelles nécessitent une éviction scolaire :

❒ **a.** Les oreillons.

❒ **b.** La rhinopharyngite.

❒ **c.** Le sida.

❒ **d.** La rougeole.

❒ **e.** La conjonctivite.

3. Pendant la récréation, Pierre s'est écorché les genoux. Que faites-vous pour le soigner ?

❒ **a.** Vous nettoyez les plaies avec de l'eau oxygénée.

❒ **b.** Vous nettoyez les plaies avec de l'eau et du savon de Marseille.

❒ **c.** Vous prévenez l'enseignant.

❒ **d.** Vous remplissez le registre de soins.

4. Pour un enfant scolarisé avec un projet d'accueil individualisé, la communauté éducative dispose :

❒ **a.** De médicaments d'urgence.

❒ **b.** D'une ordonnance du médecin traitant.

❒ **c.** D'un protocole d'urgence.

❒ **d.** Du carnet de santé de l'enfant.

5. Dans la pharmacie de l'école, quels sont les éléments que l'on ne doit pas trouver :

❒ **a.** Des pansements.

❒ **b.** De l'arnica.

❒ **c.** Des compresses stériles individuelles.

❒ **d.** Un médicament antidouleur.

❒ **e.** Des gants jetables.

❒ **f.** De l'alcool à 90°.

6. En ce qui concerne les soins donnés aux enfants, vous avez le droit :

❒ **a.** D'effectuer quelques gestes basiques comme soigner une écorchure par exemple.

❒ **b.** De réaliser des gestes de premiers secours si vous êtes titulaire du PSC1.

❒ **c.** D'administrer des médicaments à un enfant dans le cadre d'un PAI.

❒ **d.** De donner un doliprane à un enfant qui a de la fièvre.

7. Vous constatez une épidémie de gastro-entérite, que faites-vous ?

❒ **a.** Vous augmentez la fréquence de nettoyage des toilettes.

❒ **b.** Vous changez les draps plus souvent.

❒ **c.** Vous portez un masque de chirurgien.

❒ **d.** Vous vous lavez les mains fréquemment.

❒ **e.** Vous veillez à ce que les enfants se lavent les mains après chaque passage aux toilettes.

8. Pauline a de la fièvre au moment de la sieste, que faites-vous ?

❒ **a.** Vous la découvrez.

❒ **b.** Vous la couvrez.

❒ **c.** Vous lui donnez à boire.

❒ **d.** Vous prévenez l'enseignante.

❒ **e.** Vous lui donnez un doliprane.

9. Il fait beau et les enfants souffrent de la chaleur. Que faites-vous ?

❒ **a.** Vous maintenez les enfants à l'extérieur.

❒ **b.** Vous proposez aux enfants de boire de l'eau régulièrement.

❒ **c.** Vous fermez les stores de la salle de classe.

10. Un enfant saigne du nez, que faites-vous pour stopper l'hémorragie ?

❒ **a.** Vous mettez une mèche de coton dans sa narine et vous nettoyez son visage.

❒ **b.** Vous lui basculez la tête en arrière, vous appuyez sur sa narine quelques instants et vous lui nettoyez le visage.

❒ **c.** Vous lui basculez la tête en avant, vous appuyez sur sa narine quelques instants et vous nettoyez son visage.

Corrigé

1. **Bonnes réponses B et E :** La surveillance des récréations est assurée à tour de rôle par les enseignants. Le nombre d'enseignants de service est défini en fonction de la configuration des locaux et du nombre d'enfants à surveiller. L'ATSEM témoin d'un accident doit informer l'enseignant responsable de la récréation qui décidera de la prise en charge. S'il prodigue les soins, il n'applique pas de pommade puisqu'il n'est pas habilité à administrer un médicament. Compte tenu de la nature de l'accident, il est important de surveiller l'élève pendant la journée.
2. **Bonnes réponses A et D :** Seuls les oreillons et la rougeole nécessitent d'éloigner l'élève malade de l'école jusqu'à sa guérison complète afin de limiter la contagion.
3. **Bonnes réponses B, C et D :** L'eau oxygénée n'est pas autorisée dans la pharmacie des écoles. La plaie doit être nettoyée à l'eau et au savon de Marseille. L'ATSEM doit prévenir l'enseignant de l'élève et remplir le registre des soins.
4. **Bonnes réponses A, B et C :** Pour un élève ayant un PAI, le carnet de santé n'est pas nécessaire. À la rigueur, il peut figurer dans son dossier une copie de ses vaccinations.
5. **Bonnes réponses B, D et F :** Aucun médicament n'est autorisé en raison du risque d'allergie. L'alcool à 90°est proscrit pour nettoyer les plaies : il est bactéricide mais pas fongicide. Il est trop agressif. Il peut cependant servir à désinfecter le matériel médical.
6. **Bonnes réponses A, B et C :** L'administration d'un médicament est interdite en dehors de toute prescription médicale.
7. **Bonnes réponses A, D et E :** La gastro-entérite, infection du système digestif causée par un virus, se transmet par contact direct ou indirect entre deux personnes. Pour éviter la contagion, il est primordial de se laver les mains régulièrement et de nettoyer plus souvent les toilettes.
8. **Bonnes réponses A, C et D :** Il convient de découvrir l'élève et de la faire boire régulièrement. L'administration d'un médicament contre la fièvre est interdite. L'ATSEM prévient l'enseignant qui appellera les parents.
9. **Bonnes réponses B et C :** En cas de forte chaleur, les enfants sont maintenus à l'intérieur, stores tirés. L'ATSEM propose fréquemment aux enfants de boire de l'eau.
10. **Bonne réponse C :** La procédure est de maintenir la tête de l'enfant en avant en exerçant une pression sur la narine qui saigne. Après l'arrêt du saignement, le visage de l'élève est nettoyé.

36 La sécurité à l'école
Le règlement intérieur

Le directeur de l'école est responsable de la sécurité des biens et des personnes sur le temps scolaire. La commune est propriétaire des locaux, des matériels et des espaces extérieurs. Elle en assure l'entretien et la maintenance.

En cas de risque constaté, le directeur de l'école prévient immédiatement la mairie afin de faire procéder aux travaux de réparation nécessaires.

Il existe de nombreux documents et règles de sécurité à l'école. Certains doivent être connus des ATSEM.

Le registre de sécurité

Le directeur de l'école tient un registre de sécurité dans lequel figurent toutes les informations et les documents indispensables à la sécurité des biens et des personnes au sein de l'école (plans d'évacuation, avis de la commission de sécurité, consignes de sécurité, bilans des exercices d'évacuation, etc.).

Le règlement intérieur est élaboré et voté chaque année lors de la première réunion du conseil d'école. Il est établi à partir du règlement départemental des écoles maternelles et élémentaires rédigé par l'inspecteur d'académie.

Il contient des informations relatives :

- à l'hygiène et à la sécurité ;
- aux modalités de surveillance des élèves (avant et après la classe) ;
- aux modalités pratiques d'accueil et de remise aux parents ;
- à l'affichage du protocole d'urgence ;
- au nombre d'exercices d'évacuation réalisés dans l'année ;
- aux matériels et objets prohibés dans l'enceinte de l'école ;
- aux conditions de maintenance des locaux et des équipements scolaires ;
- à l'affichage des consignes de sécurité.

Le règlement intérieur est affiché et remis aux parents.

37 Les exercices de mise en sécurité

1 Les exercices d'évacuation

Ils sont obligatoires et organisés une fois par trimestre, le premier exercice doit se dérouler dans le mois qui suit la rentrée scolaire. Ils doivent être consignés dans le registre de sécurité de l'école. Ils ont une fonction d'information et d'entraînement et servent à :

- reconnaître le signal sonore ;
- prendre connaissance des consignes de sécurité ;
- reconnaître les circuits d'évacuation et le point de rassemblement ;
- mettre en évidence des anomalies de fonctionnement (portes condamnées, etc.).

Dès le déclenchement du signal d'alarme, la procédure est la suivante :

- l'enseignant prend le cahier d'appel qui permettra de vérifier que tous les élèves présents dans la classe ont bien gagné le point de rassemblement ;
- l'enseignant fait évacuer les élèves, dans le calme, sans précipitation mais rapidement (on prend les manteaux/vestes des enfants en cas de pluie ou de froid). Les élèves restent groupés pendant l'évacuation ;
- au cours de l'évacuation, enseignants et ATSEM s'assurent que les portes coupe-feu sont fermées après le passage des enfants ;
- arrivés au point de rassemblement, l'enseignant fait l'appel. En cas d'absence d'un ou plusieurs élèves, l'enseignant informe le directeur de l'école ou son remplaçant ;
- l'enseignant maintient les enfants au point de rassemblement jusqu'à ce que l'alerte soit levée ou que de nouvelles consignes lui soient communiquées.

2 Les exercices de confinement

Chaque établissement scolaire doit être doté d'un PPMS (plan particulier de mise en sécurité) pour permettre à l'équipe éducative de faire face à un incident majeur (inondation, tempête, glissement de terrain, séisme, accident en rapport avec le transport de matières dangereuses, risque nucléaire ; etc.) en attendant l'arrivée des secours.

Ce plan permet de mettre en sécurité les élèves et les personnels au déclenchement d'une alerte différente de l'alarme incendie. Un exercice de mise en œuvre est organisé une fois par an.

Dès le déclenchement de l'alerte, la procédure est la suivante :

- l'enseignant, assisté de l'ATSEM, baisse les volets et ferme les rideaux ;
- l'enseignant prend le cahier d'appel ;
- les élèves sont conduits vers le lieu de mise en sécurité ;

- l'enseignant fait l'appel. En cas d'absence d'un ou plusieurs élèves, l'enseignant informe le directeur de l'école ou son remplaçant ;
- l'enseignant explique la situation aux élèves. Ces derniers doivent être rassurés et occupés dans le cadre d'activités calmes (dessins, comptines, etc.) ;
- s'il est nécessaire de limiter l'air entrant, les adultes calfeutrent les fenêtres et les issues du lieu de mise en sécurité ;
- le confinement est maintenu jusqu'à la fin de l'alerte.

3 Les exercices « Attentat-Intrusion »

Devant le développement du risque terroriste, cet exercice spécifique a été mis en place. Il doit être réalisé idéalement avant les vacances de la Toussaint.

Les 2 scénarios mis en œuvre

<table>
<tr><th>S'échapper</th><th colspan="2">S'enfermer</th></tr>
<tr><td rowspan="2">2 conditions :
• être certain d'avoir identifié la localisation exacte du danger ;
• être certain de pouvoir s'échapper sans risque avec les élèves.
Consignes :
• rester calme ;
• prendre la sortie la moins exposée et la plus proche ;
• utiliser un itinéraire connu ;
• demander le silence absolu.</td><td>SITUATION 1 : les élèves sont dans la classe
Consignes :
• rester dans la classe ;
• verrouiller la porte.</td><td>SITUATION 2 : les élèves ne sont pas dans la classe
Consignes :
rejoindre les locaux identifiés comme les plus sûrs.</td></tr>
<tr><td colspan="2">DANS TOUS LES CAS :
• se barricader au moyen de mobilier ;
• éteindre la lumière ;
• s'éloigner des murs, des portes et des fenêtres ;
• s'allonger sur le sol idéalement derrière plusieurs obstacles solides ;
• faire respecter le silence y compris en mettant les téléphones portables en mode silencieux sans vibreur ;
• rester proche des enfants qui manifestent du stress pour les rassurer.</td></tr>
</table>

Les exercices sont réalisés sous forme de jeux (ex : roi du silence).

Dans le cadre de l'application du plan VIGIPIRATE Alerte-attentat, l'accueil et l'entrée dans l'école sont assurés par un adulte. L'accès aux classes peut être interdit à toutes personnes extérieures à l'école, y compris les parents. L'identité des personnes étrangères à l'établissement est systématiquement vérifiée.

Un contrôle des sacs peut également être mis en place. Enfin, le stationnement et les attroupements ne sont pas autorisés aux abords de l'école.

38 La sécurité à l'école
Les consignes de sécurité

Elles doivent être connues de l'ensemble des usagers de l'école, affichées dans tous les locaux (classes, dortoir, cantine, etc.) et les lieux de circulation.

Rédigées de manière concise, précise et lisible, elles doivent indiquer :

- que l'audition du système d'alarme correspond à l'ordre d'évacuation ;
- le nom et le numéro d'appel des personnes à prévenir en cas d'incendie ;
- les personnes chargées d'aviser les sapeurs-pompiers ;
- les itinéraires à suivre pour gagner les sorties ;
- le point de rassemblement.

Un exemplaire de ces consignes est inséré dans le registre de sécurité.

Consignes en cas d'incendie

DÈS LA DÉCOUVERTE D'UN FOYER D'INCENDIE

1. DONNER L'ALARME en appuyant sur le déclencheur le plus proche. (Le retentissement du signal d'alarme signifie l'évacuation immédiate).

2. PRÉVENIR LE DIRECTEUR.
Il fermera les vannes d'arrivée des fluides.

18

3. APPELER LES SAPEURS-POMPIERS.

4. ÉVACUER dès l'audition du signal en se dirigeant vers la sortie la plus proche.

5. AVANT DE QUITTER LES LIEUX, fermer fenêtres et portes et s'assurer qu'il n'y a plus personne dans les locaux.

6. DANS LA FUMÉE, SE BAISSER : si les couloirs et escaliers sont complètement envahis par la fumée, restez dans le local. Une porte mouillée et bien calfeutrée, protège longtemps. Allez aux fenêtres et manifestez-vous.

7. NE JAMAIS REVENIR EN ARRIÈRE, sauf sur ordre.

8. REJOINDRE LE POINT DE RASSEMBLEMENT.

9. S'ASSURER QUE L'APPEL EST FAIT.

En pratique

1. L'Assurance scolaire est-elle obligatoire ?

L'assurance scolaire garantit les dommages qu'un élève peut causer (casser les lunettes d'un camarade de classe par exemple) et éventuellement ceux qu'il pourrait subir. Elle n'est pas obligatoire pour les activités qui se déroulent dans l'enceinte de l'école et les sorties obligatoires. En revanche, elle peut être exigée pour participer aux sorties facultatives et aux activités périscolaires.

2. Qui surveille la récréation ?

Le directeur de l'école est responsable des personnes dans l'école. Il est chargé d'établir le tableau de service de surveillance des récréations.

Les enseignants surveillent les récréations selon un roulement établi au moment de la prérentrée. Le planning est établi sur la semaine et s'applique sur l'année scolaire. Il est affiché dans la salle des maîtres.

Ils doivent être deux au minimum. Leur nombre dépend de celui des élèves présents dans la cour.

Bien entendu, un enseignant peut être remplacé momentanément par un ATSEM.

Pendant la pause méridienne, les enfants sont placés sous la responsabilité de la commune. La surveillance est assurée par les agents municipaux.

3. Comment se décline le plan VIGIPIRATE Alerte Attentat à l'école ?

L'accueil et l'entrée dans l'école sont assurés par un adulte. L'accès aux classes peut être interdit à toutes les personnes extérieures à l'école, y compris les parents. L'identité des personnes étrangères à l'établissement est systématiquement vérifiée.

Un contrôle des sacs peut également être mis en place. Enfin le stationnement et les attroupements ne sont pas autorisés aux abords de l'école.

Entraînement

Pour chacune des questions suivantes, mettez une croix dans la ou les case(s) correspondant à la ou aux bonne(s) réponse(s).

1. Un exercice de sécurité se déroule dans l'école. Dans la liste suivante, indiquez les informations exactes :

❒ **a.** L'exercice de sécurité doit avoir lieu dans le 1er mois suivant la rentrée et chacun applique les consignes qui ont été rédigées par le directeur d'école.

❒ **b.** L'ATSEM veille à habiller tous les enfants avant de les emmener au point de ralliement.

❒ **c.** Une des ATSEM doit vérifier qu'aucun enfant n'ait été oublié et devra effectuer un tour de contrôle.

❒ **d.** Si l'exercice a lieu pendant la sieste des petits, il faut éviter de réveiller les enfants car il s'agit d'une simulation.

❒ **e.** Dès que l'alarme se déclenche, toutes les personnes présentes dans l'école se rendent le plus rapidement possible au point de ralliement en appliquant les consignes qui ont été énoncées.

❒ **f.** L'ATSEM peut participer à l'exercice dès lors qu'elle a suivi la formation PSC1 (prévention sécurité civique).

2. Vous constatez, depuis plusieurs jours, la présence devant l'école d'un inconnu aux heures de récréation :

❒ **a.** Vous en parlez à l'enseignant ou au directeur.

❒ **b.** Vous appelez la police.

❒ **c.** Vous appelez la mairie.

❒ **d.** Vous ne faites rien : l'école n'est pas responsable de ce qui se passe dans la rue.

❒ **e.** Vous interpellez cette personne et vous lui demandez des explications sur sa présence.

3. Vous apercevez un enseignant gifler un enfant :

❒ **a.** Vous appelez le 118.

❒ **b.** Vous appelez le 119, service national d'accueil téléphonique pour l'enfance en danger.

❒ **c.** Vous pouvez prévenir l'assistante sociale.

❒ **d.** Vous pouvez prévenir les parents de l'enfant giflé.

❒ **e.** Vous pouvez prévenir le directeur d'école.

4. Un adulte que vous ne connaissez pas entre dans la salle de la garderie. Thibaud se lève et lui saute au cou :

❒ **a.** Vous laissez Thibaud partir avec cet adulte qu'il appelle Tonton.

❒ **b.** Vous vérifiez son identité et le laissez partir avec l'enfant.

❒ **c.** Vous vous assurez après avoir vérifié son identité, que son nom figure parmi les personnes autorisées à venir chercher l'élève.

5. Vous surveillez le dortoir. Il y a de la fumée. L'alarme incendie se déclenche :

❒ **a.** L'air le moins vicié se trouve en hauteur.

❒ **b.** L'air le moins vicié se trouve près du sol.

❒ **c.** L'air le moins vicié se trouve en mi-hauteur.

❒ **d.** L'air le moins vicié se trouve derrière une armoire.

❒ **e.** Vous allez chercher le directeur.

❒ **f.** Vous demandez aux enfants de rejoindre leur classe.

❒ **g.** Vous appliquez le protocole d'incendie affiché.

6. Les personnes autorisées par les parents à récupérer leur enfant à la garderie :

❒ **a.** Doivent avoir 18 ans.

❒ **b.** Doivent avoir un lien de parenté avec l'élève.

❒ **c.** Doivent avoir leur domicile sur la commune sur laquelle se trouve l'école.

❒ **d.** Ont été nommément désignées par écrit par les parents.

7. La maman de Lucile vous demande d'interdire au père de sa fille de venir la prendre à la sortie de l'école car ils sont séparés :

❒ **a.** Vous prenez en compte sa demande.

❒ **b.** Vous lui expliquez qu'il faut un justificatif juridique et vous en parlez à l'enseignant.

❒ **c.** Vous ne remettez pas l'enfant à sa mère.

❒ **d.** Vous lui dites que vous préviendrez le père.

8. PPMS signifie :

❒ **a.** Projet pour la moyenne section.

❒ **b.** Protocole pour la mise en sécurité.

❒ **c.** Plan particulier de mise en sécurité.

Corrigé

1. **Bonnes réponses A et E :** Les élèves sont évacués rapidement. Dans ces conditions, on ne prend pas le temps de les habiller ou de les couvrir. Le tour de contrôle n'est pas nécessaire. L'enseignant fait l'appel au point de ralliement afin de vérifier que tous les élèves sont présents. Si l'exercice intervient pendant la sieste, les enfants sont réveillés et évacués.
2. **Bonne réponse A :** L'école est responsable de la sécurité des élèves. L'ATSEM doit prévenir le directeur ou un enseignant.
3. **Bonne réponse E :** L'Éducation nationale interdit le recours aux sévices physiques. L'ATSEM prévient le directeur d'école. Si l'ATSEM constate une nouvelle fois le même comportement de la part de l'enseignant et en l'absence de réaction du directeur, il convient d'en parler aux parents de l'élève concerné.
4. **Bonne réponse C :** L'ATSEM ne peut pas laisser partir un élève avec une personne qui n'est pas inscrite sur la liste des personnes autorisées à venir le chercher.
5. **Bonnes réponses B et G :** En cas d'incendie, l'air le plus respirable est près du sol. Si la fumée est importante, il est recommandé de chercher à se placer et se déplacer en étant au plus près du sol. L'ATSEM doit procéder lui-même, et sans attendre, à l'évacuation des élèves en suivant les consignes de sécurité. Il est hors de question de perdre du temps en allant chercher le directeur de l'école. La priorité est de mettre les élèves à l'abri. Les élèves doivent rester sous surveillance constante. Il n'est donc pas envisageable de les laisser quitter seuls le dortoir.
6. **Bonnes réponses D :** Aucune condition n'est exigée pour être autorisé par des parents à venir chercher leur enfant à la garderie de l'école.
7. **Bonnes réponses B :** L'école ne peut pas ne pas remettre un enfant à un de ses parents sur la seule demande de l'autre parent. Cette décision se prend à l'appui d'un document officiel qui stipule que le parent est déchu de son autorité parentale.
8. **Bonne réponse C :** Il s'agit d'un dispositif réglementaire, remis à jour tous les ans, qui met en place une organisation afin d'assurer la sécurité de toutes les personnes présentes dans l'établissement en cas d'accident majeur externe à l'école.

L'entretien du linge

L'ATSEM peut avoir pour tâche de laver et repasser le linge de l'école (torchons, draps, alèses, habits de poupée, tenue de travail, etc.). L'établissement scolaire comprend, dans ce cas, une laverie/blanchisserie permettant le tri, le lavage, le séchage et le repassage du linge. Si l'école n'est pas équipée, la gestion du linge est assurée par la mairie qui peut éventuellement faire intervenir une société spécialisée. Dans ce cas, le travail de l'ATSEM consiste à regrouper, trier et stocker le linge sale.

Le linge regroupe l'ensemble des textiles utilisés au quotidien dans une école maternelle.

Les différents types de linge

Type de linge	Exemple(s)
Grand plat	Drap, alèse, etc.
Petit plat	Torchon, serviette de table, taie d'oreiller, etc.
Linge fragile	Couverture.
Tenue des personnels	Blouse, tablier, etc.
Linge de ménage	Bandeaux de lavage, carrés d'essuyage, etc.
Autres textiles	Vêtements de poupée.

1 Le lavage

Les lavages sont réguliers voire quotidiens dans certaines écoles. Les bandeaux de lavage et les carrés d'essuyage sont lavés tous les jours. Les draps et les alèses sont nettoyés toutes les deux semaines en général.

Les opérations de lavage du linge s'organisent de la façon suivante :

- préparer le linge : trier le linge en fonction de la nature du textile, des couleurs ou du type de salissures, vider les poches et prédétacher si nécessaire ;
- laver le linge en machine ou à la main en respectant les informations figurant sur l'étiquetage en prenant soin de choisir le programme adéquat (voir Boîte à outils 3) ;
- sécher le linge sur un fil à linge ou un séchoir. Le séchage en machine est possible en sélectionnant le programme adapté aux caractéristiques du textile indiquées sur l'étiquetage.

Le cycle de lavage en machine comprend 4 phases : le prélavage, pour les textiles très sales, le lavage, le rinçage et l'essorage.

La qualité du lavage dépend de 4 éléments :

- **une action mécanique** dans l'eau : dans le tambour, l'eau pénètre dans les fibres du linge afin d'éliminer les saletés. Il convient de choisir le programme qui propose une cadence de brassage adaptée à la nature du textile. Cette dernière est plus rapide pour le coton, moins fragile, que pour les matières synthétiques par exemple ;

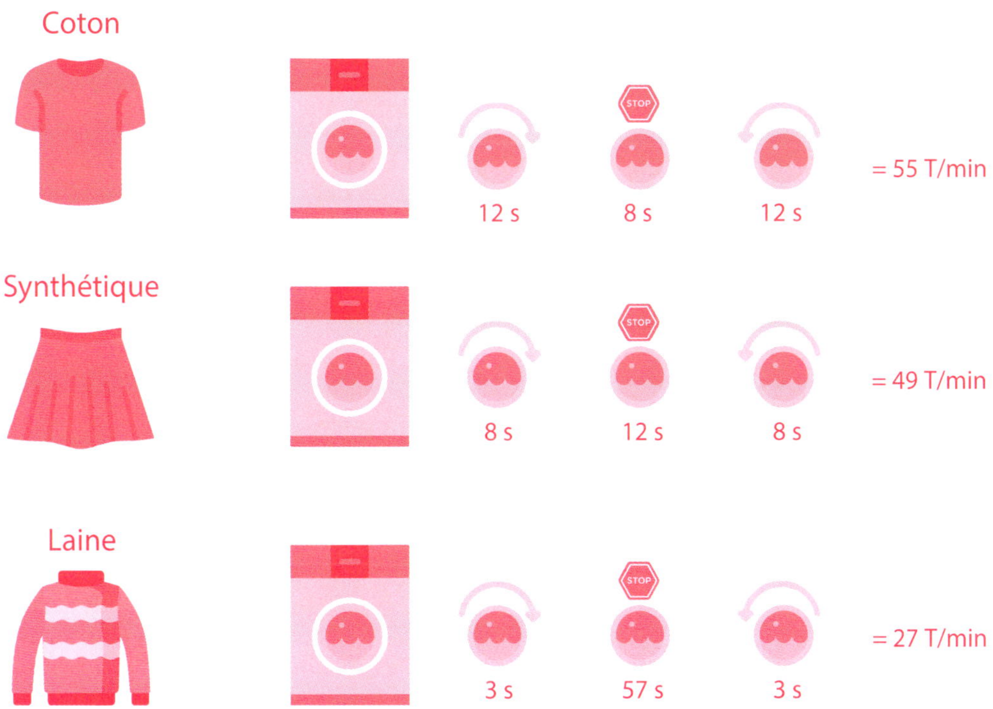

- **une action thermique :** les saletés sont plus facilement dissoutes dans l'eau chaude ;
- **une action chimique :** le détergent lessive comprend des enzymes pour éliminer les saletés ainsi que des agents anti-redéposition ;
- **la durée du lavage :** plus la température de l'eau est élevée, plus le programme de lavage est long.

La vitesse d'essorage doit être adaptée à la nature du textile lavé. Plus elle est rapide, plus le linge sera sec à la sortie de la machine et plus le temps de séchage à l'air sera réduit.

2 Le repassage

Le repassage permet de défroisser le linge et de le rendre plus présentable. Il a aussi une action désinfectante.

Les opérations de repassage du linge s'organisent de la façon suivante :

- se préparer : se laver les mains et revêtir une tenue professionnelle adaptée ;
- trier le linge entre celui qui ne se repasse pas et celui qui se repasse et pour ce dernier, en fonction des codes de repassage (voir Boîte à outils 3) ;
- installer le matériel (table à repasser, fer à repasser ou centrale vapeur, plans de travail ou corbeilles à linge, eau déminéralisée, etc.). L'installation doit être pensée afin de limiter au maximum les postures pénibles (régler la hauteur de la table à repasser en fonction de la taille de l'agent, éviter les torsions par exemple pour déposer le linge repassé, etc.) ;

- remplir le réservoir du fer ou de la centrale vapeur et brancher l'appareil ;
- régler le thermostat en fonction de la nature du linge. L'étiquette du textile indique la température de repassage adapté. Il conviendra de réintervenir sur le thermostat si nécessaire au cours du repassage ;
- poser le linge sur la table à repasser. Lisser le linge à la main. Passer le fer avec ou sans vapeur s'il est nécessaire ou pas de défroisser le linge. Le linge plat doit être repassé des deux côtés. Pour le linge plié (torchon), il faut repasser les plis ;
- au fur et à mesure du repassage, déposer le linge sur le plan de travail ou la corbeille à linge ;
- à la fin du repassage, diminuer le thermostat et le niveau de vapeur ;
- débrancher le fer ou la centrale vapeur et vider le réservoir si nécessaire ;
- nettoyer et ranger le matériel ;
- ranger le linge.

L'entretien des locaux

L'entretien des locaux ne se résume pas à un simple ménage. Il nécessite l'application de techniques professionnelles spécifiques, l'usage de certains matériels et produits, à l'appui de procédures de nettoyage précises, et implique le respect de mesures d'hygiène strictes.

1 Quelques définitions

Le nettoyage consiste à éliminer d'une surface toute salissure pouvant s'y trouver. Il se fait à l'aide de produits détergents choisis en fonction du type de salissure et de la nature du support. La surface est rendue propre.

La désinfection permet d'éliminer les micro-organismes ou les virus sur une surface contaminée. Cette dernière est rendue bactériologiquement propre.

On parle de **bio-nettoyage** lorsqu'on réalise successivement un nettoyage, un rinçage (évacuation des salissures) et une désinfection.

Procédure de bio-nettoyage

① Rangement de la zone à nettoyer et élimination des salissures non adhérentes	• Ramassage des déchets. • Balayage. • Arrosage des surfaces avec de l'eau et retrait des salissures.
② Nettoyage	• Utilisation d'un détergent (choix en fonction du support et du type de salissures).
③ Rinçage intermédiaire	• Arrosage avec de l'eau potable pour éliminer les résidus du produit détergent.
④ Désinfection	• Utilisation d'un désinfectant pour éliminer les microbes.
⑤ Rinçage final et séchage	• Élimination de tout résidu des produits d'entretien.

Les différents produits d'entretien

Les détergents sont des substances chimiques qui ont des propriétés nettoyantes. Ils ont des pouvoirs mouillant, émulsionnant et dégraissant grâce aux agents tensio-actifs qu'ils contiennent. Il existe des détergents neutres, acides et basiques destinés à des utilisations différentes.

Les détergents acides (acide chlorhydrique, acide sulfurique) ont un pouvoir détartrant et désincrustant (tartre, rouille, etc.) utile pour le nettoyage des zones humides (évier, lavabo, faïence, robinetterie). Les détergents neutres (savon) sont utilisés pour le nettoyage courant des sols et des surfaces. Les détergents basiques ou alcalins (soude caustique, ammoniaque) servent au décapage de surfaces grasses ou présentant des salissures incrustées.

Les désinfectants éliminent les micro-organismes présents sur les surfaces et dans les milieux contaminés. Ils sont destinés à des milieux inertes (sol, surface, etc.) contrairement aux antiseptiques qui agissent sur les tissus vivants (peau, plaie, etc.). Un désinfectant peut être fongicide (qui tue les champignons dont les noircissures), bactéricide (qui tue les bactéries) ou virucide (qui tue les virus). Le plus connu des désinfectants est l'eau de Javel.

Les détergents désinfectants possèdent les propriétés de détergence et de désinfection. Ils sont utilisés pour le nettoyage et la désinfection des sols et des surfaces.

Tous les produits d'entretien doivent être stockés hors de la portée des enfants.

42 L'entretien du linge et des locaux
Le matériel utilisé pour l'entretien des locaux

1 Le chariot de ménage

Le chariot contient tous les accessoires et produits nécessaires à l'activité de nettoyage. Leur contenu sera déterminé en fonction de la technique d'entretien utilisée et des surfaces à nettoyer.

2 Les gants

Le personnel chargé de l'entretien doit porter des gants de préférence à longues manchettes pour se protéger des effets néfastes des produits d'entretien. Ils sont imperméables et résistants aux produits utilisés. La partie extérieure des gants doit être désinfectée entre chaque pièce à nettoyer.

3 Les balais

Le balai trapèze est utilisé pour le « balayage humide » qui sert au dépoussiérage des sols. Il est doté d'un manche en aluminium léger. On fixe sur la semelle articulée des gazes pré-imprégnées.	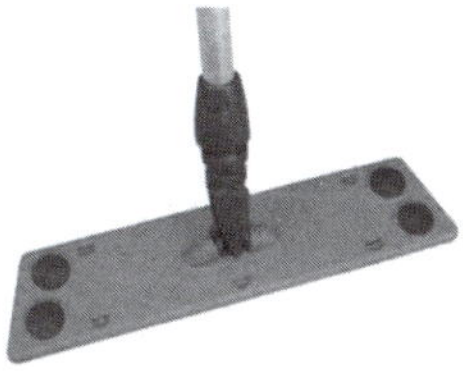
Le balai pour lavage à plat sert au lavage manuel des sols. Il est doté d'un manche en aluminium léger. Sa semelle est articulée pour permettre le positionnement du bandeau de lavage.	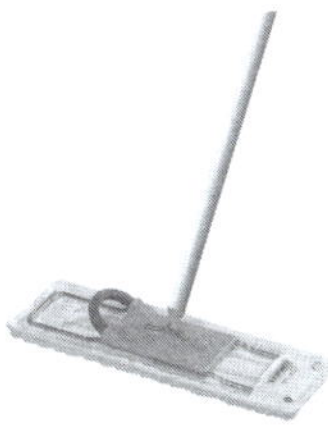
Le balai « lave-pont » peut être utilisé avec une serpillière pour le lavage des sols et notamment des carrelages.	
Le balai « raclant » s'utilise en complément du balai « lave-pont ». Il sert à évacuer l'eau des blocs sanitaires disposant d'un siphon de sol.	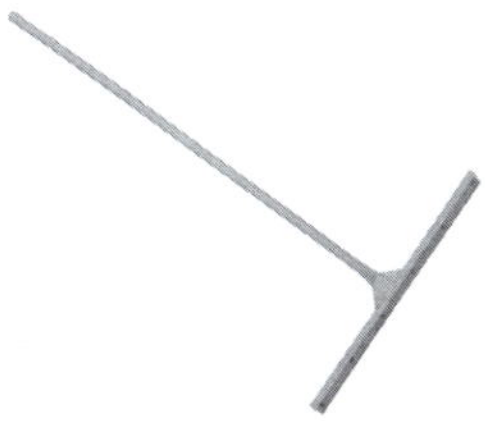

4 Les lavettes

Elles sont imprégnées de solution nettoyante soit en les immergeant dans un seau contenant un produit d'entretien dilué dans l'eau, soit en versant directement le détergent/désinfectant dessus.

Elles doivent être nettoyées après chaque usage.

5 Les seaux

Le chariot comporte plusieurs seaux contenant des produits différents : détergent, détartrant, désinfectant, etc.

Il peut être équipé d'un seau avec une presse pour les bandeaux de lavage à essorer ainsi que de seaux destinés à recevoir les lavettes et bandeaux de lavage sales.

6 Les bandeaux de lavage à plat

Ils se fixent sur le balai de lavage à plat. Le socle du balai se plie et maintient le bandeau en se glissant dans les poches prévues à cet effet.

7 La monobrosse

C'est un appareil mécanisé pour le nettoyage, le décapage et le lustrage des sols. Elle agit par l'action combinée de son poids, d'un mouvement rotatif d'un accessoire (brosse ou disque) produisant un frottement, du produit chimique utilisé (détergent projeté avec un pulvérisateur manuel ou intégré dans la machine) et l'effet de la chaleur sur la surface traitée.

8 L'autolaveuse

Elle permet le lavage mécanisé des sols en combinant l'action de la monobrosse et de l'aspirateur à eau. Elle élimine les salissures et le biofilm (pellicule composée de bactéries et de polymères d'origine organique qui adhère à une surface).

L'entretien du linge et des locaux

43 Principes généraux de l'entretien de locaux

1 Règles générales pour l'entretien des locaux

- L'ATSEM revêt une tenue professionnelle appropriée.
- Les mains doivent être lavées avant de mettre les gants de ménage.
- Avant de débuter le ménage d'une pièce, il convient d'aérer et d'évacuer les déchets et de libérer au maximum l'espace.
- Le nettoyage se fait du haut en bas et du plus propre au plus sale.
- Les lavettes doivent être changées fréquemment et au minimum en passant d'une pièce à une autre.
- Les lavettes et les bandeaux de lavage à plat utilisés ne sont pas retrempés dans les solutions de nettoyage propres.
- Le matériel d'entretien doit être en bon état, propre (nettoyé et désinfecté après chaque utilisation) et conforme aux normes de sécurité.
- Il est indispensable de respecter les procédures d'entretien, notamment le déroulement des opérations ainsi que les précautions d'emploi des produits indiquées dans leur fiche technique et/ou leur fiche de données de sécurité (FDS).
- L'entretien est réalisé en dehors de la présence des enfants.
- Les gants sont nettoyés à l'intérieur et à l'extérieur à la fin des opérations de nettoyage et un lavage des mains est réalisé.

2 Les facteurs qui influent sur l'efficacité du nettoyage

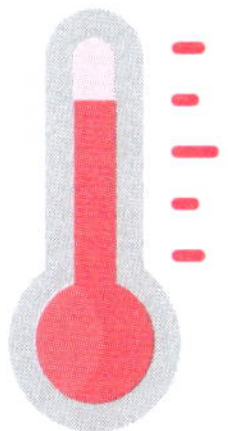			
Action de la température	Action mécanique (brosse, frottement)	Action chimique (dosage à respecter)	Action du temps (laisser agir)

L'association de ces 4 paramètres constitue ce que l'on appelle **le cercle de Sinner**.

L'efficacité du nettoyage dépend :

- **d'une action mécanique** par un brossage/frottement énergique pour éliminer les salissures ;
- **d'une action chimique**, celle du produit d'entretien qui doit être correctement dilué ;
- **d'une action thermique**, dilution du produit ménager avec de l'eau à 60 °C ou froide ;
- **de l'action du temps** pour laisser le produit agir et pour prendre le temps de frotter/brosser suffisamment le support sale.

3 Le tri des déchets

L'ASTEM doit connaître les principes de tri des déchets de l'école maternelle (voir Boîte à Outils 4).

4 L'entretien des locaux en cas de maladie contagieuse

En cas de maladie contagieuse identifiée, les mesures usuelles d'hygiène des locaux sont renforcées.

En cas d'épidémie de gastro-entérite, les sanitaires sont nettoyés plus fréquemment et le linge de lit souillé est changé et désinfecté.

En cas de pathologie respiratoire, tous les jouets, objets et surfaces dans les lieux fréquentés par les enfants malades doivent faire l'objet d'une désinfection minutieuse.

Pour ce qui est de la pédiculose, le linge de lit est changé régulièrement.

44 L'entretien du linge et des locaux
Procédures d'entretien des locaux

Deux procédures d'entretien des locaux sont présentées ci-après à titre d'exemples. Les candidats qui souhaiteraient développer leurs connaissances concernant l'entretien des locaux peuvent se référer aux manuels relatifs aux technologies et techniques de nettoyage du baccalauréat professionnel hygiène et environnement.

1 Dépoussiérage humide des surfaces « hors sols » (peinture, stratifié ou PVC)

	Dépoussiérage humide
Objectif	Enlever les salissures ou souillures en évitant de les mettre en suspension dans l'air.
Matériel	• Lavette à usage unique ou recyclable. • Seau ou vaporisateur.
Produit	Détergent désinfectant.
Technique	• Imprégner la lavette de détergent désinfectant. • Passer la lavette sur les surfaces à nettoyer. • Changer de lavette en passant dans une autre pièce.
Fréquence	• Les surfaces horizontales (tables, bureau, chaises, etc.) doivent être nettoyées tous les jours. • Les surfaces verticales (mur, bouche d'aération, etc.) sont à nettoyer au moins une fois par an.

2 Balayage humide des sols

	Balayage humide
Objectif	Éliminer la poussière en limitant leur mise en suspension dans l'air.
Matériel	• Balai trapèze. • Gazes jetables ou lavables. • Seau avec solution détergente utilisée avec les gazes lavables. • Sac et poubelle. • Pelle et balayette.
Produit	• Solution détergente.
Technique	• Préparer le matériel. • Aérer la pièce. • Éliminer au préalable les gros déchets solides et liquides. • Prendre une gaze pré imprégnée, bien fermer le sachet de gazes pour éviter leur dessèchement. • Fixer la gaze sur le support. • Détourer (contourner la pièce en positionnant le balai le long de la plinthe) puis balayer sans soulever le balai en appliquant la méthode du godillage : 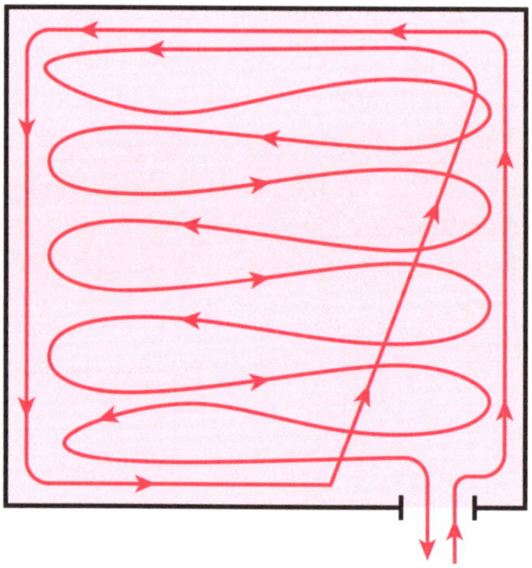 • Ôter la gaze sans soulever le balai et changer de gaze entre chaque pièce et plus souvent si nécessaire. • Plier la gaze jetable sale et la ramasser avec la pelle et la balayette. Les gazes lavables sont stockées dans un sac plastique pour être lavées et désinfectées à la fin du travail. • Nettoyer et ranger le matériel.
Fréquence	À faire tous les jours pour les salles de cours, 2 fois par semaine au moins pour les lieux de circulation.

45 Les pictogrammes de danger et de protection individuelle

Les produits d'entretien sont des produits chimiques. Leur utilisation n'est pas sans danger. L'étiquette apposée sur chaque produit fournit des indications sur les dangers et les précautions à prendre lors de son utilisation. Il est important de connaître la signification des pictogrammes de sécurité : de nouveaux symboles de danger sont entrés en vigueur depuis 2009.

Dans certaines situations professionnelles, le port d'un équipement de protection individuelle (EPI) est nécessaire et notamment pour manipuler les produits d'entretien.

Protection obligatoire des mains

Protection du corps : port de blouse

Pour prévenir les risques professionnels liés à l'utilisation des produits d'entretien, il est indispensable de lire la fiche technique et la fiche de données de sécurité (FDS) du produit. La première présente succinctement le produit et les précautions d'utilisation. La seconde est plus complète et donne les principales informations concernant notamment les propriétés du produit, sa toxicité, les mesures de protection nécessaires, les précautions d'emploi et les informations relatives à son stockage.

Équivalence entre les pictogrammes

Ancien									
Nouveau									
Risque	DANGER	TOXIQUE	CMR (Cancérogène, mutagène, toxique pour la reproduction)	CORROSIF	INFLAMMABLE	COMBURANT	EXPLOSIF	GAZ SOUS PRESSION	NÉFASTE POUR L'ENVIRONNEMENT
Action	J'ALTÈRE LA SANTÉ	JE TUE	JE NUIS GRAVEMENT À LA SANTÉ	JE RONGE LES MÉTAUX OU LA PEAU	JE FLAMBE	JE FAIS FLAMBER	J'EXPLOSE	JE SUIS SOUS PRESSION	JE POLLUE L'ENVIRONNEMENT
Exemple de produits	Eau de Javel, produit détergent pour vaisselle, lave vitre à base de méthanol, essence de térébenthine, pesticide, antimite, etc.	Méthanol pur, certains herbicides, antirouille contenant des fluorures, naphtaline, etc.	Amiante, benzène cadmium et dérivés, chlorure de vinyle, chromes et dérivés, éthers de glycol, plomb et dérivés, etc.	Soude caustique, déboucheur de canalisation, détartrant, eau de Javel concentrée, acides chlorhydrique, nitrique, sulfurique, etc.	Acétone, alcool à brûler, White Spirit, trichloréthylène, etc.	Pastilles d'eau de Javel effervescentes, oxygène, chlorate de sodium, etc.	Gaz butane, propane, gaz naturel, acide picrique, TNT, etc.	Gaz comprimés, liquéfiés, gaz dissous, gaz réfrigérés, etc.	Composés de métaux lourds, solvants, etc.

46 L'entretien du linge et des locaux
La dilution des produits ménagers

Un dosage correct est un gage d'efficacité du nettoyage et une diminution des risques pour les supports nettoyés et les personnes présentes dans l'environnement.

L'information concernant la dilution d'un produit d'entretien se trouve sur son étiquette et sur sa fiche de données de sécurité (FDS).

Pour calculer la quantité de produit nécessaire, il faut prendre en compte plusieurs paramètres :

- le dosage du produit ;
- la quantité de solution (eau + produit d'entretien) correspondant généralement à la contenance du seau présent sur le chariot de ménage (8, 10 ou 15 litres).

Exemple

- détergent à diluer à 2 % (soit 2 litres de produit pour 100 litres de solution) ;
- seau de 15 litres.

En divisant 2/100, on obtient la quantité de produit pour 1 litre de solution, soit 0,02 litres.

Pour connaître la quantité de produit nécessaire pour 15 litres de solution, on multiplie 0,02 × 15 litres, soit 0,30 litres ou 300 ml.

Pour réussir le concours ATSEM, il est important de savoir convertir des unités de mesure.

	K	h	Da	unité	d	c	m
	kilo	hecto	Déca	unité	déci	centi	milli
Mètre (m)	Km	hm	Dam	m	dm	cm	mm
Litre (l)	Ll	hl	Dal	l	dl	cl	ml
Gramme (g)	kg	hg	Dag	g	dg	cg	mg

Exemple

2 litres correspondent à 2 000 ml.

Foire aux questions

- Le recours à la calculatrice est-il autorisé lors des épreuves du concours ATSEM/ASEM ?

Généralement, non. Il est donc recommandé aux candidats de s'entraîner, pendant leur période de révisions, à résoudre des opérations simples sans calculatrice.

En pratique

1. L'enseignant vous demande de laver et désinfecter les jouets de la classe. Comment allez-vous procéder ?

Le nettoyage des jouets doit comporter impérativement deux étapes :

- le nettoyage ;
- la désinfection.

Les jouets plastiques peuvent être nettoyés en les passant dans un lave-vaisselle. À défaut, ils sont brossés dans du savon et de l'eau chaude et rincés. Ensuite, ils sont plongés dans une solution désinfectante (par exemple de l'eau de javel diluée) puis de nouveau rincés. Enfin, ils sèchent à l'air libre ou sont essuyés.

Les jouets en bois ou en métal sont nettoyés avec du savon et de l'eau chaude. Ils sont essuyés avec un chiffon imbibé de solution désinfectante avant de sécher.

Pour les jouets en tissu, ils sont lavés dans la machine à laver avec du détergent. Le choix du programme va dépendre du type de textile à laver.

2. Quelle est la technique de lavage d'une table ?

Dans un premier temps, il faut débarrasser la table des déchets à l'aide d'une lingette imbibée de solution détergente désinfectante agréée contact alimentaire. Il ne faut pas oublier les bords et rebords de la table. Laissez agir.

Ensuite, il convient d'essuyer la table. Rincez la table à l'aide d'une lavette et de l'eau claire. Laissez sécher.

3. La maman de Jade arrive pour déposer sa fille à la garderie du matin. Elle reproche à l'ATSEM de ne pas avoir balayé la cour enneigée. Que peut répondre l'ATSEM ?

Il n'entre pas dans les attributions de l'ATSEM de balayer la cour. Certes, l'accès à la garderie est rendu dangereux par la présence de neige au sol, mais l'ATSEM n'est pas responsable de la situation. Tout au plus peut-il contacter le service municipal compétent pour demander une intervention afin de sécuriser l'accès à l'école.

Par ailleurs, l'ATSEM ne peut pas quitter la garderie. Il est hors de question de laisser des élèves seuls pour réaliser des travaux à l'extérieur. Les enfants sont sous sa responsabilité et nécessitent une surveillance constante.

L'ATSEM doit répondre avec calme au parent d'élève afin d'éviter tout conflit.

4. Comment gérer le stock des produits d'entretien ?

La surveillance du stock est nécessaire pour faire face aux besoins en produits d'entretien en attendant la réception de la prochaine commande. Le risque est de se trouver en rupture de stock ce qui ne permettrait pas d'assurer les travaux d'entretien indispensables pour assurer l'hygiène des locaux.

Le plus simple est de mettre en place une fiche de suivi des stocks sous la forme d'un fichier Excel. Tous les produits utilisés y sont répertoriés. L'ATSEM relève très régulièrement, par exemple toutes les semaines, l'état de stocks. Il a également défini pour chaque produit, un stock critique en dessous duquel le risque de rupture de stock existe. Quand un stock atteint un niveau d'alerte, l'ATSEM réalise une commande.

Si les commandes sont à faire à échéance fixe, l'ATSEM doit estimer le plus précisément la quantité de produits à commander et à stocker jusqu'à la prochaine commande.

5. Quels sont les travaux d'entretien réalisés par l'ATSEM pendant les vacances scolaires ?

L'ATSEM réalise :

- le dépoussiérage et nettoyage des meubles, matériels pédagogiques, plinthes, sols, etc.
- le lavage des vitres ;
- le nettoyage des jeux et jouets.

Entraînement

Pour chacune des questions suivantes, mettez une croix dans la ou les case(s) correspondant à la ou aux bonne(s) réponse(s).

1. Quelles informations pouvez-vous déduire de l'étiquette suivante :

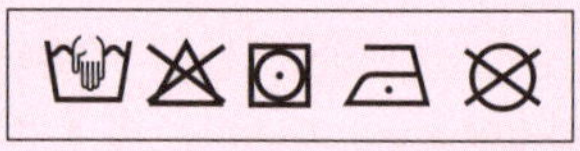

❒ **a.** Ce textile est nettoyé à sec.

❒ **b.** Ce textile ne peut pas se blanchir.

❒ **c.** Ce textile peut se repasser au fer.

❒ **d.** Ce textile peut se laver en machine.

❒ **e.** Ce textile peut se sécher en machine.

2. Un cas de gale est signalé dans l'école :

❒ **a.** L'élève atteint sera exclu de l'école tant qu'il sera contagieux.

❒ **b.** Les parents des autres élèves ne seront pas informés par souci de discrétion.

❒ **c.** Les draps, alèses et taies d'oreiller seront lavés à 60°.

❒ **d.** L'école sera fermée trois jours afin de réaliser une désinfection industrielle.

3. Vous devez nettoyer le dortoir des petits et il faut laver la literie des enfants :

❒ **a.** Vous lavez les draps à 30° car ils ne sont pas très sales.

❒ **b.** Vous lavez les draps à 60° même s'ils ne sont pas très sales.

❒ **c.** Vous lavez les alèses.

❒ **d.** Vous ne lavez que les alèses qui ont été souillées.

❒ **e.** Vous nettoyez tous les cadres de lit.

4. Qui est responsable de l'entretien du linge à l'école :

❒ **a.** Le directeur de l'école.

❒ **b.** Le maire.

❒ **c.** L'ATSEM.

❒ **d.** L'inspecteur de l'Éducation nationale.

5. En l'absence de laverie dans l'école, qui est responsable de l'entretien du linge :

❒ **a.** Le directeur de l'école.

❒ **b.** Le maire.

❒ **c.** L'ATSEM.

❒ **d.** L'inspecteur de l'Éducation nationale.

6. Lors des collations, les tables sont nettoyées et désinfectées :

❒ **a.** Lorsque les enfants mangent.

❒ **b.** Dès 8 h 30 le matin.

❒ **c.** Uniquement avant la collation.

❒ **d.** Avant et après la collation.

❒ **e.** Uniquement après la collation.

7. Vous réalisez le nettoyage des jouets de petite section. Quel produit utilisez-vous ?

❒ **a.** Un détergent.
❒ **b.** Un détartrant.
❒ **c.** Un abrasif.
❒ **d.** Un détergent-désinfectant contact alimentaire.
❒ **e.** Une émulsion.

8. Vous devez utiliser un produit à diluer à 2 %. Dans 2 litres de préparation, vous utilisez ?

❒ **a.** 4 cl de nettoyant.
❒ **b.** 4 dl de nettoyant.
❒ **c.** 4 dal de nettoyant.
❒ **d.** 0,04 l de nettoyant.
❒ **e.** 40 ml de nettoyant.

9. L'eau de Javel est un produit :

❒ **a.** Nettoyant des équipements.
❒ **b.** Désinfectant les surfaces inertes (sol, WC, etc.).
❒ **c.** Antiseptique pour la peau.
❒ **d.** Irritant, dégage du chlore.

10. Le balai trapèze :

❒ **a.** A une large surface de nettoyage.
❒ **b.** Est ergonomique pour l'utilisateur.
❒ **c.** Est lourd à manipuler.
❒ **d.** Est léger à manipuler.
❒ **e.** Est facile à ranger.

11. Que fait un bactéricide ?

❒ **a.** Il arrête le développement des bactéries.
❒ **b.** Il détruit les virus.
❒ **c.** Il tue les bactéries.
❒ **d.** Il tue les champignons.
❒ **e.** Il détruit virus et bactéries.
❒ **f.** Il détruit virus, bactéries et champignons.

12. Pour enlever des traces de peinture sur une table de classe en stratifié, vous pouvez utiliser :

❒ **a.** Un tampon abrasif de couleur verte.
❒ **b.** Une lame de cutter.
❒ **c.** Un tampon abrasif doux.
❒ **d.** Une lavette trempée dans de l'eau de Javel.

13. L'entretien régulier du sol de la classe consiste à :

❒ **a.** Dépoussiérer les sols avec une microfibre humide.
❒ **b.** Nettoyer à l'eau avec un détergent multi-usages.
❒ **c.** Utiliser la méthode de lavage en deux étapes.
❒ **d.** Faire à part les plinthes avec une gaze humide.
❒ **e.** Utiliser de l'eau tiède (20-25 °C).

14. À l'issue de l'activité peinture en fin de matinée, l'enseignant vous demande de nettoyer tables et pinceaux :

❒ **a.** Vous le faites, cela fait partie de vos attributions.
❒ **b.** Vous le faites, pour aider l'enseignant alors que cela n'entre pas dans vos missions.

- ❐ **c.** Vous ne le faites pas car c'est aux enfants de s'en occuper.
- ❐ **d.** Vous ne le faites pas et vous chargez les enfants de le faire.
- ❐ **e.** Vous le ferez à 16 h 30 quand les enfants seront partis. Ce sera plus simple.

15. À la fin d'une activité, l'enseignant vous demande d'évacuer les déchets suivants : pots en verre, découpes de papier, gobelets en plastique, trombones, papier aluminium et bolduc.

- ❐ **a.** Vous déposez tous les déchets dans la poubelle ménagère (poubelle grise).
- ❐ **b.** Vous gardez certains déchets pour une autre utilisation.
- ❐ **c.** Vous triez les déchets qui sont recyclables et vous les stockez dans les conteneurs adaptés.
- ❐ **d.** Vous déposez les gobelets en plastique et le bolduc dans le conteneur des déchets recyclables (poubelle verte).

16. Pour nettoyer les sanitaires, vous utilisez un mélange de désinfectant et de détartrant :

- ❐ **a.** Vous désinfectez et vous détartrez en même temps.
- ❐ **b.** C'est plus efficace.
- ❐ **c.** Il est interdit de mélanger plusieurs produits d'entretien.
- ❐ **d.** Cela peut provoquer une réaction chimique dangereuse.

17. Si un produit doit être utilisé dilué à 20 %, cela signifie :

- ❐ **a.** Que vous devez ajouter une mesure de produit pour quatre mesures d'eau.
- ❐ **b.** Que vous pouvez l'utiliser pur pour plus d'efficacité.
- ❐ **c.** Que vous devez ajouter plus d'eau que de produit dans votre seau.
- ❐ **d.** Que vous devez ajouter 20 mesures de produit pour une mesure d'eau.

Corrigé

1. **Bonnes réponses B, C et E :** Les pictogrammes présents sur l'étiquette donnent les informations suivantes : le textile se lave à la main, ne peut pas être blanchi, peut sécher en machine à 60° maximum, peut se repasser à 100° maximum et ne peut pas se nettoyer à sec.
2. **Bonnes réponses A et C :** La gale est un motif d'éviction de l'élève. Il pourra réintégrer la classe à partir du moment où son médecin considérera qu'il n'est plus contagieux. Il est recommandé de prévenir les familles afin qu'elles se montrent vigilantes à l'égard de leur(s) enfant(s). En effet, la gale est contagieuse. Le lavage à 60° est recommandé pour le linge de lit. Si ce n'est pas possible pour la couverture en fonction de sa composition, il convient de la vaporiser avec un produit acaricide avant de la laver en machine à 30°

3. **Bonnes réponses B et C :** Les draps et alèses doivent être lavés toutes les deux semaines idéalement à 60°. Le linge de lit souillé est lavé immédiatement sans attendre par mesure d'hygiène. Les élèves dorment sur des matelas posés à même le sol ou sur des lits de camp. Il n'y a donc pas de cadre de lit.

4. **Bonne réponse C :** L'ATSEM est responsable de l'entretien du linge si cette mission figure dans sa fiche de poste.

5. **Bonne réponse B :** L'ATSEM ne peut pas s'acquitter de cette tache puisque l'école n'est pas équipée d'une laverie. Dans ce cas, la mairie prend en charge la gestion du linge traité par les services municipaux ou par un prestataire de service spécialisé extérieur à la commune.

6. **Bonne réponse D :** Afin d'assurer une prise de collation dans de bonnes conditions d'hygiène, la table est nettoyée avant et après la collation avec un détergent neutre ou un détergent désinfectant agréé contact alimentaire.

7. **Bonne réponse D :** Les enfants peuvent porter les jouets à leur bouche. Il est très important de les nettoyer avec un produit dit compatible avec l'usage alimentaire.

8. **Bonnes réponses A, D et E :** Une dilution de 2 % signifie que pour 2 litres de préparation, il faut 0,04 litre de produit nettoyant. Et 0,04 l correspond à 4 cl ou 40 ml.

9. **Bonnes réponses B et D :** L'eau de Javel est un désinfectant largement utilisé pour désinfecter les surfaces inertes (sols, murs, sanitaires, etc.) qui contient du chlore actif, substance qui peut être irritante en cas d'inhalation et peut dégager des vapeurs toxiques en cas de mélange avec d'autres produits.

10. **Bonnes réponses A et D :** Le balai est léger à manipuler avec son manche en aluminium et la semelle est large, permettant de nettoyer des grandes surfaces.

11. **Bonne réponse C :** Une substance bactéricide a la capacité de tuer les bactéries.

12. **Bonne réponse C :** Il est important de ne pas rayer le support en utilisant des accessoires non adaptés. Un désinfectant n'est pas utile pour nettoyer des traces de peinture.

13. **Bonnes réponses A, B, C, D et E :** Toutes les propositions sont exactes. L'entretien du sol se réalise en deux phases : balayage à sec ou à « plat humide » (après dépoussiérage humide des armoires, des tables et des étagères) et nettoyage du sol (au moins une fois par jour) avec deux seaux (1 pour laver, 1 pour rincer). On utilise un détergent neutre pour laver le sol. L'utilisation de l'eau de javel est proscrite. Il est préférable que l'eau soit tiède. Les plinthes sont nettoyées régulièrement.

14. **Bonne réponse A :** Le nettoyage du matériel pédagogique entre dans les attributions de l'ATSEM. Les élèves peuvent aider. Il n'est pas pensable de laisser des tables sales alors que les activités vont se dérouler dans la classe dans l'après-midi.

15. **Bonnes réponses B et C :** Les trombones, les pots en verre, etc. sont réutilisables. Il ne faut pas tout jeter. Les déchets à évacuer sont à stocker dans les conteneurs adaptés. La poubelle verte est destinée à recueillir les verres.

16. **Bonnes réponses C et D :** Les produits d'entretien ne se mélangent pas. Associer un produit acide et un produit alcalin peut provoquer une réaction chimique.

17. **Bonnes réponses A et C :** Il faut mettre 20 cl de produit pour 100 cl d'eau.

47 Les missions de l'ATSEM sur le temps scolaire

L'aide matérielle

Pendant le temps scolaire, l'ATSEM assiste l'enseignant pour les activités dans la classe dans laquelle il est affecté : aide matérielle, animation d'ateliers et participation à l'encadrement hors de la classe. Il peut également être amené à accompagner les élèves lors de sorties scolaires.

1 Aide matérielle aux enfants

Lors de l'accueil, des sorties et du départ, son rôle est d'aider à l'habillage/déshabillage des enfants en appliquant les consignes éducatives de l'enseignant comme leur apprendre à s'habiller seuls. Il aide et conseille les enfants dans leurs soins d'hygiène notamment lors des passages aux toilettes. Il peut être amené à doucher et changer un enfant qui s'est sali. Il assure la préparation et le service de la sieste et du goûter.

2 Aide matérielle à l'enseignant

L'ATSEM est à la disposition de l'enseignant pour l'assister sur le temps scolaire.

L'enseignant établit un emploi du temps pour chaque semaine et chaque jour de classe, deux outils au service des apprentissages qui sont essentiels pour organiser le travail de l'ATSEM.

Emploi du temps d'une classe de MS-GS

<table>
<tr><th>Heures</th><th>Lundi</th><th>Mardi</th><th>Mercredi matin</th><th>Jeudi</th><th>Vendredi</th></tr>
<tr><td>8 h 20-
8 h 40</td><td colspan="5">Accueil dans la classe : déshabillage, tableau de présence, etc.
Activités libres autonomes : jeux, coin lecture, dessin libre, puzzles, pâte à modeler, etc.
Passage aux toilettes puis lavage des mains.</td></tr>
<tr><td>8 h 40-
8 h 55</td><td colspan="5">Regroupement et rituels : appel, date, météo, présents, absents, présentation de la journée, etc.</td></tr>
<tr><td rowspan="2">8 h 55-
9 h 15</td><td colspan="3">GS</td><td colspan="2">MS</td></tr>
<tr><td colspan="3">Regroupement : phonologie
Jeux verbaux, jeux sur les sonorités de la langue et découverte du principe alphabétique.</td><td colspan="2">Atelier 1 :
Découvrir l'écrit, activités graphiques sur différents supports avec l'ATSEM.</td></tr>
<tr><td>9 h 15-
9 h 25</td><td colspan="5">Regroupement : présentation des consignes pour le 1er atelier de la journée.</td></tr>
</table>

<table>
<tr><td>9 h 25-
10 h 05</td><td colspan="5">Atelier 1 (les élèves sont répartis en 5 groupes et réalisent les ateliers en rotation sur 5 jours)
1. Langage/culture littéraire
2. Graphisme/écriture
3. Lecture/discrimination visuelle
4. Dessin/composition plastique
5. Chant/poésie</td></tr>
<tr><td>10 h 05-
10 h 35</td><td colspan="5">Passage aux toilettes, habillage, récréation</td></tr>
<tr><td>10 h 35-
11 h 10</td><td>APS : s'exprimer sur un rythme, exprimer des sentiments.</td><td>APS : coopérer et s'opposer.</td><td>APS : expression corporelle.</td><td>APS : se repérer et se déplacer dans l'espace, parcours simples.</td><td>APS : adapter ses déplacements à des environnements variés.</td></tr>
<tr><td>11 h 10-
11 h 30</td><td colspan="5">Regroupement :
Bilan des ateliers ;
Rituels/jeux pour apprendre à compter ;
Acquisition d'un répertoire de chants, comptines, etc. ou lecture d'un album.</td></tr>
<tr><td>11 h 30-
11 h 45</td><td colspan="5">Passage aux toilettes, lavage des mains avant le déjeuner.
Le mercredi préparation à la sortie.</td></tr>
<tr><td>11 h 45-
12 h 30</td><td colspan="5">PAUSE DÉJEUNER</td></tr>
<tr><td>12 h 30-
13 h 30</td><td colspan="5">Passage aux toilettes puis lavage des mains.
Sieste ou activités périscolaires.</td></tr>
<tr><td>13 h 30-
13 h 40</td><td colspan="5">Regroupement : présentation des ateliers de l'après-midi.</td></tr>
<tr><td rowspan="2">13 h 40-
14 h 15</td><td colspan="4">GS</td><td>MS</td></tr>
<tr><td colspan="4">Atelier 2 (les élèves présents sont répartis en 4 sous-groupes, rotation des ateliers sur 4 jours)
1. Écriture (gestes)
2. Phonologie
3. Jeux de société, catégorisation, imitation
4. Dessin/motricité fine/ graphisme</td><td>Ou temps de repos échelonné selon les besoins en début d'année pour les MS.</td></tr>
<tr><td>14 h 15-
14 h 25</td><td colspan="5">Regroupement :
Acquisition d'un répertoire de chants, comptines, etc.
Présentation des ateliers suivants.</td></tr>
<tr><td>14 h 30-
15 h 10</td><td colspan="5">Atelier 3 (les élèves sont répartis en 4 groupes, rotation des ateliers sur 4 jours)
1. Quantités/nombres/résolution de problèmes
2. Formes/Ggandeurs
3. Espace/temps
4. Matière/objets/vivant</td></tr>
</table>

15 h 10-15 h 30	Passage aux toilettes, habillage, récréation.
15 h 30-16 h 00	Regroupement : Acquisition d'un répertoire de chants, comptines, etc. Jeux d'écoute, jeux instrumentaux, découverte des instruments, écoute musicale ou découverte de la matière, des objets, du vivant (en séance collective).
16 h 00-16 h 15	Langage : bilan de la journée, remplissage du cahier de vie. Contage d'une histoire ou lecture d'un album.
16 h 15-16 h 20	Préparation à la sortie

Selon le moment de la journée, vous pouvez être amené à :

- préparer le matériel nécessaire à la réalisation d'ateliers (peinture, modelage, etc.) ;
- ranger et nettoyer le matériel après son utilisation ;
- remettre les lieux en ordre après les activités ;
- ranger le matériel éducatif éventuellement avec le concours des enfants ;
- coller des mots dans le cahier de liaison.

Concernant les ateliers, l'enseignant établit une fiche de préparation qui précise les compétences visées et présente les aspects logistiques et organisationnels de l'activité associée. Ce document est très utile pour l'ATSEM afin de planifier ses tâches journalières.

À l'aide de la fiche de préparation (voir modèle ci-après), il identifie ce qui est attendu. Il est possible d'anticiper la préparation du lieu et du matériel nécessaire à l'activité. L'ATSEM connaît le positionnement souhaité par l'enseignant vis-à-vis des élèves pendant l'activité et éventuellement les consignes à relayer auprès d'eux. Il surveille ou anime l'atelier en sous-groupes en fonction des attentes de l'enseignant.

À noter

L'épreuve de QCM du concours externe propose régulièrement des exercices dans lesquels le candidat doit déterminer la quantité de matériel nécessaire pour une activité et un nombre précis d'élèves. Pour répondre correctement, il suffit de quelques additions. D'autres questions impliquent la conversion d'unités de mesure.

Emploi du temps du temps de l'ATSEM sur le temps scolaire

8 h 20-8 h 40	Assistance pour l'accueil des élèves. Aider les enfants à se déshabiller. Surveillance conjointe des enfants dans la classe. Passage aux toilettes et lavage des mains.
8 h 40-8 h 55	Point sur le nombre d'élèves mangeant à la cantine. Préparation des premiers ateliers de la journée en suivant les consignes de l'enseignant.
8 h 55-9 h 15	Encadrement/surveillance d'un atelier. Préparation des ateliers suivants.
9 h 15-9 h 25	Préparation des ateliers suivants.
9 h 25-10 h 05	Surveillance/encadrement d'un atelier en fonction des directives de l'enseignant.
10 h 05-10 h 35	Aide au passage aux toilettes. Rangement et nettoyage après l'atelier 1. Préparation de l'activité motrice. Surveillance de la récréation en fonction du planning.
10 h 35-11 h 10	Aide pour préparer les enfants à l'activité motrice (mettre des chaussures adaptées). Surveillance si besoin. Préparation des ateliers de l'après-midi. À la fin de l'activité motricité, aide pour accompagner les élèves dans la classe.
11 h 10-11 h 30	Préparation des ateliers de l'après-midi.
11 h 30-11 h 45	Aide au passage aux toilettes. Accompagnement des enfants à la cantine.
11 h 45-13 h 25	**PAUSE DÉJEUNER**
13 h 25-13 h 30	Aide au passage aux toilettes.
13 h 30-13 h 40	Nettoyage et rangement de la classe.
13 h 40-14 h 20	Surveillance de la sieste si besoin. Surveillance/encadrement d'un atelier en fonction des consignes de l'enseignant.
14 h 20-14 h 30	Rangement et nettoyage de la classe après l'atelier 2. Préparation de l'atelier 3.
14 h 30-15 h 10	Surveillance/encadrement des ateliers selon les directives de l'enseignant.
15 h 10-15 h 30	Aide au passage aux toilettes. Surveillance de la récréation en fonction du planning. Rangement et nettoyage après l'atelier 3.
15 h 30-16 h 15	Rangement de la classe et nettoyage (matériel, tables, etc.). Collage des mots dans les cahiers de liaison. Rangement des cahiers et affaires des élèves dans leurs sacs.
16 h 15-16 h 30	Aide à la préparation des enfants pour le départ. Accompagnement de certains enfants à la garderie. Accueil des parents.

Exemple de fiche de préparation

niveau : PS

AGIR ET S'EXPRIMER AVEC SON CORPS

Les déménageurs

domaines de compétences : agir et s'exprimer avec son corps, découverte du monde (espace et couleurs), devenir élève

objectif	**compétence de PS :**
transporter des objets d'un endroit de départ à un point d'arrivée	s'équilibrer, courir, sauter jeu collectif : transporter se repérer et se déplacer dans l'espace suivre un parcours respecter les règles
matériel : - petits objets de couleurs des 4 groupes et de formes et tailles différentes - des plots pour matérialiser le parcours - un tapis avec le matériel à transporter et 2 caisses pour mettre les objets transportés	**compétence de fin de cycle :** adapter ses déplacements à des contraintes variées coopérer, s'opposer collectivement se repérer et se déplacer dans l'espace respecter les règles communes

Phases du déroulement :

échauffement (avant chaque séance)

Les enfants courent et doivent s'arrêter au signal des grelots. Ensuite, ils courent et sautent au signal des grelots. Enfin, ils courent et s'assoient au signal

1ère séance

* Les enfants **découvrent** les règles du jeu. **Amener tous les objets qui sont sur le tapis dans la caisse située de l'autre côté de la salle de motricité**. On peut prendre 1 seul objet

à noter : Je sépare la classe en deux groupes avec donc deux ateliers parallèles pour éviter les collisions et certains seront sinon trop impressionnés par tous les camarades qui courent autour d'eux. Ainsi, il y aura moins de monde et certains seront peut être plus à l'aise. Ainsi, on pourra également mieux suivre et corriger les enfants car l'atsem surveillera 1 atelier

rôle de l'adulte : encourager, accompagner, faire avec

séances suivantes

Une fois la règle de départ bien acquise (1/2 séances), j'ajoute des difficultés :

* aller par un itinéraire et revenir par un autre

rôle de l'adulte : vérifier que chacun emprunte le bon chemin

* possibilité de prendre plusieurs objets à la fois

rôle de l'adulte : encourager à prendre plusieurs objets

* déménager un maximum d'objets dans un temps défini (avec ou sans compétition avec l'atelier parallèle

rôle de l'adulte : encourager et vérifier l'arrêt au signal

* ne prendre qu'un seul type d'objet (des formes précises, une couleur précise...)

rôle de l'adulte : vérifier que chacun prenne le bon objet

* aller par un parcours à l'aller (sans objet) et/ou au retour (avec un objet)

rôle de l'adulte : vérifier que chacun emprunte le bon chemin

48 Les missions de l'ATSEM sur le temps scolaire
L'aide pédagogique

1 La position de l'ATSEM/ASEM par rapport à l'enseignant

La pédagogie est de la compétence de l'enseignant. Il est responsable de la mise en œuvre des programmes de l'Éducation nationale. Néanmoins, l'enseignant peut confier à l'ATSEM la mise en œuvre d'un travail pédagogique qu'il encadrera et évaluera.

Lorsque l'ATSEM anime un atelier, il est important qu'un enseignant soit à portée de voix pour des questions de sécurité et de responsabilité.

Concernant les activités de motricité, enseignant et ATSEM se partagent des tâches d'organisation et de mise en place des éléments de parcours, sachant que la sécurisation des élèves est de la seule responsabilité de l'enseignant.

À noter que l'ATSEM a un rôle prépondérant dans l'instauration des habitudes et règles de vie de classe (respect des individus et du matériel).

L'ATSEM n'a pas de rôle de correspondant ou de liaison auprès des parents d'élèves, cependant il peut servir de relais si nécessaire entre parents et enseignants dans le respect de ses prérogatives.

À noter

- L'ATSEM a un rôle éducatif dans la mesure où il doit, dans sa relation avec les enfants, favoriser leur autonomie dans leur vie sociale (respect de règles de vie et des autres, partage, etc.), et les actes de la vie courante (soins d'hygiène, alimentation, etc.), leur capacité d'entreprendre sans se mettre en danger ainsi que leur expression en suscitant des échanges verbaux de qualité avec les adultes et les autres enfants.
- Il fait partie de la communauté éducative qui rassemble les élèves et tous les acteurs de l'école dans la mesure où il concourt à la réalisation de ses missions.

2 Le rôle de l'ATSEM lors des activités pédagogiques

En dehors des aspects logistiques, il peut participer à l'animation/l'encadrement d'ateliers pédagogiques (rôle renforcé par le décret n° 2018-152 du 1er mars 2018). Dans ce cas, il doit adopter une posture particulière pour assurer le bon déroulement de la séquence et dans le strict respect des recommandations de l'enseignant.

Il introduit tout d'abord l'activité auprès des enfants de façon motivante. Ensuite, il donne les consignes et laisse le temps nécessaire à l'exploration. Il doit laisser faire l'élève même s'il commet des erreurs. Les tâtonnements sont souvent nécessaires à la compréhension.

Il utilise un langage clair, compréhensible pour les enfants et respectueux de la langue française.

Lors de l'atelier, les mots d'ordre sont : encourager, écouter, observer, motiver, solliciter, relancer, dédramatiser, veiller à la sécurité des élèves, etc.

Après l'atelier, il est important de faire parler les enfants sur leur travail et de les associer au rangement. Par ailleurs, l'ATSEM doit être en capacité de réaliser un bilan individuel et collectif de l'atelier et de proposer si nécessaire des réajustements dans son fonctionnement.

Enfin, il peut être associé aux réflexions préalables à l'élaboration de projets pédagogiques scolaires et/ou périscolaires. Ces documents, établis par les municipalités et les professionnels de l'école, fixent des règles de fonctionnement de l'école et des objectifs pédagogiques et opérationnels.

Quelques exemples :

Projet éducatif du temps de restauration :

- objectif pédagogique : sensibiliser les enfants aux notions d'hygiène et d'équilibre alimentaire ;
- objectif opérationnel : apprendre aux enfants les bons comportements hygiéniques.

Projet éducatif de l'école :

- objectif pédagogique : favoriser l'inter-génération ;
- objectif opérationnel : organiser des rencontres avec le club du 3e âge.

Projet éducatif du temps d'activité périscolaire (TAP) :

- objectif pédagogique : permettre l'accès à la culture ;
- objectif opérationnel : proposer des activités permettant l'expression artistique.

L'ATSEM participe à la mise en œuvre de ces objectifs au cours de l'année scolaire.

49 Les missions de l'ATSEM sur le temps scolaire
La participation à l'encadrement des élèves hors de la classe

Certaines activités du temps scolaire se déroulent en dehors de la classe sous la responsabilité de l'enseignant.

1 La sieste

L'organisation de la sieste est de la compétence de l'enseignant (sauf si elle est organisée pendant la pause méridienne).

Néanmoins, la surveillance de la sieste est confiée à l'ATSEM lorsque l'enseignant est chargé de classe au même moment.

Pendant la sieste, l'ATSEM effectue des tâches compatibles avec le sommeil des enfants (remplir les cahiers de liaison, etc.) mais l'activité de surveillance de la sieste doit rester prioritaire.

Même chargé de la surveillance de la salle de repos, il doit pouvoir joindre un enseignant ou un autre ATSEM rapidement en cas d'incident.

2 La surveillance de la cour de récréation

La surveillance des cours de récréation et des aires de jeux est une obligation de service des enseignants sur le temps scolaire. En présence d'un enseignant, l'ATSEM peut participer à cette surveillance. Il incombe au directeur d'école d'organiser la rotation des présences dans la cour. En tout état de cause, les enfants sont toujours placés sous la responsabilité du directeur et des enseignants.

3 Les sorties scolaires

L'ATSEM accompagne les élèves, sous la responsabilité et la surveillance du personnel enseignant, pour des activités extérieures régulières (bibliothèque, musée, etc.) qui s'effectuent sur le temps scolaire. C'est une obligation à laquelle il ne peut pas se soustraire dans la mesure où la sortie est organisée sur son temps de travail habituel.

Lors des sorties, il participe à la surveillance des enfants pendant les trajets et dans le cadre de l'organisation pédagogique placée sous la responsabilité de l'enseignant, sous réserve que l'activité ne nécessite aucune compétence reposant sur le fait de devoir détenir un diplôme particulier.

Concernant la sortie à la piscine, sa participation active à l'activité réalisée ne peut être exigée sauf volontariat et formation spécifique. Il assure l'encadrement de la vie collective de séances de natation (transport, vestiaires, toilettes, etc.) mais pas au temps dans la piscine, sauf volontariat de sa part. L'ATSEM n'a pas besoin d'autorisation de l'employeur territorial.

La participation à une sortie scolaire en dehors de ses horaires de travail habituels ne peut se faire que sur la base du volontariat et avec l'autorisation de la municipalité.

50 Les missions de l'ATSEM sur le temps scolaire

Le savoir-être de l'ATSEM

Son rôle est de répondre aux besoins de l'enfant, lui permettre de s'épanouir, de se sociabiliser et d'acquérir des connaissances au travers des activités organisées sur et hors du temps scolaire.

Il connaît les limites de sa profession et respecte le rôle et les prérogatives de l'enseignant ainsi que la place des parents.

Il reste calme en toutes circonstances et instaure un climat de confiance avec les élèves.

Il donne l'alerte en cas d'attitudes inhabituelles de l'enfant lors des situations courantes en rendant compte à l'enseignant ou au directeur de l'école.

En outre, il a une obligation de réserve pour tout ce qui concerne les activités scolaires et la vie à l'école. En cas de questions de la part des parents ou de tierces personnes, il doit les réorienter vers l'enseignant ou le directeur de l'école.

En tant que membre de l'équipe éducative, ses missions tout au long du temps scolaire sont :

- aider, soutenir les enfants pour leur permettre progressivement :
  - d'acquérir plus d'autonomie dans leur vie sociale et dans les actes courants de la vie quotidienne,
  - de prendre des initiatives,
  - d'évaluer le « danger » avant d'entreprendre ;
- favoriser l'expression de l'enfant notamment par le langage (explicitation, reformulation) :
  - susciter chez les élèves des échanges verbaux de qualité avec les adultes de l'école et les autres enfants,
  - être sensibilisé et s'adapter aux difficultés de communication verbale chez l'enfant ;
- favoriser l'insertion de l'enfant dans un groupe :
  - par le partage avec les autres,
  - par l'aide individualisée,
  - par le respect mutuel ;
- participer à la construction d'une culture commune :
  - les valeurs ;
  - des référents communs ;
  - l'adaptation « sociale » au système scolaire ;
  - le respect des règles de vie.

En pratique

1. Un élève pousse volontairement et fortement un de ses camarades. L'ATSEM est témoin de la scène. Comment doit-il réagir ?

En premier lieu, il doit porter son attention sur l'enfant bousculé afin d'évaluer les conséquences de la bousculade. Il s'agit de s'assurer qu'il va bien, de le rassurer et éventuellement de le consoler.

Puis, il doit intervenir auprès de l'élève, auteur du geste inapproprié, pour lui signifier que son comportement n'est pas acceptable : « Non, tu ne dois pas pousser… ». Il convient aussi de lui rappeler les conséquences de son geste : « Tu as fait mal à… », « Tu as fait peur à… ».

Ensuite, il doit demander à l'élève de s'expliquer, d'exprimer ce qu'il ressent.

Si l'origine du mauvais comportement est identifiée, l'ATSEM peut dire à l'enfant comment il aurait pu gérer autrement la situation.

Il invite l'élève à s'excuser auprès de son camarade et le félicite s'il le fait.

L'ATSEM adopte une attitude calme, ferme mais sans crier. Il ne donne pas de sanction.

L'incident sera rapporté à l'enseignant qui jugera des suites à donner au mauvais comportement de l'élève.

2. Un parent reproche à l'ATSEM que les vêtements de son enfant sont tachés de peinture alors qu'il a fourni une blouse pour les activités salissantes. Comment doit-il réagir ?

Dans la mesure où l'atelier peinture a été mis en place et encadré par l'enseignant, l'ATSEM peut orienter le parent vers ce dernier. Si ce n'est pas possible parce que le parent exprime son mécontentement en venant chercher son enfant à la garderie, l'ATSEM peut tenter de lui expliquer qu'un incident est toujours possible même si toutes les précautions sont prises pour protéger les habits des élèves. Dans la mesure du possible, il donnera des conseils pour détacher les vêtements.

L'ATSEM garde son calme. Il s'exprime avec retenue afin de ne pas envenimer davantage le conflit. Il doit accorder de l'importance à la réclamation du parent et indiquer qu'il la transmettra à l'enseignant.

L'important est de communiquer et de s'expliquer.

3. L'ATSEM encadre une activité « dessin ». Quelle doit être son attitude ?

L'ATSEM :

- doit être à l'écoute des enfants ;
- vérifie régulièrement l'état et la disponibilité des matériels ;
- respecte la créativité des enfants ;

- invite les enfants à parler de leur dessin, les écoute et facilite la communication enfant/adulte et entre enfants ;
- identifie les dessins en notant le nom de l'enfant et la date, si l'élève n'est pas en mesure de le faire tout seul ;
- met le dessin dans le casier/cahier de l'élève.

4. Quels troubles du comportement peut présenter un enfant qui a des difficultés à s'adapter à l'école maternelle ?

Un élève qui a des difficultés à s'adapter à l'école maternelle peut :

- se remettre à sucer son pouce ou ne plus être propre le jour et/ou la nuit ;
- faire des cauchemars ;
- manquer d'appétit ;
- pleurer, ne pas vouloir se séparer de ses parents le matin ;
- s'isoler ;
- se montrer agressif à l'égard de ses camarades de classe.

Il est important que l'enseignant et l'ATSEM se montrent vigilants et attentifs à ces signes afin que le malaise ressenti par l'enfant ne s'éternise pas.

Entraînement

Pour chacune des questions suivantes, mettez une croix dans la ou les case(s) correspondant à la ou aux bonne(s) réponse(s).

1. Pendant l'activité de motricité, l'enseignant vous confie un groupe d'enfants et l'un d'eux refuse de monter sur la poutre :

❒ **a.** Vous le mettez à part, il ne participe pas à l'activité.

❒ **b.** Vous le sécurisez en l'aidant.

❒ **c.** Vous tentez de lui expliquer qu'il n'y a pas de danger et l'obligez à monter sur la poutre.

❒ **d.** Vous arrêtez l'activité.

2. Dans la classe, pour ranger le matériel d'activités manuelles (peinture, pâte à modeler, ficelles, etc.), il faut :

❒ **a.** Trouver toutes les places possibles, quelles qu'elles soient, afin que la classe soit ordonnée.

❒ **b.** Penser à l'aspect pratique et ranger le matériel afin qu'il reste accessible aux enfants.

❒ **c.** Mettre le matériel hors de portée des enfants pour des raisons de sécurité.

❒ **d.** Mettre le matériel avec les livres du coin lecture.

❒ **e.** Indiquer l'emplacement des différents matériels aux enfants afin de les rendre autonomes.

3. Vous êtes en désaccord avec l'enseignant sur l'organisation de l'atelier « peinture » parce que les élèves se salissent trop :

❒ **a.** Vous manifestez votre mécontentement devant les enfants.

❒ **b.** Vous refusez de nettoyer.

❒ **c.** Vous en parlez avec l'enseignant après la classe.

4. Vous êtes dans une classe de 26 enfants répartis en moyenne (MS) et grande section (GS). Il y a 14 élèves de GS. L'enseignant vous demande de préparer le matériel pour un atelier : 10 gommettes bleues et 10 gommettes vertes par enfant de GS ; 5 gommettes bleues par enfant de MS : un ruban de papier de 20 cm de long est à prévoir pour chacun des enfants de la classe. De combien de gommettes de chaque couleur et de longueur de ruban aurez-vous besoin ?

❒ **a.** 210 gommettes bleues, 140 gommettes vertes, 5 m 20 cm de ruban.

❒ **b.** 520 gommettes bleues, 260 gommettes vertes, 2 m 80 cm de ruban.

❒ **c.** 200 gommettes bleues, 140 gommettes vertes, 520 cm de ruban.

❒ **d.** 210 gommettes bleues, 140 gommettes vertes, 520 cm de ruban.

❒ **e.** 520 gommettes bleues, 260 gommettes vertes, 280 cm de ruban.

❒ **f.** 200 gommettes bleues, 140 gommettes vertes, 5 m 20 cm de ruban.

5. Vous devez préparer une collation pour un groupe de 16 enfants. Il est prévu 125 ml de lait par enfant. Quelle quantité totale de lait faut-il ?

❒ **a.** 200 cl.
❒ **b.** 1,75 l.
❒ **c.** 175 cl.
❒ **d.** 2 l.
❒ **e.** 20 dl.

6. Lors d'une sortie à la piscine, que pouvez-vous faire :

❒ **a.** Vous pouvez accompagner les élèves pour le trajet école-piscine.
❒ **b.** Vous pouvez encadrer un petit groupe d'élèves dans l'eau.
❒ **c.** Vous pouvez aider les enfants dans les vestiaires.
❒ **d.** Vous pouvez surveiller une partie du bassin.

7. Vous encadrez un groupe d'enfants pour une activité de graphisme. Quel est votre positionnement ?

❒ **a.** Vous restez debout et vous surveillez.
❒ **b.** Vous circulez et vous vous penchez vers chacun pour l'aider si besoin est.
❒ **c.** Vous vous asseyez à une table et installez les enfants autour de vous.
❒ **d.** Vous restez debout et vous avancez votre travail de préparation d'un autre atelier car cette activité est facile et les élèves sont autonomes.
❒ **e.** Si l'activité concerne une ou plusieurs tables d'enfants, vous circulez et vous vous asseyez tour à tour auprès d'un enfant en fonction des besoins exprimés.

8. Les élèves de la petite section doivent participer à un atelier avec l'enseignante :

❒ **a.** Vous proposez de ranger les jeux avec les enfants en leur expliquant qu'ils vont faire des dessins.
❒ **b.** Vous ordonnez immédiatement d'arrêter les jeux et leur rangement.
❒ **c.** Vous emmenez les élèves à l'atelier graphisme et vous revenez ranger les jeux.

9. Vous êtes ATSEM dans une classe de grande section. La maman de Paula vient chercher sa fille à la garderie du soir. Sur quels domaines pouvez-vous la renseigner ?

❒ **a.** Ce que Paula a mangé à la cantine.
❒ **b.** Ce que Paula a appris au cours de la journée.
❒ **c.** Le programme des activités périscolaires.
❒ **d.** Le comportement de Paula avec les autres élèves.

10. Vous trouvez un couteau dans la poche d'un enfant :

❒ **a.** Vous le réprimandez et le punissez.
❒ **b.** Vous remettez le couteau dans la poche en expliquant à l'élève qu'il ne doit pas jouer avec.
❒ **c.** Vous lui retirez le couteau et vous expliquez à l'élève pourquoi.

11. Vous accompagnez une classe de grande section pour une sortie occasionnelle au parc zoologique en dépassant le temps scolaire. Quelles sont les affirmations exactes ?

❒ **a.** En tant qu'ATSEM votre participation à cette sortie est obligatoire.
❒ **b.** Comme accompagnant vous serez attentif aux signes de malaise et proposerez fréquemment de l'eau aux enfants en cas de forte chaleur.

❒ **c.** Le taux d'encadrement requis est de 2 adultes pour 16 enfants et au-delà d'1 adulte supplémentaire pour 8 enfants.

❒ **d.** Vous êtes vigilant quant à l'intérêt pédagogique de la sortie qui doit venir en appui du programme scolaire.

❒ **e.** Comme encadrant vous devez aller reconnaître le site avant la sortie.

Corrigé

1. **Bonne réponse B :** L'élève doit être sécurisé et aidé pendant l'activité. Il ne doit pas être contraint, ni mis à l'écart.
2. **Bonne réponse C :** Les matériels utilisés pour les activités manuelles sont potentiellement dangereux pour les enfants. Ils doivent être rangés hors de leur portée. Le lieu de rangement n'a pas à être connu par les élèves toujours pour des raisons de sécurité. Le rangement doit être organisé afin de retrouver facilement le matériel.
3. **Bonne réponse C :** En cas de désaccord avec l'enseignant, l'ATSEM ne doit pas le laisser paraître devant les élèves et les parents. Enseignant et ATSEM échangeront en dehors du temps de classe.
4. **Bonne réponse C :** Seuls les 14 élèves de grande section reçoivent chacun 10 gommettes vertes, soit 140 au total (14 × 10). On peut éliminer les propositions B et E. Les 14 élèves de grande section reçoivent 10 gommettes bleues et les 12 élèves de moyenne section reçoivent 5 gommettes bleues, soit 200 au total (14 × 10 + 12 × 5). On élimine les propositions A et D. 520 cm et 5 m 20 (26 × 20) sont les mêmes valeurs.
5. **Bonnes réponses A, D et E :** Il faut 2 000 ml de lait (16 enfants × 125 ml chacun). 2 000 ml équivaut à 2 l, 20 dl ou 200 cl.
6. **Bonnes réponses A et C :** La surveillance de la piscine et l'encadrement des enfants dans l'eau nécessitent des compétences qui ne sont pas celles de l'ATSEM. Il ne peut pas se voir confier ces tâches.
7. **Bonne réponse E :** Le rôle de l'ATSEM dépasse la seule surveillance. Pour autant, il n'a pas à intervenir systématiquement auprès des enfants. Il répond aux demandes des élèves.
8. **Bonne réponse A :** Il est important que les enfants rangent des jouets. Cela participe à leur éducation. L'ATSEM n'a pas d'ordre à donner. On attend de l'ATSEM une attitude douce, calme, patiente et disponible.
9. **Bonnes réponses A et C :** L'ATSEM ne peut pas renseigner les parents sur ce qui concerne la pédagogie et l'attitude des élèves pendant le temps scolaire.
10. **Bonne réponse C :** L'important est de retirer le couteau pour des raisons de sécurité pour l'élève et ses camarades. L'ATSEM signale l'incident à l'enseignant qui prendra soin d'en parler avec les parents.
11. **Bonnes réponses B et C :** La participation de l'ATSEM n'est pas obligatoire parce que la sortie dépasse le temps scolaire. Il peut décider de ne pas y participer. Le repérage préalable éventuel et le programme scolaire ne sont pas du ressort de l'ATSEM.

51 Les missions de l'ATSEM sur le temps périscolaire La garderie

Les temps périscolaires correspondent à des moments de la journée durant lesquels les enfants sont placés sous la responsabilité de la commune sur laquelle se situe l'école : garderie du matin et du soir, surveillance pendant la pause méridienne (temps de midi autour de la pause déjeuner), temps de restauration scolaire et les temps d'activités périscolaires (TAP).

Les personnels intervenant sur les temps périscolaires, et notamment l'ATSEM, sont placés sous l'autorité du maire.

Le taux d'encadrement des élèves pendant le temps périscolaire est d'un adulte (ATSEM, animateur, agent municipal ou de restauration) pour 14 enfants de moins de 6 ans.

Tous les parents n'ont pas la possibilité de s'adapter aux horaires de l'école pour déposer et reprendre leur enfant. Pour remédier à cette difficulté, la plupart des communes mettent en place un service de garderie périscolaire.

Les enfants sont accueillis à partir de 7 heures ou 7 h 30 le matin et le soir jusqu'à 18 heures voire 19 heures Ils sont placés sous la responsabilité de la commune.

Ce service est payant.

Les modalités d'accueil et de fonctionnement de la garderie peuvent être précisées dans un règlement spécifique.

Le service de garderie est un lieu de détente et de repos dans l'attente du début de la journée scolaire et/ou du retour en famille. Il est réalisé dans une salle souvent dédiée à cette activité ou dans un local à proximité de l'école.

L'activité de garderie est assurée par un agent municipal ou un ATSEM, chargé :

- d'accueillir les enfants et les parents ;
- de surveiller et d'animer le temps de garderie ;
- d'aider les enfants à prendre un goûter ;
- d'accompagner les enfants dans les trajets classe – garderie ;
- de ranger, nettoyer les tables et fermer la garderie après le départ du dernier enfant.

1 La garderie du matin

Les familles sont responsables de la conduite des enfants jusqu'à la salle réservée à la garderie.

L'élève commence sa journée par une séparation avec ses parents. Il doit donc être reçu dans un environnement dans lequel il est rassuré et à l'aise.

L'enfant est accueilli en douceur. Aucune activité n'est imposée. Il joue au gré de ses envies avec les équipements et objets mis à disposition.

La garderie se termine 10 minutes avant l'heure d'ouverture officielle de la classe. L'enfant est systématiquement accompagné entre le lieu de garderie et sa classe.

2 La garderie du soir

Les enfants quittent la garderie avec un de leurs parents, leur représentant légal ou toute personne pouvant justifier de son identité et habilitée par écrit à venir les récupérer (liste fournie par les parents au moment de l'inscription en début d'année scolaire).

En cas de retard prévisible, les parents devront prévenir par téléphone le personnel chargé de la surveillance de la garderie.

En cas de retard important et sans nouvelle des parents, l'agent cherchera à contacter la famille, informera le directeur de l'école et préviendra la mairie afin que l'enfant soit confié aux services de police.

Il est interdit de ramener l'enfant à son domicile ou chez une tierce personne que ce soit à pied ou en voiture.

En cas de retards répétés, une sanction est prononcée par la commune, cette dernière pouvant aller jusqu'à l'exclusion définitive de l'enfant de la garderie.

52 Les missions de l'ATSEM sur le temps périscolaire
La pause méridienne

La pause méridienne, comprenant la restauration et l'interclasse, est placée sous la responsabilité de la commune. Elle peut être régie par un règlement spécifique.

1 Le déjeuner

À la fin du temps scolaire, l'ATSEM conduit les élèves demi-pensionnaires aux toilettes. Il s'assure qu'ils se lavent les mains avant de les accompagner à la cantine.

Les enfants peuvent fréquenter la cantine régulièrement (4 jours/semaine) ou de façon plus occasionnelle. Les parents inscrivent leur enfant à l'avance au service de restauration.

Le service de restauration scolaire doit respecter des exigences quant à la qualité et la diversité des repas servis.

À noter

- Les déjeuners servis à la cantine comprennent nécessairement un plat principal avec une garniture, un produit laitier et au choix, une entrée et/ou un dessert. La taille des portions servies est adaptée au type de plat et à l'âge des enfants.
- L'eau est à disposition sans restriction ainsi que le pain.
- Le sel et les sauces (mayonnaise, vinaigrette et ketchup) ne sont pas en libre accès et servis en fonction des plats.

Pendant le déjeuner, L'ATSEM aide et assiste le personnel de restauration en :

- installant les enfants à table ;
- coupant la viande pour les enfants non autonomes ;
- incitant l'enfant à goûter, sans l'obliger à manger ce qu'il n'apprécie pas ;
- veillant au bon déroulement du repas ;
- aidant l'enfant à acquérir de l'autonomie (apprendre à se servir, à manger avec des couverts, etc.) ;
- en apprenant aux enfants à respecter la nourriture et leurs camarades.

Le repas dure 30 à 45 minutes en moyenne. Il est un temps propice au partage, à la convivialité, à la détente et au plaisir.

FICHE D'INSCRIPTION 2013-2014 – PÉRIODE 3 – du 6 janvier au 28 février 2014 - MATERNELLES

RESTAURANT SCOLAIRE - ACCUEIL PERISCOLAIRE (Temps d'Activités Périscolaires)

Nom et Prénom de l'enfant :	....

Ecole fréquentée en septembre 2013 :	Mettre une croix	Classe fréquentée en septembre 2013 :	Mettre une croix
ECOLE MATERNELLE P. et M. CURIE		PETITE SECTION	
ECOLE MATERNELLE J. FERRY		MOYENNE SECTION	
		GRANDE SECTION	

Merci de REMPLIR LE TABLEAU CORRESPONDANT A VOTRE SITUATION :

❶ Si votre enfant vient TOUS LES JOURS durant la période 3 :

Cocher les cases correspondantes :

ENSEMBLE DE LA PERIODE	Du LUNDI 6 JANVIER au VENDREDI 28 FEVRIER 2014	Mettre une croix
Garderie MERCREDIS : 11h30 -12h30	L'enfant viendra TOUS LES MERCREDIS	
RESTAURANT SCOLAIRE – repas	L'enfant mangera TOUS LES JOURS (Lundi – Mardi – Jeudi – Vendredi)	
ACTIVITES PERISCOLAIRES – TAP	L'enfant participera aux ATELIERS TOUS LES JOURS (Lundi – Mardi – Jeudi – Vendredi)	

❷ Ou remplir le tableau suivant :

La première colonne est prévue si votre enfant vient tous les jours de la semaine sinon remplir les cases en fonction des jours souhaités.

Mettre des croix dans les cases voulues

SEMAINE 2	Semaine complète	LUNDI 6/01	MARDI 7/01	MERCREDI 8/01	JEUDI 9/01	VENDREDI 10/01
Garderie MERCREDI : 11h30 -12h30	Sur justificatif professionnel					
RESTAURANT SCOLAIRE – repas						
ACTIVITES PERISCOLAIRES – TAP						
SEMAINE 3	Semaine complète	LUNDI 13/01	MARDI 14/01	MERCREDI 15/01	JEUDI 16/01	VENDREDI 17/01
Garderie MERCREDI : 11h30 -12h30	Sur justificatif professionnel					
RESTAURANT SCOLAIRE – repas						
ACTIVITES PERISCOLAIRES – TAP						
SEMAINE 4	Semaine complète	LUNDI 20/01	MARDI 21/01	MERCREDI 22/01	JEUDI 23/01	VENDREDI 24/01
Garderie MERCREDI : 11h30 -12h30	Sur justificatif professionnel					
RESTAURANT SCOLAIRE – repas						
ACTIVITES PERISCOLAIRES – TAP						
SEMAINE 5	Semaine complète	LUNDI 27/01	MARDI 28/01	MERCREDI 29/01	JEUDI 30/01	VENDREDI 31/01
Garderie MERCREDI : 11h30 -12h30	Sur justificatif professionnel					
RESTAURANT SCOLAIRE – repas						
ACTIVITES PERISCOLAIRES – TAP						
SEMAINE 6	Semaine complète	LUNDI 3/02	MARDI 4/02	MERCREDI 5/02	JEUDI 6/02	VENDREDI 7/02
Garderie MERCREDI : 11h30 -12h30	Sur justificatif professionnel					
RESTAURANT SCOLAIRE – repas						
ACTIVITES PERISCOLAIRES – TAP						
SEMAINE 7	Semaine complète	LUNDI 10/02	MARDI 11/02	MERCREDI 12/02	JEUDI 13/02	VENDREDI 14/02
Garderie MERCREDI : 11h30 -12h30	Sur justificatif professionnel					
RESTAURANT SCOLAIRE – repas						
ACTIVITES PERISCOLAIRES – TAP						
SEMAINE 8	Semaine complète	LUNDI 17/02	MARDI 18/02	MERCREDI 19/02	JEUDI 20/02	VENDREDI 21/02
Garderie MERCREDI : 11h30 -12h30	Sur justificatif professionnel					
RESTAURANT SCOLAIRE – repas						
ACTIVITES PERISCOLAIRES – TAP						
SEMAINE 9	Semaine complète	LUNDI 24/02	MARDI 25/02	MERCREDI 26/02	JEUDI 27/02	VENDREDI 28/02
Garderie MERCREDI : 11h30 -12h30	Sur justificatif professionnel					
RESTAURANT SCOLAIRE – repas						
ACTIVITES PERISCOLAIRES – TAP						

À noter

Pour les enfants ayant des difficultés de santé et nécessitant un régime alimentaire particulier, tout est mis en œuvre pour qu'ils puissent manger à la cantine :

- soit le déjeuner collectif est adapté en substituant une denrée par une autre (remplacer un yaourt par une compote en cas d'allergie aux protéines de lait par exemple) ;
- soit on modifie le processus de production en supprimant un composant du plat lors de sa fabrication (séparer la viande de la sauce en cas d'allergie au soja présent dans la sauce par exemple).

Les parents ont aussi la possibilité de fournir le déjeuner de leur enfant qui sera identifié, conservé à part et au froid. Les aliments seront réchauffés au four à micro-ondes.

Le PAI de l'enfant définit les conditions de restauration ainsi que les modalités d'intervention auprès de l'enfant en cas d'urgence.

Les personnels présents à la cantine ne sont pas habilités à faire prendre des médicaments aux élèves sauf existence d'un PAI.

Après le déjeuner, les enfants repassent aux toilettes et partent soit en activité, soit dans la cour de récréation. Les élèves de PS et TPS sont rapidement dirigés vers le dortoir pour la sieste.

2 La sieste

La sieste répond à un besoin physiologique de l'enfant. Les tout-petits ont besoin de 12 heures de sommeil par jour. Les élèves de moyenne et grande section peuvent également faire la sieste en cas de fatigue ou de convalescence. Elle n'est pas systématique.

L'ATSEM se charge de la préparation du dortoir, du coucher, de l'accompagnement à l'endormissement et du lever des enfants.

Il privilégie une relation individuelle avec l'enfant et cherche à créer un climat propice à la détente.

La sieste ne peut pas être imposée. Si l'enfant ne s'est pas endormi au bout de 20 minutes, il doit être relevé. Il est également important d'en informer les parents pour qu'ils en tiennent compte pour déterminer l'heure du coucher de l'enfant.

Pour les élèves qui déjeunent à la cantine, le meilleur moment pour commencer la sieste, se situe immédiatement après le déjeuner et il est préjudiciable de faire attendre un enfant qui a sommeil. Si le déjeuner a lieu à 12 heures, il est opportun de coucher les élèves vers 12 h 45. Le cycle complet de sommeil est d'une durée comprise entre 1 h 30 et 2 heures. Dans ces conditions, des activités scolaires peuvent reprendre pour ces élèves à partir de 14 h 30.

Pour les élèves qui déjeunent chez eux, il faut inviter les familles à coucher leur enfant après le repas. Dès lors, il faut prévoir pour eux soit un accueil à partir de 12 h 45 pour la sieste, soit un accueil à l'école à 14 h 30 ou à 15 heures au moment de la reprise de l'enseignement.

Foire aux questions

- Un enfant scolarisé qui ne déjeune pas à la cantine, peut-il faire la sieste à la maison ?

Oui, la loi Blanquer prévoit la scolarisation dès l'âge de 3 ans sur la totalité de la journée scolaire. Pour autant, l'élève qui déjeune à l'extérieur de l'établissement scolaire (famille, assistante maternelle, etc.), peut être absent pendant la sieste et revenir à l'école pour les enseignements de l'après-midi.

Caractéristiques du dortoir

- Le dortoir doit pouvoir être aéré régulièrement. La luminosité de la pièce devra être réduite pour favoriser l'endormissement.
- La température idéale est située aux alentours de 19 °C.
- Les lits pliants ou matelas posés à même le sol ont l'avantage d'être mobiles et se ranger rapidement quand l'école n'a pas une pièce dédiée pour la sieste. Le lit est bas : l'enfant est autonome pour se coucher et se lever. En revanche, l'entretien est difficile.
- L'agencement et les équipements doivent permettre d'assurer l'hygiène, le confort et la sécurité de l'enfant. On évite les rideaux et les tapis qui retiennent la poussière et sont vecteurs d'acariens. Un protège matelas est indispensable.
- La litterie doit être ferme. Il faut éviter les oreillers compte tenu des risques d'asphyxie.
- Par mesure d'hygiène, chaque enfant dispose d'une couchette individuelle, Doudou, tétine ou autres objets transitionnels sont mis à la disposition de l'enfant pendant la sieste.
- Les draps sont lavés au moins une fois par semaine voire tous les quinze jours maximum.

Les enfants sont déshabillés (on ne dort pas avec sa robe, son pantalon et ses chaussures) avant de se coucher. L'endormissement peut être accompagné par de la musique douce, une chanson ou la lecture d'une histoire. Les réveils des enfants sont échelonnés. L'enfant est rhabillé et il rejoint, toujours accompagné, la cour de récréation ou sa classe en fonction de l'heure.

Si la sieste se poursuit au-delà de l'heure de reprise du temps scolaire, la surveillance du dortoir est sous la responsabilité de l'enseignant. Les personnels affectés au dortoir peuvent ne pas être les mêmes en début et fin de sieste.

53 Les missions de l'ATSEM sur le temps périscolaire

Les activités péri-éducatives (APE)

L'ATSEM peut être amené à animer des temps d'activités pédagogiques (TAP) sur des temps d'activités périscolaires dans la mesure où il possède les compétences spécifiques nécessaires. Ces TAP se déroulent majoritairement le mercredi (Plan mercredi) ou pendant la journée scolaire (la pause méridienne ou en fin d'après-midi) pour les écoles ayant conservé une organisation des enseignements sur 4,5 jours/semaine. Les activités proposées ne doivent pas être identiques mais complémentaires à celles réalisées en classe.

Il peut s'agir :

- de temps d'activités motrices ;
- de temps de lecture ;
- de temps d'activités artistiques : chant, danse, éveil musical, etc. ;
- de temps d'éveil scientifique avec l'organisation d'activités découvertes ;
- de temps de découverte du numérique ;
- d'activités autour du développement durable, de la biodiversité et de l'équilibre alimentaire (jardinage, cuisine, etc.) ;
- d'ateliers de jeux.

Les TAP durent au minimum 30 à 45 minutes et se déroulent dans l'enceinte de l'école ou à proximité (centre aéré, terrain de sport, gymnase, etc.). Ils peuvent être animés par des animateurs salariés de la commune, des enseignants volontaires ou des intervenants extérieurs (associations) conventionnés avec la ville.

Il ne faut pas confondre les TAP avec les activités pédagogiques complémentaires (APC) assurées par les enseignants pour des groupes restreints d'élèves et qui s'ajoutent aux 24 heures hebdomadaires d'enseignement. Elles permettent d'accompagner les élèves en difficulté dans leur apprentissage et/ou de mettre en œuvre une activité prévue dans le projet d'école.

En pratique

1. Quel le rôle d'un ATSEM chargé d'animer une activité périscolaire ?

Animer une activité périscolaire est une tâche complexe qui nécessite :

- de bâtir, de préparer et d'organiser un temps collectif qui prenne en compte la sécurité, le rythme de vie, les attentes et les besoins des enfants ;
- d'indiquer, de façon adaptée, les consignes au groupe et de faire respecter les règles collectives ;
- d'adopter une posture d'animateur : inciter, encourager, aider à faire, permettre de choisir, etc. en fonction de l'activité et des difficultés rencontrées par les enfants ;
- de faciliter la communication entre enfants et entre adulte et enfants ;
- de favoriser un climat de plaisir et de convivialité.

2. L'ATSEM doit mettre en place un atelier sur une sensibilisation au tri des déchets pour 6 élèves de grande section. Comment doit-il s'y prendre ?

L'objectif est de proposer un atelier ludique qui permette de sensibiliser de jeunes enfants au tri des déchets.

Dans la phase de préparation, l'ATSEM prépare un support en carton sur lequel il va présenter les différentes matières à l'aide d'objets familiers (dessins découpés) : une bouteille pour le verre, une boîte de conserve pour le métal, un livre pour le papier, feuilles pour les végétaux, etc. Il se munit également de 3 caisses en plastique (une jaune, une bleue et une verte) sur lesquelles il appose des dessins d'objets en respectant les consignes de tri sélectif par couleur :

- la jaune pour les boîtes de conserve, les contenants en plastique, les emballages en carton ;
- la bleue pour les magazines et le papier ;
- la verte pour le verre.

Enfin, il collecte et nettoie des objets du quotidien qui devront être triés par les enfants pendant l'activité. Bien entendu, il convient de choisir des objets qui ne présentent aucun danger pour les enfants.

L'atelier se déroule en deux phases :

- une phase de présentation ;
- une phase de tri réalisé par les enfants.

L'ATSEM anime l'activité sous la forme d'un jeu pour que les enfants prennent du plaisir à participer.

Entraînement

Pour chacune des questions suivantes, mettez une croix dans la ou les case(s) correspondant à la ou aux bonne(s) réponse(s).

1. L'enseignante est occupée au téléphone. À l'heure de la sortie, un adulte que vous ne connaissez pas vient chercher un élève. L'élève le reconnaît et veut partir avec lui :

- ❐ **a.** Vous lui remettez l'enfant car vous êtes persuadée qu'il le connaît très bien.
- ❐ **b.** Vous lui demandez de revenir avec un mot de la maman car elle n'habite pas très loin.
- ❐ **c.** Vous appelez la maman sur son portable car vous la connaissez bien et vous ne souhaitez pas déranger l'enseignante.
- ❐ **d.** Vous faites patienter la personne et prévenez l'enseignante qui prendra la décision.

2. Un enfant présente des allergies à certains aliments. Peut-il déjeuner au restaurant scolaire ?

- ❐ **a.** Oui, tous les repas sont préparés pour éviter les allergies.
- ❐ **b.** Oui, s'il existe un PAI.
- ❐ **c.** Oui, les adultes qui encadrent l'enfant à la cantine feront en sorte qu'il ne mange pas les aliments défendus.

3. À 14 h 30, qui est responsable des enfants qui font la sieste ?

- ❐ **a.** Les parents.
- ❐ **b.** L'enseignant des élèves concernés.
- ❐ **c.** L'ATSEM qui surveille la sieste.
- ❐ **d.** La mairie.

4. En école maternelle, quelles sont les conditions les plus adéquates que vous pouvez créer pour favoriser la sieste des enfants :

- ❐ **a.** Installer le lit de chaque enfant toujours à la même place.
- ❐ **b.** Changer les enfants de place régulièrement afin de leur permettre de s'habituer à dormir à n'importe quel endroit.
- ❐ **c.** Aérer les locaux avant la sieste.
- ❐ **d.** Créer une température tempérée.
- ❐ **e.** Permettre à chaque enfant de prendre son objet transitionnel.
- ❐ **f.** Être vigilant à ce qu'il y ait le moins de bruit possible autour de la salle de sieste.

5. Vous êtes chargé de la surveillance du repas à la cantine scolaire. Subitement, Paul, 4 ans, porte les mains à son cou et ne peut plus parler. Quelle conduite adoptez-vous ?

❒ **a.** Vous appelez la mairie ou un représentant de la mairie.

❒ **b.** Vous essayez de lui faire boire un peu d'eau.

❒ **c.** Vous commencez tout de suite les manœuvres de secours en donnant 5 tapes dans le dos de l'enfant et devant l'absence de résultat, vous pratiquez la manœuvre de Heimlich.

❒ **d.** Vous appelez les parents de l'enfant.

❒ **e.** Vous faites le 15 pour appeler le SAMU.

❒ **f.** Vous informez le directeur de l'école de l'incident survenu pendant la pause méridienne.

6. Maxime, un enfant au restaurant scolaire, ne veut pas manger :

❒ **a.** Vous lui demandez de goûter un petit peu chaque plat.

❒ **b.** Vous ne le forcez pas.

❒ **c.** Vous lui dites qu'il ne sortira pas de table avant d'avoir terminé son assiette.

❒ **d.** Vous l'aidez à manger.

❒ **e.** Vous en parlez aux parents le soir.

7. Au cours de sa journée de travail, l'ATSEM :

❒ **a.** N'est pas obligé de porter une blouse.

❒ **b.** Porte une blouse pour l'ensemble des tâches effectuées.

❒ **c.** Doit porter une blouse différente par type de tâche effectuée (entretien, restauration scolaire et autres tâches).

8. Un ATSEM peut prendre la responsabilité :

❒ **a.** D'accueillir un enfant avant l'heure officielle d'ouverture de l'école.

❒ **b.** D'ouvrir et de fermer les locaux scolaires.

❒ **c.** De raccompagner un enfant malade à son domicile.

❒ **d.** D'accompagner un groupe d'enfants aux toilettes.

❒ **e.** De réorganiser les modalités de la sieste.

9. Au moment de la sieste, vous pouvez :

❒ **a.** Rassurer les enfants pour les aider à s'endormir.

❒ **b.** Sortir du dortoir et les laisser seuls lorsqu'ils sont endormis.

❒ **c.** Les laisser se réveiller à leur rythme.

❒ **d.** Aller aider l'enseignante dans la classe mitoyenne une fois qu'ils sont endormis.

❒ **e.** Fermer la porte à clé pour que personne ne les dérange.

10. Le service de restauration scolaire est :

❒ **a.** Un service facultatif.

❒ **b.** Un service obligatoire.

❒ **c.** Un service optionnel.

Corrigé

1. **Bonne réponse D :** On est encore sur le temps scolaire et l'enfant est sous la responsabilité de l'enseignant. C'est donc à lui et non pas à l'ATSEM de régler cette situation.
2. **Bonnes réponses B et C :** Il est impossible d'écarter tous les aliments allergènes des repas de la cantine. Le PAI précise les conditions de restauration des élèves qui souffrent d'allergies alimentaires et les consignes sont appliquées par le personnel présent dans le restaurant scolaire.
3. **Bonne réponse B :** À 14 h 30, on est sur le temps scolaire donc les enfants sont placés sous la responsabilité des enseignants.
4. **Bonnes réponses A, C, D, E et F :** Les enfants ont besoin de repères fixes et sécurisants. Leur lieu de couchage doit être le même. La pièce est aérée avant la sieste. La température est idéalement de 19 °C. Le dortoir et son environnement doivent être calmes. L'objet transitionnel permet à l'enfant de faire le lien entre un monde connu, son foyer, et un monde inconnu, celui qui est extérieur à son intimité familiale. Il est mis à disposition de l'enfant au moment de la sieste.
5. **Bonnes réponses C (étape 1), E (étape 2), A (étape 3) et F (étape 4) :** La priorité est la prise en charge de l'enfant. Les claques dans le dos ont pour finalité de provoquer une toux, de débloquer et d'expulser le corps étranger qui obstrue les voies aériennes. Cette manœuvre s'effectue de la façon suivante :
   - se placer à la hauteur et sur le côté, légèrement en arrière de l'enfant ;
   - soutenir son thorax avec une main et le pencher en avant ;
   - donner 5 claques dans le dos, entre les deux omoplates avec le plat de l'autre main ouverte ;
   - arrêter les claques dans le dos dès que la désobstruction a lieu.

La manœuvre de Heimlich a pour but de comprimer l'air contenu dans les poumons de la victime et d'expulser le corps étranger hors des voies aériennes.

Le poing est placé, horizontalement, dans le creux de l'estomac. Le dos de la main est tourné vers le haut. Posez l'autre main sur la première.

Dans cette position, il faut exercer unc pression en arrière et vers le haut. Il faut répéter la manœuvre 5 fois si le corps étranger reste bloqué. Il est important de rendre compte très rapidement à la mairie et au directeur de l'école de cet incident. Ce n'est pas du rôle de l'ATSEM d'informer les parents.

6. **Bonnes réponses A, B, D et E :** L'ATSEM incite l'enfant à manger en l'aidant si nécessaire mais sans jamais le forcer. Il est impératif d'informer les parents de cette situation.
7. **Bonne réponse C :** Au cours de sa journée de travail, pour respecter les règles d'hygiène, l'ATSEM doit changer de blouse en passant d'une activité à une autre.
8. **Bonnes réponses B et D :** L'ATSEM doit respecter les horaires d'ouverture de l'école. Il peut être amené à ouvrir et fermer les locaux quand il assure la garderie du matin ou du soir. Il est interdit de ramener un enfant à son domicile, il doit être repris par une des personnes de son entourage habilitée à le faire. L'ATSEM ne peut pas modifier l'organisation de la sieste sans en parler au préalable à l'enseignant et au directeur de l'école.
9. **Bonnes réponses A et C :** Il est hors de question de laisser seuls les enfants pendant la sieste. Ils doivent être sous surveillance constante. Il serait également dangereux de les enfermer à clé dans le dortoir notamment au regard du risque d'incendie.
10. **Bonne réponse A** : Les parents choisissent ou non d'inscrire leur enfant au service de restauration scolaire.

54 Les risques professionnels de l'ATSEM

Dans le cadre de votre travail, vous êtes exposé de façon quotidienne à des risques professionnels qui peuvent conduire à un accident du travail ou une maladie professionnelle.

1 Risques physiques

Exemples de situations de travail susceptibles de générer des risques physiques :

- répétition des postures accroupies pour se mettre au niveau des enfants ;
- concernant le passage aux toilettes, répétition de postures contraignantes du fait du mobilier qui est adapté à la taille des enfants mais pas des adultes ;
- dans la classe ou à la cantine, répétition de postures contraignantes du fait du mobilier qui est adapté à la taille des enfants mais pas des adultes ;
- lors des ateliers, la manutention des équipements et des matériels à installer et à ranger ;
- gestes répétitifs liés à l'activité d'entretien quotidien des locaux ;
- lors du nettoyage des vitres, chute de l'escabeau ;
- en utilisant un massicot ou un cutter, pour la préparation du matériel pédagogique, coupure au niveau de la main ;
- en cas de sol mouillé et glissant, chute de sa hauteur, etc.

2 Risques liés à l'exposition au bruit

Dans une école maternelle, les enfants crient et pleurent. Le niveau sonore dans les classes et plus particulièrement à la cantine peut atteindre 90 dB (décibels), ce qui peut occasionner une gêne voire une perte auditive.

3 Risques infectieux et parasitaires

Vous êtes exposé à des micro-organismes pathogènes et des parasites (poux) car vous êtes en contact régulièrement avec des enfants contaminés.

Exemples de situations de travail susceptibles de générer des risques infectieux ou parasitaires :

- lors d'un change, contact avec des excréments ou un vêtement souillé ;
- du fait de la proximité avec un enfant malade ou blessé, contact avec des parasites (poux), des bactéries ou des virus, etc.

4 Risques chimiques

Vous utilisez des produits d'entretien pour réaliser le ménage. Ces derniers peuvent être dangereux.

Exemples de situations de travail susceptibles de générer des risques chimiques :

- projection de produit d'entretien sur la peau ou dans les yeux (brûlure, irritation, etc.) ;
- allergie à certains composants de produits d'entretien (dermatite de contact, asthme) ;
- inhalation de vapeurs toxiques ;
- absorption d'un produit d'entretien provoquant une intoxication, etc.

5 Risques électriques

Vous utilisez quotidiennement des appareils et équipements électriques (interrupteurs, prises) qui peuvent être défectueux. Le risque est renforcé en cas de présence d'eau à proximité (sol mouillé, pièce d'eau, mains mouillées, etc.).

Exemples de situations de travail susceptibles de générer des risques électriques :

- électrocution en manipulant un aspirateur dont le câble d'alimentation est dénudé ;
- électrisation en manipulant une prise de courant défectueuse, etc.

6 Risques routiers

Vous pouvez être victime d'un accident de trajet lors de vos trajets domicile-travail ou lors des sorties scolaires, que vous vous déplaciez à pied ou en voiture.

7 Risques psychosociaux

Cette catégorie regroupe les risques professionnels liés aux contraintes organisationnelles, relationnelles et à la charge de travail.

Vos journées de travail sont longues (grande amplitude de travail, horaires coupés) pendant lesquelles vous êtes très sollicité. Vous devez allier disponibilité et vigilance constante occasionnant une charge mentale importante.

Vous pouvez vous sentir peu reconnu ou peu valorisé dans vos missions.

Il existe également des risques de conflit avec les enseignants, les parents d'élèves ou les collègues.

Le fait d'être placé sous autorité différente (Éducation nationale et collectivité territoriale) selon les moments de la journée de travail est aussi une contrainte de travail réelle.

La gestion quotidienne et les difficultés rencontrées peuvent générer du stress professionnel.

55 Les risques professionnels
La prévention des risques professionnels

De nombreux moyens peuvent être mis en œuvre afin de réduire les risques professionnels de l'ATSEM et améliorer leur qualité de vie au travail.

1 La surveillance médicale

Les ATSEM sont soumis à une visite médicale au moment de leur recrutement puis régulièrement tous les 2 ans. Cette visite a lieu sur leur temps de travail. Ils peuvent demander à rencontrer la médecine du travail à tout moment de leur carrière en fonction de l'évolution de leur état de santé. Cette démarche peut aboutir à des aménagements de poste si nécessaire.

Réglementairement, les ATSEM doivent être vaccinés contre :

- la diphtérie, le tétanos et la poliomyélite (DTP) :
- la tuberculose (BCG) ;
- l'hépatite B.

Il leur est également recommandé d'être vacciné contre l'hépatite A.

2 Les moyens de prévention collective

La prévention des risques professionnels est l'affaire de l'Éducation nationale représentée par le directeur de l'école et de la collectivité territoriale, responsable des conditions de travail de l'ATSEM sur les temps périscolaires.

Tout doit être mis en œuvre pour limiter les risques d'accident du travail et de maladie professionnelle en recourant à divers moyens/dispositifs de prévention collectifs.

Moyens de prévention collective

Types de risques	Mesures de prévention possibles
Risques physiques	• Mise à disposition de chariots de ménage ergonomiques. • Formation des personnels aux gestes et postures adaptés. • Maintien des zones de circulation non encombrées. • Présence d'un escabeau sécurisé pour le travail en hauteur. • Panneau indiquant les sols mouillés. • aménagement d'un poste de travail adapté à un adulte dans la classe, • mise à disposition d'un diable pour la manutention des équipements de motricité…
Bruit	• Aménagement des locaux et choix du mobilier pour limiter la réverbération (paravents). • Traitement acoustique des surfaces, etc.

Risques infectieux et parasitaires	• Éviction des enfants malades (rougeole, oreillons, rubéole, etc.). • Vaccinations. • Désinfection régulière des locaux. • Lavage régulier des mains, etc.
Risques chimiques	• Stockage des produits d'entretien dans des armoires/placards fermant à clé. • Etiquetage systématique des produits et présence des fiches de données de sécurité à proximité immédiate. • Utilisation de lingettes pré-imprégnées afin d'éviter les dilutions manuelles, etc.
Risques électriques	• Contrôle et entretien réguliers des machines et équipements, etc.
Risques routiers	• Information sur les dangers au volant (alcool, excès de vitesse, etc.). • Installation de ralentisseurs de vitesse à proximité de l'école. • Stage de conduite en situation d'urgence, etc.
Risques psychosociaux	• Favoriser la communication/dialogue entre les différents acteurs de l'école (réunions de service). • Mise en place de procédures de travail. • Aménagement du planning pour éviter les situations de travail répétitives et pénibles. • Mise en place d'un soutien psychologique. • Définition des rôles et missions de chacun dans un document écrit (fiche de poste, charte), etc.

3 Des dispositifs de protection individuelle

Pour se prémunir de certains risques, l'ATSEM peut travailler avec :

- des gants à usage unique pour les soins et éventuellement la toilette ou le change des enfants ;
- des gants adaptés lors de l'utilisation des produits ménagers ;
- des tenues de travail différentes pour l'entretien des locaux et l'assistance aux enfants ;
- des chaussures antidérapantes pour limiter le risque de chutes ;
- des lunettes de sécurité lors de l'utilisation de cristaux de soude, d'acide et de produits corrosifs ;
- un gilet haute visibilité lors de l'accompagnement des élèves lors des sorties scolaires.

En pratique

1. Comment organiser son chariot de ménage afin de limiter les risques professionnels ?

Le chariot de ménage doit être préparé avant de débuter l'entretien des locaux. Il doit contenir tout ce dont l'ATSEM va avoir besoin pour ses travaux de nettoyage. À défaut, il sera contraint de faire des allers et retours dans le local réservé aux matériels et produits d'entretien ce qui occasionnerait une perte de temps et d'énergie.

L'ATSEM positionne sur le chariot un sac de poubelle neuf, reconstitue son stock de toutes les recharges nécessaires (papier-toilette, savon, gants, etc.), prépare les chiffonnettes, gazes et franges, remplit les pulvérisateurs de produit d'entretien et le bac de désinfection, installe les balais ainsi que les autres matériels de ménage.

Il est important de positionner sur le plateau supérieur les matériels, produits et fournitures utilisés fréquemment afin de limiter les mouvements de flexion et extension pour prendre quelque chose dans la partie basse du chariot.

Par ailleurs, la préparation du chariot est un moment privilégié pour vérifier le bon état des matériels afin que le nettoyage se fasse en toute sécurité.

Enfin, l'ATSEM devra faire attention de ne pas trop charger le chariot afin qu'il reste facilement manipulable.

2. Quelles sont les contraintes liées aux relations avec les jeunes enfants ?

La relation avec les jeunes enfants est très particulière : une partie d'entre eux parlent peu et ont besoin d'être sécurisés, d'autres sollicitent beaucoup les adultes et demandent une grande disponibilité, certains sont turbulents et doivent être « encadrés ». Les enfants crient beaucoup, contraignant l'ATSEM à travailler dans un environnement très bruyant.

L'ATSEM peut s'attacher affectivement aux enfants et souffrir de la séparation à la fin de l'année scolaire. De plus, il peut développer des émotions difficiles à gérer : désarroi face à des enfants faisant face à des difficultés de santé ou d'ordre familial, agacement devant des comportements dissipés voire irrespectueux, etc.

L'important est de mettre en place une relation de qualité avec tous les enfants de la classe en montrant de l'écoute, de la disponibilité, de la bienveillance, du respect, etc. L'ATSEM répond aux besoins de l'enfant, dans le cadre de ses missions, en veillant à ne pas faire de discrimination entre les élèves.

Entraînement

Pour chacune des questions suivantes, mettez une croix dans la ou les case(s) correspondant à la ou aux bonne(s) réponse(s).

1. Pour prévenir des lombalgies liées à votre exercice professionnel :
   - ❒ **a.** Vous vous penchez en avant pour habiller un enfant.
   - ❒ **b.** Vous vous asseyez à la hauteur des enfants pour leur parler.
   - ❒ **c.** Vous vous pliez en deux pour nettoyer les toilettes.
   - ❒ **d.** Vous utilisez le chariot de ménage.

2. À partir de 70 dB, on a affaire à un bruit :
   - ❒ **a.** Dangereux.
   - ❒ **b.** Fatigant.
   - ❒ **c.** Inoffensif.

3. Vous devez laver les vitres en hauteur. Vous avez à disposition le matériel suivant. Lequel utilisez-vous pour effectuer ce travail en toute sécurité :
   - ❒ **a.** Un tabouret.
   - ❒ **b.** Un balai télescopique.
   - ❒ **c.** Un escabeau.

4. Que signifie le sigle EPI ?
   - ❒ **a.** Équipements de la protection incendie.
   - ❒ **b.** Équipements de protection individuelle.
   - ❒ **c.** Équipements de protection intérieure.
   - ❒ **d.** Évaluation de produits inflammables.

5. Pour éviter tout risque d'intoxication lors de l'utilisation de produits dangereux :
   - ❒ **a.** Vous rangez les produits dans un local aéré et fermé à clé.
   - ❒ **b.** Vous stockez ces produits près des sanitaires.
   - ❒ **c.** Vous transvasez ces produits dans des bouteilles d'1,5 l de récupération (bouteilles d'eau par exemple).
   - ❒ **d.** Vous manipulez ces produits en dehors de la présence des enfants.
   - ❒ **e.** Vous conservez ces produits dans leur emballage d'origine ou en les transvasant dans des récipients non alimentaires et étiquetés.

6. Parmi ces quatre maladies, lesquelles peuvent avoir une origine professionnelle pour l'ATSEM :
   - ❒ **a.** Une affection péri-articulaire.
   - ❒ **b.** L'eczéma.
   - ❒ **c.** La rubéole.
   - ❒ **d.** La légionellose.

7. L'amplitude de travail de l'ATSEM :

❒ **a.** Correspond au temps de travail effectif au cours d'une journée.

❒ **b.** Est d'une durée maximale de 12 heures.

❒ **c.** Est d'une durée maximale de 10 heures.

❒ **d.** Peut être différente au moment des vacances scolaires.

8. Par quels moyens l'ATSEM peut-il se protéger du risque infectieux ?

❒ **a.** En portant des gants à usage unique et une tenue de travail pendant les soins donnés aux enfants.

❒ **b.** En veillant à avoir une bonne hygiène de mains.

❒ **c.** En étant à jour de ses vaccinations obligatoires et recommandées.

9. Un père venant chercher son enfant et constatant que ce dernier s'est sali dans la journée vous en fait le reproche. Il s'emporte, vous insulte et vous menace. Que faites vous ?

❒ **a.** Vous haussez le ton et le remettez à sa place.

❒ **b.** Vous essayez de rester calme et tentez un dialogue avec lui.

❒ **c.** Vous relatez l'incident au directeur qui le convoquera pour un rappel à la règle.

❒ **d.** Vous subissez, vous ne pouvez rien faire, un fonctionnaire ne peut porter plainte.

Corrigé

1. **Bonnes réponses B et D :** Il faut absolument éviter de se pencher en avant pour préserver son dos. Pour habiller un enfant ou lui parler, il convient de se mettre à son niveau en s'accroupissant et en veillant à garder le dos droit. L'utilisation du chariot de ménage diminue le port de charges et donc le risque de lombalgies.
2. **Bonnes réponses B et C :** La fatigue auditive intervient à partir de 70 dB. La détérioration de l'ouïe est possible à partir d'un seuil de 85 dB et est fonction de la durée d'exposition au bruit.
3. **Bonne réponse B :** Le balai télescopique est le moyen le plus adapté pour le nettoyage des vitres hautes. L'utilisation d'un tabouret est à proscrire. Le recours à un escabeau est possible mais il doit être sécurisé.
4. **Bonne réponse B :** Les équipements de protection individuelle sont fournis pour prévenir certains risques professionnels : gants, gilet de signalisation à haute visibilité, chaussures antidérapantes, vêtements de travail, etc.
5. **Bonnes réponses A, D et E :** Les produits d'entretien doivent être stockés dans un local spécifique correctement ventilé (si grandes quantités) et fermant à clé. Les produits doivent être conditionnés dans des emballages spécifiques et correctement étiquetés. Lors des opérations de transvasement, il faut veiller à mettre une étiquette de danger

sur les nouveaux contenants. Les bouteilles et emballages alimentaires ne doivent pas servir au conditionnement des produits d'entretien. Il ne faut pas manipuler ces produits en présence des élèves.

6. **Bonnes réponses A et B :** La maladie professionnelle se caractérise comme étant la conséquence d'une exposition plus ou moins prolongée à un risque lors d'une activité professionnelle. Ainsi les gestes et postures de l'ATSEM peuvent engendrer une affection péri-articulaire chronique. En cas d'allergie à certains produits, elle peut développer de l'eczéma. La rubéole est une maladie d'origine virale. La légionellose est une maladie pulmonaire causée par une bactérie qui se développe en zone humide, et notamment dans les canalisations.

7. **Bonnes réponses B et D :** L'amplitude journalière de travail est le temps entre l'heure d'embauche et l'heure de départ de l'école. Elle est d'une durée maximale de 12 heures. Le temps de travail effectif ne peut pas dépasser 10 heures. Si l'ATSEM bénéficie d'un dispositif d'annualisation du temps de travail, elle peut avoir des horaires de travail différents les jours d'école et pendant les vacances scolaires. En effet, pendant les vacances, la journée de travail est généralement plus courte et consacrée à des travaux d'entretien.

8. **Bonnes réponses A, B et C :** L'ATSEM adopte une conduite à tenir en matière d'hygiène, de tenue de travail et d'équipement de protection individuelle afin de limiter le risque de transmission des agents infectieux.

9. **Bonnes réponses B et C :** L'ATSEM doit tenter de garder son calme afin de contenir l'agressivité de son interlocuteur. Un fonctionnaire a tout à fait le droit de porter plainte contre un usager.

Partie

3

Préparer les épreuves écrites d'admissibilité

- Généralités sur les écrits d'admissibilité
- L'épreuve de QCM du concours externe
- L'épreuve de QRC de la 3e voie

1 Généralités sur les écrits d'admissibilité

Seuls le concours externe et la 3e voie réservés aux candidats justifiant de 4 années d'expérience professionnelle auprès des jeunes enfants et notamment les assistantes maternelles, comportent une épreuve écrite d'admissibilité.

Elle constitue une épreuve « barrage » qui offre un premier niveau de sélection pour de nombreux candidats qui n'exercent pas encore le métier d'ATSEM. Les candidats admissibles à l'issue de l'épreuve écrite, seront convoqués à l'oral d'admission.

Rappelons que les candidats du concours interne sont soumis à une seule épreuve, un entretien avec un jury d'une durée de 20 minutes environ.

1 L'organisation des épreuves écrites

Le décret n° 2010-1068 du 8 septembre 2010 décrit les conditions d'organisation des écrits d'admissibilité	
Concours externe	3e voie
20 questions à choix multiples (QCM) portant sur des situations concrètes habituellement rencontrées par les membres du cadre d'emploi (ATSEM) dans l'exercice de leurs fonctions **durée de 45 minutes**	**3 à 5 questions à réponses courtes (QRC)** posées à partir d'un dossier succinct remis aux candidats portant sur les problèmes susceptibles d'être rencontrés par un ATSEM dans l'exercice de ses fonctions **durée de 2 heures**

En application de ce même décret, les copies des candidats, après avoir été rendues anonymes, sont soumises à une double notation.

Cette précaution présente *a priori* peu d'intérêt pour l'épreuve des QCM dans la mesure où la correction consiste à vérifier si les candidats ont coché les bonnes réponses ou non en fonction d'un corrigé préétabli. Néanmoins, une erreur d'application du barème de notation est toujours possible.

En revanche, la double correction se justifie davantage pour les QRC dans la mesure où les critères de notation sont moins précis.

Si la double correction n'aboutit pas à la même notation sur une copie, il est procédé à une harmonisation de la note. Autrement dit, les correcteurs doivent se mettre d'accord sur une note commune définitive.

Rappelons que comme dans la plupart des concours de la fonction publique, **les notes inférieures à 5/20 sont éliminatoires**. Les candidats concernés ne seront donc pas convoqués pour l'oral d'admission.

2 Le déroulement des épreuves écrites

Chaque candidat inscrit reçoit, par courrier, une convocation précisant le lieu, la date et l'horaire de l'examen.

Le jour J, son identité est vérifiée à l'appui d'un document officiel (carte d'identité, passeport, permis de conduire ou carte de séjour). Celui qui ne peut pas justifier de son identité, ne passe pas l'épreuve et est exclu de fait du concours.

Les personnes qui arrivent soit en retard quel que soit le motif invoqué, soit après la distribution des sujets, ne sont pas autorisées à participer à l'épreuve. Elles sont considérées comme éliminées du concours, tout comme ceux qui ne se seront pas présentés du tout à l'épreuve.

Les sujets sont distribués retournés, de façon à empêcher les candidats de commencer la lecture du document. À la fin de la distribution, et au signal du responsable de la surveillance de la salle, les candidats sont autorisés à retourner le sujet et à débuter l'épreuve.

Les candidats ne peuvent avoir sur leur table que leur convocation, leur pièce d'identité, le sujet, leur copie, des feuilles de brouillon et le matériel autorisé.

Les téléphones portables doivent être éteints et rangés.

La communication entre les candidats est strictement interdite.

À la fin de l'épreuve, et au signal donné par le responsable de la surveillance, les candidats doivent immédiatement cesser d'écrire et poser leur stylo.

Les copies doivent être rendues même « blanches », c'est-à-dire même si les candidats n'ont répondu à aucune question. Une sortie anticipée, avant la fin de l'épreuve, peut être possible sous certaines conditions qui seront indiquées en début d'épreuve par le personnel de surveillance.

Dans tous les cas, l'émargement de fin d'épreuve est obligatoire. Il atteste que la copie a bien été remise.

Les brouillons et les sujets sont ou ne sont pas ramassés selon les concours mais dans tous les cas, leur contenu ne sera pas pris en compte pour la correction de l'épreuve.

Dans les pages à suivre et dans deux chapitres distincts, vous sont présentées, de façon détaillée, l'épreuve de QCM du concours interne et l'épreuve de QRC de la 3e voie.

Foire aux questions

- En cas d'échec au concours, puis-je consulter ma copie ?

Oui, cette faculté existe pour les concours de la fonction publique. Vous pouvez en faire la demande auprès du CDG organisateur du concours mais sachez que les correcteurs n'ont pas l'obligation de faire figurer des annotations/appréciations sur les copies. Vous ne saurez sans doute pas ce qui a pu vous faire perdre des points (QRC).

2 L'épreuve de QCM du concours externe

L'épreuve d'admissibilité du concours externe s'appuie sur un questionnaire à choix multiples (QCM). Il s'agit de 20 questions portant sur « des situations concrètes habituellement rencontrées » par l'ATSEM dans l'exercice de ses fonctions.

Plusieurs propositions de réponses sont indiquées à la suite de la question parmi lesquelles le candidat doit retenir la ou les bonnes réponses. L'épreuve fait appel à des connaissances et savoir-faire en lien avec le métier d'ATSEM mais aussi à du bon sens.

L'épreuve dure 45 minutes et est notée sur 20 points, coefficient 1.

1 Quels sont les objectifs de l'épreuve ?

L'épreuve permet d'apprécier les savoirs, savoir-faire et savoir-être des candidats.

Les questions posées visent à évaluer :

- leur capacité à cerner le métier d'ATSEM ainsi que son cadre hiérarchique et fonctionnel ;
- leurs connaissances en matière de respect des règles liées à l'hygiène et la sécurité des enfants ainsi qu'à la mise en état de propreté des locaux et du matériel ;
- leurs connaissances quant au développement de l'enfant en particulier de son autonomie dans un cadre collectif d'apprentissage et d'activité.

2 Comment se présente l'épreuve de QCM ?

Le sujet remis en début d'épreuve comporte 2 ou 3 parties :

- la page de garde ;
- les pages de questions à traiter ;
- éventuellement, une grille de réponses. Si elle existe, les candidats doivent reporter leurs réponses sur ce document à remettre en fin d'épreuve.

Les consignes diffèrent légèrement d'un concours à un autre. Il est donc important de prendre le temps de les lire attentivement. La précipitation peut vous faire perdre des points.

Il est généralement interdit de poser des questions aux surveillants de l'épreuve sur le sujet lui-même. Vous pouvez juste les interpeller en début d'examen s'il manque des pages dans votre sujet ou si vous souhaitez des feuilles de brouillon supplémentaires.

a. La page de garde

Exemple de page de garde du concours externe

CONCOURS D'AGENT TERRITORIAL SPÉCIALISÉ
DES ÉCOLES MATERNELLES DE 1re CLASSE

CONCOURS EXTERNE

MERCREDI 17 OCTOBRE 2012

La réponse à vingt questions à choix multiple portant sur des situations concrètes habituellement rencontrées par les membres du cadre d'emplois dans l'exercice de leurs fonctions.

Durée: 45 minutes. **Coefficient 1.**

> L'Épreuve a une durée limitée. Pensez à apporter une montre et à la placer devant vous pour gérer au mieux votre temps.

CONSIGNES :

- Chaque question comporte **une ou plusieurs réponses exactes**.
- Mettez une croix dans la case correspondante à chaque bonne réponse.
- Toute surcharge ou rature rendant illisible votre réponse sera considérée comme une **réponse fausse**. **Si vous souhaitez modifier votre choix**, utilisez de préférence du blanc correcteur. Sinon, vous pouvez reconstituer une case à côté de celle comportant une erreur. Dans tous les cas, vos réponses doivent être clairement identifiables.
- Il ne vous sera remis qu'un **seul exemplaire du questionnaire**.
- Les réponses au crayon de papier ne seront pas prises en compte. **Seuls les stylos à encre noire ou bleue sont autorisés.**
- Avant de commencer, vérifier que votre questionnaire comporte bien 7 pages, y compris la page de garde.

- **Attention ! Répondez directement sur ce questionnaire. Les feuilles de brouillon ne doivent pas être jointes au questionnaire et ne seront pas corrigées.**

> Vous n'avez aucune précision sur le nombre de réponses exactes. Il y en a au moins une par question.

> Vous devez répondre directement sur le sujet remis.

> Si votre réponse n'est pas claire, elle sera considérée comme erronée et vous perdrez des points.

> Si vous écrivez en rouge ou en vert, si vous utilisez un surligneur ou si vous mettez un marquage de couleur sur votre copie, elle ne sera pas corrigée.

BARÈME :

Chaque question comporte une ou plusieurs réponses exactes :

- Le candidat coche l'ensemble des réponses exactes	+ 1 point
- Le candidat coche une partie des réponses exactes et aucune réponse incorrecte	+ 0,5 point
- Le candidat coche une partie des réponses exactes et une ou plusieurs réponses incorrectes	+ 0,25 point
- Le candidat coche uniquement des réponses incorrectes	- 1 point
- Pas de réponses proposées par le candidat	- 1,5 point

> La notation est très précise et va influencer votre mode de réponse.

AUCUN NOM OU SIGNE DISTINCTIF (Signature, paraphe, N° de candidat...) ne doit apparaître sur le questionnaire. L'utilisation d'une autre couleur, pour écrire ou souligner, de même que l'utilisation d'un surligneur sera considérée comme un signe distinctif.

Le non-respect des règles ci-dessus peut entraîner l'annulation de la copie par le jury.

1/7

Attention

- Le sujet est généralement imprimé en recto-verso. Pensez à vérifier que vous n'avez pas, par mégarde, oublié de traiter une page.
- Dans certains concours, des feuilles de brouillon sont mises à disposition. Elles peuvent être remises aux surveillants en fin d'épreuve mais leur contenu ne sera pas corrigé tout comme les réponses faites sur le sujet lui-même si ces dernières doivent figurer sur une feuille de réponses spécifique.
- Le recours à une calculatrice à piles et sans imprimante est parfois prévu. Pensez à en apporter une pour tous les concours afin de ne pas être pris au dépourvu.
- Si vous indiquez votre nom, prénom, vos initiales ou encore le nom d'une collectivité, si vous signez votre copie, si vous notez une indication étrangère au sujet, vous obtiendrez la note de 0/20 et vous serez donc éliminé.

b. Les pages de questions/réponses

Les questions et les réponses proposées peuvent être courtes ou, au contraire, longues.

Chacune des 20 questions peut prévoir jusqu'à 7 propositions de réponse dont une ou plusieurs sont exactes. Le candidat ne connaît pas le nombre de bonnes réponses.

Exemple

Question 1 : Vous êtes chargé d'assurer le service de garderie extrascolaire de votre école de 16 h 30 à 18 h 30. Un soir, à la fermeture, il reste un enfant qu'aucun parent n'est venu récupérer. Il habite à côté de l'école. Que faites-vous ?

❐ **a.** Je le ramène chez lui.
❐ **b.** Je le laisse rentrer tout seul.
❐ **c.** Je téléphone à mon supérieur hiérarchique.
❐ **d.** Je téléphone à la police.
❐ **e.** Je le garde sur place et attends un des parents.

Dans la plupart des cas, le candidat répond directement sur le sujet remis en début d'épreuve. Le sujet sera inséré voire agrafé en fin d'épreuve dans une copie double comportant un encart sur lequel vous inscrirez vos coordonnées. Cet encart sera collé pour masquer votre nom avant que la copie soit communiquée au correcteur, tout cela afin de préserver l'anonymat de l'épreuve.

Plus rarement, les copies sont rendues anonymes en ne laissant paraître qu'un code correspondant au numéro de convocation.

Les réponses données doivent être lisibles et claires. À défaut, elles ne seront pas prises en compte voire pire, considérées fausses.

Si la consigne prévoit de cocher la ou les bonne(s) réponse(s), **seule la présence d'une croix au centre du carré qui précède ces réponses est attendue.**

Exemple

Question 1 : Vous êtes chargé d'assurer le service de garderie extrascolaire de votre école de 16 h 30 à 18 h 30. Un soir, à la fermeture, il reste un enfant qu'aucun parent n'est venu récupérer. Il habite à côté de l'école. Que faites-vous ?

❐ **a.** Je le ramène chez lui.
❐ **b.** Je le laisse rentrer tout seul.
❐ **c.** Je téléphone à mon supérieur hiérarchique.
❐ **d.** Je téléphone à la police.
❐ **e.** Je le garde sur place et attends un des parents.

Attention

Des réponses différentes, du style :

■ **d.** Je téléphone à la police.

×❐ **d.** Je téléphone à la police.

◎ **d.** Je téléphone à la police.

ne sont pas valides. Vous n'obtiendrez pas de points même si vous avez retenu la bonne réponse.

Dans tous les cas, prêtez une grande attention aux consignes. Nous l'avons vu, une négligence qui peut vous paraître mineure, pourrait entraîner l'annulation de votre copie et donc votre élimination du concours. Soyez donc extrêmement vigilant.

c. La feuille de réponses

Pour certains concours, le candidat doit indiquer ses réponses sur un document spécifique appelé « grille de réponses » ou « feuille de réponses ». Ce document est remis en début d'épreuve en même temps que le sujet. Ce document est anonyme : il ne comporte pas les coordonnées du candidat.

Il est restitué en fin d'épreuve et agrafé à une copie. Le candidat indique ses nom et prénom dans l'encart prévu à cet effet et qui sera ensuite collé pour rendre la copie anonyme.

Si le concours prévoit une feuille de réponse, les réponses portées sur le sujet lui-même ne sont pas prises en compte lors de la correction. Il vous faudra impérativement prendre le temps de reporter vos réponses sur la feuille de réponses. Seul ce dernier document sera corrigé.

Quelques variantes existent :

- certains concours prévoient que le candidat peut aussi noircir les cases correspondant à ses réponses ;
- la grille de réponses peut comporter deux lignes de réponses par question. Le candidat qui se trompe, noircit les cases de la première ligne et reporte sa réponse sur la 2e ligne.

Exemple d'un modèle de grille de réponses

GRILLE DE RÉPONSES

Mettre une croix proprement dans la ou les cases(s) correspondant à votre ou vos réponses.

Exemple :

Question 1	A	B	~~C~~	D	~~E~~

L'usage d'un correcteur et les ratures ne sont pas autorisés. Préparez vos réponses au brouillon avant de les reporter sur la grille de réponses.

En cas d'erreur, vous devez demander une nouvelle grille de réponses à un des surveillants de l'épreuve.

Question 1	A	B	C	D	E		
Question 2	A	B	C	D	E	F	G
Question 3	A	B	C	D	E	F	
Question 4	A	B	C	D	E		

……..

3 Comment réussir l'épreuve de QCM ?

L'épreuve des QCM du concours ATSEM est plus difficile qu'il n'y parait au premier abord. En effet, compte tenu du temps nécessaire au début de l'épreuve pour lire attentivement les consignes et à la fin pour une relecture rapide de ses réponses, il reste environ 35 minutes pour répondre aux 20 questions posées, soit moins de 2 minutes en moyenne par question. C'est très court.

Pour réussir, il faut avoir une connaissance précise des thèmes abordés, à savoir l'ensemble des connaissances et savoir-faire liés à l'exercice de la profession d'ATSEM.

Les questions posées sont précises et cette épreuve ne s'improvise pas. La 2e partie du présent ouvrage comprend un certain nombre de dossiers thématiques qui vous permettront de vous construire une culture de base. Il faudra bien entendu l'enrichir en continuant à vous informer régulièrement sur ces sujets. Nous vous recommandons pour cela de lire des livres et la presse spécialisée dans le domaine de la petite enfance ou de l'éducation, de suivre l'actualité sanitaire et sociale, de vous rendre à des conférences, etc.

Ce travail vous sera également utile en vue de l'oral d'admission lorsque le jury cherchera à déterminer votre niveau de connaissances sur le métier que vous avez choisi d'exercer.

a. Bien gérer son temps

Compte tenu du temps imparti, il est nécessaire de bien gérer son temps.

Après la lecture des consignes de la page de garde, abordez les questions une à une. Lisez lentement chacune des questions. Projetez-vous dans la situation décrite et imaginez votre ou vos réaction(s) en tant qu'ATSEM. Répondez directement au stylo aux questions qui ne vous posent pas de problème. Si vous n'êtes pas sûr de vous, répondez au crayon de papier et mettez un « ? » en marge des questions sur lesquelles vous souhaitez revenir ultérieurement.

Les questions reposent sur les savoirs nécessaires à l'exercice du métier d'ATSEM et sur du bon sens. Elles sont généralement formulées de façon claire sans chercher à piéger les candidats.

Cinq minutes avant la fin de l'épreuve au plus tard, prenez le temps d'effacer proprement les annotations au crayon de papier figurant dans les marges du sujet et vérifiez que vos réponses sont conformes aux instructions. Il faudra prévoir un peu plus de temps si vous devez recopier vos réponses sur une grille de réponses.

Vous trouverez des entraînements dans la 5e partie de cet ouvrage. Vous pourrez les compléter avec des exercices en ligne sur des sites internet dédiés au concours ATSEM.

Foire aux questions

- Pourquoi des corrigés différents sont proposés pour un même QCM ?

Une affirmation, aussi anodine soit-elle, peut être sujette à interprétation. Pour les réponses proposées, c'est la même chose. Leur formulation peut poser question. Les avis divergent, chacun de bonne foi, mais c'est malheureusement courant pour ce type d'épreuve.

b. Adapter ses réponses au barème de notation

Nous l'avons vu, le barème de notation peut varier d'un concours à un autre.

En effet, certains prévoient des pénalités si une partie ou toutes les réponses du candidat à une question sont erronées.

Le barème utilisé peut vous influencer pour traiter les questions qui vous posent problème. S'il n'y a pas de pénalités, il est préférable de répondre même au hasard.

S'il y a des pénalités (notation négative), il convient de faire preuve de prudence. Relisez la question et écrivez au brouillon la ou les réponses qui vous viennent spontanément. Comparez-les ensuite avec les propositions figurant dans le sujet. Si cette méthode vous permet de lever vos doutes, cochez les propositions qui vous paraissent correctes.

Si vous n'avez aucune idée sur la réponse attendue, deux possibilités :

- si la non-réponse n'est pas pénalisée, c'est-à-dire vaut 0 point, il est préférable de ne pas répondre afin de préserver votre note globale. En effet, toute réponse incorrecte se traduira, elle, par une perte de point(s).
- si la non-réponse est pénalisée, c'est-à-dire implique une perte de point(s) (et d'autant plus si elle implique une perte de points plus importante que les mauvaises réponses) : choisissez au moins 2 réponses parmi la liste proposée en éliminant les plus improbables.

3 L'épreuve de QRC de la 3e voie

L'épreuve écrite d'admissibilité de la 3e voie consiste en une série de 3 à 5 questions dites à réponse courte et présentées à l'appui d'un dossier. Ce dernier comprend généralement de 3 à 7 documents maximum dont les contenus portent sur des problématiques rencontrées par un ATSEM dans l'exercice de ses fonctions. Il peut s'agir de textes, de tableaux, de visuels divers, etc.

Les questions peuvent être subdivisées en sous-questions, d'autant que les réponses attendues sont généralement assez brèves.

L'épreuve dure 2 heures et est notée sur 20 points, coefficient 1.

Une note inférieure à 5/20 est éliminatoire et ne permet donc pas d'accéder à l'oral d'admission.

1 Quels sont les objectifs de l'épreuve ?

À travers les exercices à réaliser, les examinateurs cherchent à évaluer votre capacité à comprendre et à exercer le métier d'ATSEM.

L'épreuve écrite répond aux objectifs suivants :

- vérifier vos capacités de compréhension à partir des documents ;
- évaluer votre aptitude à aller chercher l'information là où elle se trouve ou le cas échéant, à mobiliser des informations extérieures aux documents, issues de votre expérience ou de vos connaissances ;
- apprécier vos savoirs et savoir-faire liés au secteur d'activité.

2 Comment se présente l'épreuve de QRC ?

Le sujet qui vous est remis en début d'épreuve comporte des consignes qu'il vous faudra respecter scrupuleusement. À défaut, vous risquez de perdre des points ou dans le pire des cas, d'être éliminé.

En même temps que le sujet, une copie vous est remise. C'est sur ce document et uniquement celui-ci que devront figurer les réponses aux questions posées dans le sujet. La copie comporte un encart sur lequel vous inscrirez vos coordonnées. Il sera collé pour cacher votre nom avant que les copies soient communiquées au correcteur afin de préserver l'anonymat de l'épreuve.

Si vous manquez de place sur la copie pour réaliser l'ensemble du travail à faire, vous avez la possibilité de demander un ou plusieurs intercalaires. Enfin, des feuilles de brouillon sont également mises à disposition.

a. La page de garde

La page du garde du sujet contient beaucoup d'informations à prendre en compte pour réussir au mieux cette épreuve du 3e concours ATSEM.

Exemple de page de garde du 3e concours ATSEM

3e CONCOURS D'AGENT TERRITORIAL SPÉCIALISÉ
DES ÉCOLES MATERNELLES DE 1re CLASSE
SESSION 2012

MERCREDI 17 OCTOBRE 2012

Une série de trois à cinq questions à réponse courte posées à partir d'un dossier succinct remis aux can-didats portant sur les problèmes susceptibles d'être rencontrés par un agent territorial spécialisé des écoles maternelles dans l'exercice de ses fonctions.

Durée : 2 Heures.
Coefficient : 1.

À LIRE ATTENTIVEMENT AVANT DE TRAITER LE SUJET

CONSIGNES :

- Veiller au respect de l'anonymat de votre copie. Ne signez pas votre copie et n'indiquez pas vos nom, prénom et initiales ni dans le corps du devoir, ni dans les marges. Vos nom et prénom ne doivent figurer que dans l'encart prévu à cet effet.
- Aucune feuille de papier brouillon ou extraite du sujet ne sera acceptée à l'appui de votre copie, seuls les copies et intercalaires fournis par le Centre de Gestion seront acceptés.
- Utilisation exclusive de stylo bleu ou noir.
- La calculatrice de fonctionnement autonome et sans imprimante est autorisée.
- Le candidat peut traiter les questions dans l'ordre qui lui convient en prenant soin de reporter le numéro de la question.
- Vous pouvez dégrafer le sujet.

Ce sujet comporte :
Une page de garde (page 1)
Une page de questions (page 2)
Cinq documents (pages 3 à 9).

Vérifier le nombre de pages du sujet,
il doit comporter 9 pages numérotées.

1/9

L'épreuve a une durée limitée. Pensez à apporter une montre et à la placer devant vous pour gérer au mieux votre temps.

Si vous écrivez en rouge ou en vert, si vous utilisez un surligneur ou si vous mettez un marquage de couleur sur votre copie, elle ne sera pas corrigée.

Vous pouvez utiliser une calculatrice qui fonctionne avec des piles et sans imprimante.

Comptez le nombre de pages du sujet avant de commencer. En cas de problème, demandez un autre exemplaire du sujet aux surveillants de l'épreuve.

La copie que vous allez rendre à la fin de l'épreuve comporte un encart avec vos nom et prénom. Cette partie sera collée. Le correcteur doit ignorer votre identité. Vous ne devez donc pas porter d'annotations permettant de vous identifier sur votre copie. À défaut, vous serez éliminé du concours.

Ce que vous écrivez au brouillon ou directement sur les pages du sujet, ne sera pas pris en compte. Seules les réponses sur la copie et les intercalaires seront corrigées.

Vous choisissez de traiter les questions du sujet dans l'ordre que vous souhaitez en reportant attentivement le numéro (et parfois le libellé) de chaque question. Les réponses non numérotées ne sont pas prises en compte.

Le non-respect de chacune des consignes ci-dessus peut entraîner l'annulation de votre copie.

b. Les pages de questions

Votre travail consiste à répondre à plusieurs questions à l'aide de documents figurant dans le sujet. **Cela ne veut pas dire que les réponses figurent intégralement dans les documents remis mais les informations qu'ils contiennent doivent vous permettre de mobiliser vos propres connaissances pour répondre au mieux aux questions posées.**

Les questions sont fréquemment subdivisées en sous-questions. Selon les concours, la notation est donnée par question ou par sous-question.

Exemples de questions :

DOCUMENT 1

Question 1 – 4 Points

a) Qu'est-ce qu'une charte ?

b) Donnez trois exemples de son contenu.

c) Par qui est-elle signée ?

d) Quand l'ATSEM surveille la cantine, sous quelle autorité est-il placé ?

DOCUMENT 1

Présentation de la charte des ATSEM

Mardi soir, le maire Ferdinand Bernhard et l'inspectrice de circonscription ont présenté la charte portant sur les agents territoriaux spécialisés des écoles maternelles.

La signature de la charte a été effectuée par Ferdinand Bernhard, Géraldine Gaudino et Geneviève Susini (directrice école de la Vernette).

Géraldine Gaudino, inspectrice de l'Éducation nationale et le maire de Sanary, Ferdinand Bernhard, avaient réuni mardi soir les agents territoriaux spécialisés des écoles maternelles (ATSEM) travaillant sur la commune. En collaboration avec l'Éducation nationale, une charte a été préparée par les services de la mairie (service sport-éducation-jeunesse/service juridique) visant à fixer un cadre de travail des ATSEM. Le maire expliquait en préambule : « cette décision s'inscrit d'abord dans la démarche qualité de la ville où nous voulons faire preuve de transparence. Il ne s'agit pas d'un document figé, on pourra en rediscuter, améliorer certaines choses, mais l'idée est que cela devienne un document de référence où chacun s'y retrouve ». Géraldine Gaudino précisait : « c'est un statut particulier car les ATSEM sont à certaines périodes de la journée sous la tutelle de l'Éducation nationale et à d'autres sous tutelle de la municipalité. Avec cette charte nous avons voulu bien définir leurs missions et penser au bien des élèves ». Le maire ajoutant : « ce document permettra l'amélioration du service et facilitera le travail des ATSEM ». Dans cette charte il est question en détail des dispositions réglementaires et administratives et des missions de l'ATSEM (accueil des enfants, aide à l'enseignante, soins d'hygiène, surveillance cantine, entretien locaux, etc.). Le maire a terminé son intervention en affichant sa satisfaction de pouvoir travailler en étroite collaboration avec Géraldine Gaudino.

D.D, le 12 septembre 2012
Ouest-Var.net

QUESTION 2 (4 points)

Le document 2 est un descriptif d'une activité peinture que souhaite organiser l'enseignante dans une classe de 22 élèves.

Répondez aux questions suivantes :

a) Listez le matériel qui sera nécessaire à la réalisation de l'activité. (1 point)

b) Indiquez les tâches précises que vous effectuez en tant qu'ATSEM **avant** l'activité peinture et **après** l'activité. (3 points)

DOCUMENT 2

Atelier peinture

- **Tranche d'âge :** à partir de 4 ans.
- **Nombre d'enfants :** entre 4 et 6 enfants par table, travail en binôme des enfants sur un même dessin.
- **Durée de l'activité :** 20 minutes.
- **Lieux possibles :** la feuille de canson peut être sur le sol, sur une table d'activité, sur un mur à la verticale.
- **Précautions particulières :** vérifier les éventuelles allergies cutanées tout au long de l'activité, vérifier les caractéristiques de la peinture.

Consignes à l'ATSEM

- Travail en collaboration avec l'enseignant – Se positionner en tant que professionnel de la petite enfance.
- Consignes à appliquer et faire appliquer :
  - support de l'activité : une feuille de canson grand format noir et diverses peintures ;
  - n'utiliser que les mains pour appliquer la peinture sur le support ;
  - faire appliquer les consignes de l'enseignant concernant le dessin à réaliser ;
  - tout au long de l'activité, respecter les règles d'hygiène, de sécurité, d'économie des produits utilisés, d'ergonomie et de communication aves les enfants.

Ces deux exemples montrent que la présentation et la nature des questions varient d'un concours à un autre.

Dans le premier exemple, on ne connaît pas la répartition des points entre les 4 sous-questions posées alors qu'elle est clairement affichée dans le second exemple.

Ces exemples montrent également que la nature des questions est très variée :

- des questions nécessitent la rédaction d'un paragraphe (questions 1.a et 2.b), d'une énumération (questions 1.b et 2.a) ou d'une réponse très courte, quelques mots (question 1.d) ;
- des questions trouvent leur réponse dans les informations contenues dans le document joint (question 1.c) alors que d'autres renvoient aussi à des connaissances personnelles sur le thème abordé (questions 1.b et 2.b) ;
- enfin, certaines questions font aussi appel à des opérations de calcul (question 2.a).

c. Les documents joints

Les documents contenus dans les sujets des épreuves ATSEM peuvent être de différentes natures : un texte, un tableau de chiffres ou un graphique, une image, etc.

Ils doivent vous aider à répondre aux questions contenues dans le sujet de l'épreuve.

1re étape : analysez le document en vous posant les questions suivantes :

- À qui ce document s'adresse-t-il ? Les enseignants, les ATSEM, les parents, le grand public, etc.
- Quelle est la source du document ? Un texte officiel, la presse, une école, etc.
- Quelle est la problématique abordée ? Quelles sont les idées principales ?

2e étape : relevez les éléments qui permettent de répondre à la question posée soit en les entourant directement sur le document soit en les notant sur votre brouillon. Dans certains cas, certaines informations devront être retraitées pour effectuer les exercices demandés.

3e étape : les éléments relevés doivent aussi vous amener à faire le lien avec vos propres connaissances sur la thématique abordée. Ces dernières vont vous aider à réaliser le travail demandé.

Selon la complexité de l'exercice, une ou plusieurs lectures du document associé, peuvent s'avérer nécessaires.

3 Comment réussir l'épreuve de QRC ?

Face à une épreuve de QRC, il est recommandé de lire intégralement le sujet pour estimer la répartition du temps imparti, soit 2 heures, entre les différentes questions posées, sachant qu'il faudra réserver les 10 dernières minutes à la relecture de votre copie.

Outre la gestion du temps, il est primordial, de bien comprendre ce qui est attendu pour chacune des questions et de rédiger de façon adéquate les éléments de réponse requis.

Rappelez-vous que le sujet peut comporter jusqu'à une quinzaine de sous-questions qui nécessitent des réponses plus ou moins développées, soit moins de 7 minutes en moyenne pour traiter chacune compte tenu du temps nécessaire pour la première lecture du sujet et la relecture de votre copie.

Vous vous doutez bien que cela ne vous laisse pas assez de temps de rédiger toutes vos réponses au brouillon avant de les recopier. Vous devez apprendre à répondre sans utiliser un brouillon pour les questions qui appellent une réponse très courte ou très stéréotypée du type définition par exemple.

Néanmoins, la rédaction directe sur la copie d'examen nécessite préalablement de réfléchir attentivement sur la formulation à employer afin d'éviter les tournures de phrase maladroites et les ratures.

Conseil

Une pré-rédaction au brouillon ne devrait concerner que les réponses plus élaborées pour lesquelles vous devez réaliser une recherche ou une organisation d'idées plus importante.

Après avoir lu intégralement le sujet, vous choisirez dans quel ordre vous allez traiter les exercices à réaliser. Vous pouvez donner la primeur aux questions avec lesquelles vous vous sentez le plus à l'aise compte tenu de vos connaissances ou vous concentrer d'abord sur celles qui « rapportent » le plus de points.

Rappelez-vous que votre objectif est d'obtenir la meilleure note possible à cette épreuve. Cette note, additionnée à celle de l'oral d'admission, déterminera votre classement final. Ce sont les candidats ayant obtenu les meilleures notes globales qui seront reçus au concours et figureront sur la liste d'aptitude définitive.

a. Comprendre les questions posées

Lisez et relisez une seconde fois chacune des questions du sujet avant d'y répondre. La relecture limitera les erreurs d'interprétation sur ce que l'on attend de vous. Une trop grande précipitation peut vous conduire à une réponse en partie ou totalement hors sujet.

Repérez les mots-clés qui vont définir et limiter le sujet à traiter. Les verbes et la ponctuation déterminent généralement le travail à réaliser.

Exemples :

- **« Que sont les poux ? »**

Le sujet est clairement défini à partir d'un mot-clé « poux ». Le travail demandé est de donner une définition.

- **« Citez deux précautions prises par l'ATSEM pour éviter la propagation des poux entre élèves »**

Les mots-clés repérés permettent de délimiter le sujet à traiter : le rôle de l'ATSEM en cas de pédiculose à l'école. Le verbe « citez » induit une réponse sous forme d'énumération en se limitant à 2 et uniquement 2 éléments de réponse.

- **« Quelle est la nature du document ci-dessous ? À quoi sert-il ? »**

DOCUMENT 2

Conduite à tenir en cas de présence de poux à l'école

Lettre aux parents

- **Examiner** régulièrement (une fois par semaine par exemple) la tête de vos enfants.
- **Examiner** minutieusement toute la chevelure en cas de démangeaisons persistantes du cuir chevelu. Les poux adultes, parasites plats de quelques millimètres, sont surtout visibles au niveau de la nuque, des tempes, sous la frange.
- **Rechercher** des lentes, (œufs des poux) d'abord à la racine des cheveux. Au premier regard, elles peuvent se confondre avec des pellicules, mais la différence devient évidente lorsqu'on essaie de les enlever : les pellicules s'enlèvent facilement, alors que les lentes sont très adhérentes.
- **Examiner** de même toutes les personnes en contact avec un sujet manifestement infesté.
- **Traiter** seulement en présence de poux vivants et/ou de lentes vivantes, c'est-à-dire accrochées à moins de 5 mm du cuir de chevelu.
- **Traiter en respectant le mode d'emploi du produit.**
  - Utiliser un produit anti-poux à base de Pyréthrine ou de Malathion.
  - Laisser agir le temps indiqué sur le mode d'emploi. En général, une deuxième application est recommandée 24 heures à 8 jours plus tard.
- **Contrôler la chevelure après traitement.** La persistance de lentes à plus de 2 cm de la racine des cheveux est normale. Il s'agit d'oeufs vides ou tués par le traitement.

En revanche, la présence de lentes près des racines ou celle de poux adultes doit inciter à renouveler le traitement.

N.B. : **Ne pas utiliser** de préparation en flacon pressurisé (aérosol) chez les asthmatiques, chez les enfants ayant des antécédents de dyspnée asthmatiforme et chez les nourrissons.

- **Décontaminer** les objets qui peuvent être infectés (vêtements, chapeaux, oreillers, brosses, etc.) par lavage à 60 °C si possible, sinon par pulvérisation d'un insecticide, ou par la mise en sac plastique durant 15 jours (sans produit insecticide). Les objets ne doivent pas être utilisés pendant trois jours.
- **En cas d'échec du traitement initial,** il est alors utile de signaler au pharmacien qu'il s'agit d'une récidive pour qu'il puisse vous délivrer un traitement différent.

Au niveau de l'école :

Si votre enfant a des poux, le signaler à l'école afin qu'une action puisse être menée si nécessaire pour éviter les contaminations en chaîne.

Avec cette question, on ne découvre la thématique abordée qu'en prenant connaissance du document fourni. Le travail demandé est d'analyser le contenu pour identifier à quel genre de document on a affaire ainsi que son utilité.

b. Rédiger vos réponses

Faites des phrases même pour les questions qui appellent des réponses très courtes.

> **Exemple**
>
> **Question :** « Que signifie le sigle PAI ? »
>
> **Réponse :** le sigle PAI signifie projet d'accueil individualisé. Il concerne les enfants ayant des difficultés de santé et permet de favoriser leur accueil et leur intégration à l'école.

Pour les questions qui nécessitent une réponse un peu plus longue, un ou plusieurs paragraphes, la forme doit être soignée. Utilisez des mots et des phrases simples. Le style, faute de temps, sera direct sans pour autant négliger la qualité des liaisons entre les phrases.

> **Exemple**
>
> **Question :** « Citez deux précautions prises par l'ATSEM pour éviter la propagation des poux entre élèves »
>
> **Réponse :** l'ATSEM joue un rôle important pour limiter la propagation des poux à l'école. **Pour cela**, il informe les parents de l'existence de poux à l'école afin qu'ils surveillent la chevelure de leurs enfants et les traitent si nécessaire. **De plus**, il fait en sortes d'éviter le contact entre les vêtements des enfants (bonnets, écharpes, etc.). Ils pourront être mis dans des poches individuelles fermées et non suspendus côte à côte à des porte-manteaux.

c. Relecture

N'oubliez-pas de consacrer les 10 dernières minutes du temps de l'épreuve à la relecture de votre copie. Assurez-vous de bien avoir respecté les consignes de présentation de vos réponses et corrigez vos éventuelles erreurs. Le correcteur aura tendance à baisser sa notation si les réponses sont mal rédigées ou si elles contiennent des fautes d'orthographe ou de grammaire.

Partie

4

Préparer l'oral d'admission

- L'oral d'admission du concours externe
- L'oral d'admission des concours interne et de 3e voie
- Exprimer ses motivations
- Mettre en avant les atouts de sa candidature
- Se présenter sous son meilleur jour

Les jurys des concours externe et de 3e voie sont souverains pour décider le nombre de points nécessaires pour valider l'épreuve écrite et accéder à l'oral d'admission. Autrement dit, la note d'admissibilité est au minimum égale à 5/20 (résultat en dessous duquel la note est éliminatoire) mais souvent supérieure à 10/20. En outre, le seuil d'admissibilité diffère d'un concours à un autre.

Les candidats admis des concours externe et de 3e voie et les postulants au concours interne se présentent à l'oral d'admission.

C'est une épreuve déterminante : dotée d'un coefficient deux fois plus élevé que l'écrit d'admissibilité pour les concours externe et de 3e voie, c'est l'unique épreuve du concours interne. Il est donc essentiel pour les candidats de s'y préparer afin de saisir l'opportunité de convaincre le jury de l'adéquation de leur profil avec l'exercice de la fonction d'ATSEM/ASEM.

Réussir l'épreuve orale ne s'improvise pas. Il est indispensable de savoir comment elle se déroule, d'appréhender les attentes du jury, de réussir sa présentation, de se préparer aux questions posées, d'exprimer ses motivations, de mettre en avant les atouts de sa candidature et de soigner le fond et la forme de son discours.

Les candidats des concours externe et de 3e voie devront également accorder beaucoup d'attention à l'élaboration du document retraçant leur parcours professionnel, pièce maîtresse de l'entretien.

Les cinq chapitres de la 4e partie de cet ouvrage consacrée à l'oral d'admission ainsi que les exercices et les conseils qu'ils contiennent, vont vous aider à réussir l'épreuve orale.

1 L'oral d'admission du concours externe

L'épreuve consiste en un entretien permettant d'apprécier :

- l'aptitude du candidat et sa motivation à exercer les missions dévolues à un ATSEM/ ASEM ;
- ses connaissances de l'environnement professionnel dans lequel il sera appelé à réaliser ses missions.

Affecté d'un coefficient 2, contre un coefficient 1 pour l'épreuve écrite de QCM, l'oral revêt un caractère déterminant dans la réussite du concours.

1 La convocation à l'épreuve orale

Les candidats du concours externe reçoivent un courrier les informant qu'ils ont réussi l'épreuve écrite et qu'ils doivent se présenter devant un jury à une date et une heure précises. La note de l'épreuve écrite n'est pas communiquée. Ainsi, les candidats sont placés sur un pied d'égalité et incités à donner le meilleur d'eux-mêmes devant le jury pour augurer d'un bon classement sur la liste d'admission finale.

Le délai entre la convocation et la date de l'épreuve varie entre 10 jours et 6 semaines en moyenne.

Il est impératif que les candidats se présentent à la date et à l'heure figurant dans la convocation. La possibilité de report à une autre date est exceptionnelle et n'est possible qu'en cas de force majeure (raison médicale).

2 Le déroulement de l'épreuve orale

Le jour J, l'identité des candidats est vérifiée à l'appui d'un document officiel avec une photographie récente (carte d'identité, passeport, titre de séjour ou permis de conduire). Celui qui ne peut pas justifier de son identité, ne passe pas l'épreuve et est donc exclu du concours.

Il est recommandé d'arriver avec au moins une demi-heure d'avance sur le lieu de convocation afin d'avoir le temps de trouver la salle d'examen, de passer aux toilettes, de se concentrer en vue de l'épreuve à venir, etc.

Il est possible que vous attendiez votre tour plus ou moins longtemps dans un couloir ou dans une salle d'attente. Dans ce cas, restez calme en feuilletant les revues mises à votre disposition. Pensez à apporter une bouteille d'eau.

Lorsque votre tour est venu, souriez et saluez la personne qui vient vous chercher.

En entrant dans la salle d'examen, saluez les membres du jury : « Bonjour Mesdames, Messieurs, Mesdames et Monsieur… » selon sa composition. **Ne vous asseyez pas tant que vous n'y êtes pas invité**. Si le temps vous semble long, demandez l'autorisation de vous asseoir et prenez le temps de vous installer confortablement.

L'entretien débute, hors temps réglementaire, par une brève présentation des examinateurs qui prennent soin d'indiquer leur qualité (fonctionnaire, élu, etc.). Le jury peut demander au candidat de se présenter. Une fois ce temps de présentation terminé, l'épreuve démarre et le minuteur est enclenché pour une durée de 15 minutes.

Il est important de rappeler que le candidat ne peut recourir à aucun document pendant l'oral d'admission.

Afin d'assurer une égalité de traitement entre les candidats, les jurés chargés de réaliser les oraux, adoptent une grille d'entretien commune comportant un découpage précis du temps d'entretien.

Exemple de grille d'entretien

	Durée : 15 min
Aptitudes à exercer les missions d'ATSEM	8 min
Connaissances sur l'environnement professionnel	4 min
Motivation professionnelle	3 min
Savoir être professionnel	Tout au long de l'épreuve

3 Le jury

L'autorité territoriale qui organise le concours, nomme au minimum six examinateurs. Ils constituent le jury « plénier ». Ils sont répartis, quel que soit leur nombre, équitablement dans trois collèges distincts :

- des fonctionnaires territoriaux ;
- des personnalités qualifiées ;
- des élus locaux.

Parmi ces membres, sont désignés un président et son remplaçant pour le cas où il serait dans l'impossibilité d'accomplir sa mission.

En cas de partage égal des voix, celle du président est prépondérante.

Ces examinateurs se constituent en plusieurs sous-jurys de 2 ou 3 personnes pour réaliser les entretiens de l'ensemble des candidats.

4 Les attentes du jury

Le concours externe est un concours sur « titre » accessible, sauf dérogation, aux personnes titulaires d'un CAP accompagnement éducatif petite enfance ou diplôme équivalent.

L'entretien ne prévoit pas de présentation. Toutefois, de nombreux jurys invitent le candidat au concours externe à présenter son parcours pendant une durée de 2 à 3 minutes (formations, stages, etc.) et à le mettre en lien avec son projet professionnel.

Après la présentation, il est questionné sur des sujets qui vont permettre d'évaluer ses aptitudes, ses connaissances et son savoir être professionnel ainsi que sa motivation à exercer le métier d'ATSEM.

Une des difficultés majeures du concours est qu'il n'existe pas de programme défini. Le candidat doit d'une part, acquérir une culture suffisante et d'autre part, appréhender les comportements/attitudes professionnels de l'ATSEM pour être en capacité de répondre à des questions relatives à :

- l'accompagnement des enfants ;
- l'entretien des locaux ;
- l'appartenance de l'ATSEM à la communauté éducative et ses relations avec les différents partenaires de l'école maternelle ;
- les missions de l'ATSEM sur les temps périscolaires ;
- l'environnement territorial.

a. Les connaissances professionnelles

Le premier objectif de l'oral est de sélectionner des candidats qui témoignent de bonnes connaissances professionnelles. Elles sont fréquemment jugées trop limitées par les jurys. Les candidats doivent être à même de présenter le statut de l'ATSEM, les devoirs d'un fonctionnaire, le rôle de l'État et des collectivités en matière éducative, etc.

Il est important que le candidat « dépasse » la simple réponse de connaissances et préfère les mettre en lien avec la pratique professionnelle.

La deuxième partie de cet ouvrage comprend une partie des connaissances qui sont nécessaires pour répondre aux questions du jury. Il ne faut pas en rester là. Il est nécessaire de les enrichir par des lectures, des documentaires télévisés, des conférences-débats, etc. autant d'occasions de parfaire votre culture dans les domaines de la petite enfance, de l'éducation, de l'entretien des locaux, etc.

b. Les aptitudes professionnelles

Un second objectif de l'entretien est de sélectionner des candidats qui démontrent un réel potentiel pour travailler au sein d'une communauté éducative : esprit d'équipe, discrétion professionnelle, capacité à prendre des initiatives, bon sens, etc. Les jurys vont pénaliser sévèrement les réponses témoignant de pratiques inadéquates au regard du comportement requis auprès de jeunes enfants : usage de langage trop familier, réactions inopportunes en cas d'accident, etc.

La plupart des candidats maîtrisent globalement les connaissances théoriques du domaine de la petite enfance mais ils sont nombreux à ne pas réussir à les transposer dans un contexte professionnel particulier. De la même façon, ils sont globalement capables de décrire les tâches quotidiennes de l'ATSEM mais sans toujours pouvoir en donner le sens.

Voici quelques exemples de questions posées par le jury :

- Que faites-vous si un incendie se déclare dans l'école ?
- Qu'attendez-vous de l'équipe enseignante ?
- Un enfant tombe dans la cour de récréation. Il saigne du nez. Que faites-vous ?
- Une maman vous interroge sur le motif de l'absence à l'école d'un camarade de classe de son fils ? Que lui répondez-vous ?

- Quelles sont les précautions à prendre en cas d'épidémie de gastro-entérite à l'école ?
- À la cantine, un enfant refuse de manger. Que faites-vous ?
- Un enfant fait pipi sur lui pendant la classe, comment réagissez-vous ?

Les questions posées ne sont pas des mises en situation professionnelle à proprement parler mais elles s'en approchent. Le candidat doit se projeter dans cette situation hypothétique. Les membres du jury attendent des réponses associant à la fois des éléments de théorie et de pratique.

c. La motivation

La première question du jury est fréquemment celle qui cherche à cerner la motivation des candidats : « Pourquoi souhaitez-vous devenir ATSEM ? », « Qu'est-ce qui vous a conduit à vous présenter à ce concours ? »

Les candidats doivent montrer leur curiosité vis-à-vis du métier et du milieu professionnel dans lequel ils souhaitent évoluer.

Le chapitre 3 de cette partie propose une méthodologie pour accompagner votre réflexion sur ce qui sous-tend votre choix professionnel et vous aider à la formuler par écrit. Ce travail est indispensable pour exposer votre motivation, de façon cohérente et argumentée, aux membres du jury.

d. Le savoir être professionnel

L'attitude et le comportement des candidats lors de l'entretien sont représentatifs de leur capacité à s'adapter dans les diverses situations professionnelles. En outre, ils peuvent dévoiler certains traits de leur personnalité. Là encore, vous trouverez de nombreux conseils dans cet ouvrage pour vous aider à donner une bonne image de vous-même le jour de l'oral (voir chapitre 5, partie 4).

5 Le barème de notation de l'épreuve orale

Le jury va évaluer la prestation du candidat à l'aide d'une grille de notation. Cette grille n'est pas unique. Elle est élaborée par le jury de la collectivité organisatrice du concours avant le début des épreuves. Il en existe donc autant qu'il y a de concours.

Exemple de grille de notation

	Barème
Aptitudes à exercer les missions d'ATSEM	/10 points
Connaissances sur l'environnement professionnel	/5 points
Motivation professionnelle	/5 points

La grille de notation doit assurer un traitement égal entre les candidats pour un même jury et entre les différents jurys d'un même concours. Néanmoins, il faut garder à l'esprit qu'une appréciation chiffrée revêt, au moins en partie, un caractère subjectif.

6 Réussir sa présentation

Le jury peut demander au candidat de dire quelques mots de présentation avant que ne débute l'épreuve.

D'une façon générale, il dispose pour cela de 2 à 3 minutes maximum. Il doit saisir cette opportunité pour mettre en avant sa candidature en donnant quelques informations qui peuvent faire la différence avec d'autres candidats. L'objectif est de susciter l'intérêt des examinateurs qui pourront choisir de revenir, lors de la discussion avec le candidat, sur les éléments de présentation ayant retenu leur attention.

Pour y parvenir, la présentation doit être soigneusement préparée.

Le contenu des fiches 4 et 5 suivantes, vous permettra d'identifier les atouts de votre candidature à mettre en exergue tout au long de l'épreuve orale.

Pour vous aider, nous vous proposons ci-après un « canevas » type pour une présentation lors de l'épreuve orale.

Exemple de présentation lors de l'épreuve orale

Étapes	Contenus
Saluez les examinateurs	Si vous n'avez pas eu l'opportunité de le faire au moment de votre entrée dans la salle d'examen, saluez le jury : « Bonjour Mesdames, Messieurs, Mesdames et Monsieur… » enfonction de sa composition.
Présentez-vous	« Je m'appelle… (prénom, nom). J'ai… ans (âge). J'habite… (ville). Je suis… (situation de famille, nombre d'enfants) ».
Nommez le diplôme ou la situation qui vous permet d'être candidat au concours externe	« Je suis titulaire d'un CAP petite enfance (ou diplôme équivalent) obtenu en… (année) avec mention… (à préciser si c'est le cas) » ; ou « Je suis maman de… enfants (au moins 3) âgés de… (précisez l'âge des enfants) ».
Présentez votre expérience professionnelle/personnelle	« Je travaille actuellement en qualité de… (précisez le poste occupé) au sein d'… (précisez le type de structure/d'entreprise). J'ai eu l'occasion de travailler avec de jeunes enfants lors… (précisez les expériences professionnelles/personnelles, les stages éventuels dans le secteur de la petite enfance) ».
Exprimez brièvement votre motivation	« J'ai choisi de devenir ATSEM afin… (précisez ce qui vous a conduit à faire ce choix professionnel) ».
Annoncez la fin de votre présentation	« J'ai terminé ma présentation. Je suis prêt à répondre à vos questions ».

La présentation doit être préparée tout d'abord à l'écrit. Le candidat doit éviter les formules trop communes du type « Je veux m'occuper des enfants depuis mon enfance » qui auront tendance à agacer le jury. Elles traduisent une réflexion trop superficielle. L'argumentation doit être plus développée, plus construite pour retenir l'attention des examinateurs.

Attention

Le choix des mots et des tournures de phrases est important. L'expression doit être simple sans être familière. Elle doit refléter une bonne maîtrise de la langue française.

La présentation est maîtrisée (pas d'hésitations) sans être pour autant récitée. Pour cela, le candidat devra s'entraîner seul ou devant des membres de son entourage jusqu'à ce qu'il soit en mesure de tenir un discours qui semble spontané et naturel.

Après un travail de préparation sérieux, le candidat sera à l'aise pour décliner sa présentation, prenant soin de marquer, à l'aide de la ponctuation et de l'intonation, les éléments susceptibles de retenir l'attention des examinateurs.

Attention

N'abordez pas votre vie privée. Ne cherchez pas à faire partager au jury vos considérations personnelles. Faites preuve de retenue.

7 La fin de l'épreuve orale

Après la phase de questions de contrôle des connaissances et/ou d'aptitudes, le jury peut vouloir interroger le candidat sur des aspects plus personnels.

Voici quelques exemples de questions fréquemment posées :

- Comment allez-vous concilier vie professionnelle et vie privée ?
- Quels sont vos centres d'intérêt ?
- Suivez-vous l'actualité ?
- Que pense votre conjoint/famille de votre choix professionnel ?
- Fumez-vous ?
- Quel(le)s sont vos qualités/défauts ?

Aucune de ces questions ne présente de difficultés pour quelqu'un qui se connaît bien. Pour autant, le jury ne va pas se contenter d'une réponse expéditive. Il convient de lui proposer une réponse argumentée, explicitant et illustrant vos idées.

Exprimez-vous avec simplicité et authenticité. Vous ne pouvez pas vous permettre de mentir sur celui/celle que vous êtes. Les membres du jury ne seront pas dupes.

Si parler de vous, vous pose problème, vous devez vous préparer avant votre oral. Répondez par écrit aux questions habituelles du jury et échangez avec les membres de votre entourage pour avoir leurs avis. Leurs commentaires vont vous permettre d'enrichir votre réflexion et par là même de mieux vous connaître. Le contenu des fiches 4 et 5 vous aidera également à réaliser un travail de préparation aux questions plus personnelles.

Enfin, le jury peut aussi vous poser une question en rapport avec l'actualité du moment pour évaluer votre curiosité et votre ouverture d'esprit aux problématiques de société. Suivez l'actualité surtout dans la semaine qui précède l'oral et notamment sur tout ce qui concerne l'enfant et l'école (les nouveaux rythmes scolaires, la procréation médicalement assistée pour les couples de même sexe, etc.).

Au moment de quitter la salle d'examen, il faut laisser une bonne impression. Remerciez les membres du jury pour l'attention qu'ils vous ont accordée. Souriez. Levez-vous et prenez vos affaires sans chercher à vous rhabiller immédiatement. Vous le ferez dans le couloir. Replacez votre chaise. Restez concentré jusqu'à ce que la porte se referme derrière vous.

Commence alors, pour les candidats, la longue attente des résultats du concours.

8 La délibération du jury

À la fin de l'entretien, les membres du jury échangent et attribuent à chaque candidat une note comprise en 0 et 20. Une note inférieure à 5/20 est éliminatoire. La note attribuée peut encore évoluer si le jury décide de classer, par échelle de valeurs, les uns par rapport aux autres tous les candidats qu'il a vus. Une note définitive est accordée à chaque candidat.

À l'issue des épreuves orales, tous les jurys se réunissent pour délibérer. Le classement final des candidats admis est arrêté. Si plusieurs candidats du concours externe obtiennent la même note, le jury donnera la priorité à ceux qui ont obtenu de meilleurs résultats à l'épreuve orale d'admission.

Finalement, le jury arrête la liste d'admission. Elle comporte les noms de candidats ayant obtenu les meilleures notes. Leur nombre correspond à la quantité de postes ouverts au concours. Le jury peut décider de retenir moins de candidats que le nombre de postes ouverts s'il estime que les candidats non retenus ne justifient pas du niveau exigé pour exercer la profession d'ATSEM.

Foire aux questions

- Quelle note finale faut-il obtenir pour être admis ?

On ne peut pas parler de note plancher pour le concours ATSEM/ASEM. Le jury retient les candidats ayant les meilleures notes à l'issue de toutes les épreuves à concurrence du nombre de postes ouverts. La note moyenne des candidats admis est généralement bien supérieure à 10/20.

2 L'oral d'admission des concours interne et de 3e voie

L'épreuve orale des concours interne et de 3e voie consiste en un entretien débutant par une présentation du candidat à l'appui d'un document retraçant son parcours professionnel et se poursuivant par une conversation permettant d'évaluer, le cas échéant, sous forme de mises en situation professionnelle, la capacité du candidat à analyser son environnement professionnel et à résoudre des problèmes rencontrés par un ATSEM (décret nº 2010-1068 du 8 septembre 2010).

L'oral d'admission est affecté d'un coefficient 2 s'agissant de la 3e voie et d'un coefficient 1 pour le concours interne qui ne comporte que cette épreuve.

1 La convocation à l'épreuve orale

Les candidats reçoivent un courrier les informant qu'ils doivent se présenter devant un jury d'admission à une date et une heure précises.

Le courrier destiné aux postulants du 3e concours précise qu'ils ont réussi l'épreuve écrite. La note de l'épreuve écrite n'est pas communiquée. Ainsi, les candidats sont placés sur un pied d'égalité et incités à donner le meilleur d'eux-mêmes devant le jury pour augurer d'un bon classement sur la liste d'admission finale.

Le délai entre la convocation et la date de l'épreuve varie entre 10 jours et 6 semaines en moyenne.

Il est impératif que les candidats se présentent à la date et à l'heure figurant dans la convocation. La possibilité de report à une autre date est exceptionnelle et uniquement en cas de force majeure (raison médicale).

2 Le déroulement de l'oral d'admission

Le cadre général de l'oral d'admission des concours interne et de 3e voie est similaire à celui du concours externe (voir partie 4, chapitre 1, § 2).

L'épreuve débute par une présentation par le candidat de son expérience professionnelle et des compétences qu'il a acquises à cette occasion, sur la base d'un document (voir ci-après) retraçant son parcours professionnel.

Ce document, établi conformément au modèle fixé par arrêté du ministre chargé des collectivités territoriales, est fourni par le candidat au moment de son inscription et remis au jury préalablement à cette épreuve. Il n'est ni noté ni évalué en tant que tel mais constitue pour les examinateurs un outil de suivi de l'exposé (présentation) et d'aide à la conduite de l'entretien.

Son contenu a été fixé par arrêté du ministère de l'Intérieur le 29 janvier 2007.

Ce document est déterminant pour le déroulement de l'oral d'admission. Il est important de le photocopier avant de le joindre à son dossier d'inscription. Il doit servir au candidat de « guide » pour sa présentation, de façon à montrer de la cohérence entre son écrit et son exposé.

Document retraçant l'expérience professionnelle du candidat

Nom et prénom du candidat :
Date de naissance :
Date d'entrée dans la fonction publique :
Date d'entrée dans la fonction publique territoriale (si différente) :
Autre expérience professionnelle que dans la fonction publique : OUI / NON
Si oui, préciser la durée :

Expérience professionnelle dans la fonction publique ou dans le secteur privé

Employeur (désignation, adresse, téléphone, domaine d'intervention	Service d'affectation (désignation, nombre d''gents ou de salariés)	Informations sur les emplois occupés par le candidat		
		Période d'emploi (dates de début et de fin)	Intitulé de l'emploi	Nature des activités (principales missions, responsabilités confiées, réalisations, publics visés, outils ou méthodes employés, travail en équipe…)

Formation initiale ou validation des acquis de l'expérience du candidat

Diplôme préparé (intitulé précis)	Spécialité éventuelle	Niveau de certification du diplôme (*)	Obtenu (oui/non)	Année d'obtention	Pays de délivrance du diplôme

(*) Niveau V : BEP, CAP, diplôme national du brevet : niveau IV : baccalauréat, brevet de technicien; niveau III : BTS, DUT; niveau II : licence, master I; niveau I : doctorat, master 2.

Formation continue

Intitulé précis du stage suivi	Organisme de formation	Année	Nombre de jours

Attestation établie le :

Signature du candidat :

Cette attestation est la propriété exclusive du candidat, qui en certifie l'authenticité des informations. Elle est faite pour servir et valoir ce que de droit.

Aucun document n'est autorisé pendant l'oral d'admission. Le candidat est donc contraint d'exposer de mémoire.

Pour réussir l'épreuve orale, la présentation du parcours professionnel devra avoir été travaillée et mémorisée avec beaucoup d'attention.

À noter que tout candidat dispose de la totalité du temps réglementaire pour réaliser sa présentation, soit **5 minutes maximum**. Il peut choisir de l'interrompre plus tôt en indiquant au jury qu'il a terminé. Néanmoins, il risque d'être pénalisé pour ne pas avoir respecté le temps imparti.

Le jury adopte, afin d'assurer un égal traitement entre les candidats, une grille d'entretien. Cette dernière précise le découpage précis des échanges.

Exemple de grille d'entretien

	Durée
Présentation par le candidat de son expérience et ses compétences acquises	5 min maximum
Analyse de l'environnement professionnel et résolution de problèmes	15 min

Au bout du temps réglementaire, les examinateurs mettent fin à la présentation si elle n'est pas terminée.

L'oral se poursuit par une phase de questions et de mises en situation professionnelle relatives à :

- l'accompagnement des enfants ;
- l'entretien des locaux ;
- la participation de l'ATSEM à la communauté éducative et ses relations avec les différents partenaires de l'école maternelle ;
- les missions de l'ATSEM sur les temps périscolaires ;
- l'environnement territorial.

Ces interrogations seront contextualisées pour permettre l'expression de savoir-faire et savoir-être professionnels pour des candidats qui ont déjà une expérience dans le domaine de la petite enfance.

3 Le jury

La composition du jury est identique à celle du jury du concours externe (voir partie 4, chapitre 1, § 3).

4 Les attentes du jury

Les candidats des concours interne et de 3e voie se présentent au titre d'une expérience professionnelle acquise dans la fonction publique auprès de jeunes enfants en milieu scolaire et maternel (concours interne) ou dans le secteur privé auprès des jeunes enfants (notamment les assistantes maternelles) ou en tant qu'élu local ou responsable associatif (3e concours).

Les membres du jury vont évaluer :

- la capacité du candidat à exprimer des compétences acquises au cours de son parcours et à montrer comment elles sont utiles voire transposables dans l'exercice des fonctions d'ATSEM ;
- les qualités humaines et intellectuelles indispensables chez un ATSEM à l'appui de mises en situation professionnelle : la communication, la gestion du temps, la réactivité, la discrétion, le bon sens, la motivation, la bienveillance, etc.

5 Le barème de notation

Le jury notera la prestation des candidats à l'aide d'une grille de notation unique pour tous les oraux du même concours.

Exemple de grille de notation

	Barème
Capacité du candidat à présenter son expérience et ses compétences acquises	/5 points
Capacité à analyser son environnement professionnel et à résoudre des problèmes	/15 points

6 L'exposé du parcours professionnel

Les membres du jury prennent connaissance, avant l'oral, du document retraçant le parcours professionnel que le candidat a fourni au moment de son inscription au concours.

Ils le gardent sous leurs yeux alors que le candidat effectue son exposé. Ce dernier dispose pour cela d'un temps réglementaire de 5 minutes et doit faire le lien avec le document transmis sans pouvoir le consulter au moment de l'épreuve.

Pour réussir l'exposé, il faut d'abord remplir soigneusement le document retraçant son parcours professionnel. Il est nécessaire d'en faire par la suite une copie avant l'envoi du dossier d'inscription et enfin de préparer son intervention en se basant sur les éléments contenus dans le document fourni. **L'exposé doit être précis et structuré.**

Ce type d'exercice ne s'improvise pas tant sur la forme que sur le fond. Le contenu des pages suivantes vous aidera à préparer la présentation de votre parcours professionnel.

a. Remplir le document retraçant son parcours professionnel

Il ne faut pas assimiler le document retraçant son parcours professionnel à une pièce administrative qui ne servirait qu'à vérifier si le candidat remplit les conditions d'accès au concours. Il s'agit avant tout d'un *curriculum vitae* (CV) de forme imposée qui présente l'avantage d'être identique pour l'ensemble des candidats. Ces derniers sont donc placés sur un pied d'égalité.

Rubrique « Expérience professionnelle dans la fonction publique ou dans le secteur privé »

Remplissez le tableau en classant les expériences professionnelles par date décroissante, c'est-à-dire de la plus récente à la plus ancienne.

EMPLOYEUR (Désignation, adresse, téléphone, domaine d'intervention)	SERVICE D'AFFECTATION (Désignation, nombre d'agents ou de salariés)	INFORMATION SUR LES EMPLOIS OCCUPÉS PAR LE CANDIDAT		
		PÉRIODE D'EMPLOI (Dates de début et de fin)	INTITULÉ DE L'EMPLOI	NATURE DES ACTIVITÉS (principales missions, responsabilités confiées, réalisations, publics visés, outils ou méthodes employés, travail en équipe, etc.)
Commune de Couhé. Avenue de la mairie à COUHE. 05 49… Secteur petite enfance	École maternelle 6 agents	Du 10/10/2017 au 31/03/2018	ATSEM remplaçante	• Accueil des enfants. • Assistance de l'enseignante. • Entretien des locaux. • Surveillance de la cantine. • Classe de MS
Société ONETT 86 Avenue de Paris, 86 000 POITIERS 05 49… Société de nettoyage	Service d'entretien des entreprises. 8 agents d'entretien	Du 1er septembre 2016 au 30 juin 2017	Agent d'entretien intérimaire	Nettoyage bureaux, vestiaires, sanitaires, etc. Travail en horaires décalés. Dépoussiérage. Désinfection. Aspiration. Utilisation autolaveuse, monobrosse, etc.

Rubrique « Formation initiale ou validation des acquis de l'expérience du candidat »

On peut obtenir un diplôme en suivant une formation sanctionnée par un examen final (formation initiale) ou en se présentant devant un jury après au moins trois années d'expérience en rapport avec le contenu de la certification envisagée (VAE : validation des acquis de l'expérience).

Remplissez le tableau en classant vos formations par date décroissante, c'est-à-dire de la plus récente (1re ligne) à la plus ancienne (lignes suivantes). Pensez à tout mentionner, y compris celles pour lesquelles vous n'avez pas obtenu le diplôme correspondant.

Diplôme préparé (intitulé précis)	Spécialité éventuelle	Niveau de qualification du diplôme (*)	Obtenu (oui/non)	Année d'obtention	Pays de délivrance du diplôme
CAP Petite enfance		Niveau V	OUI	2014	France
Titre professionnel d'agent de propreté et d'hygiène		Niveau V	OUI	2012	France
Diplôme national du brevet		Niveau V	NON		
Etc.					

(*) niveau V : BEP, CAP, Diplôme national du Brevet ; niveau IV : Baccalauréat, Brevet de technicien ; niveau III : BTS, DUT : niveau II : Licence, Master 1 ; niveau I : Doctorat, Master 2.

Rubrique « Formation continue »

Dans cette rubrique, il faut mentionner tous les stages/formations de courte durée réalisés qui peuvent avoir un lien plus ou moins direct avec le métier d'ATSEM. Là encore, adoptez une présentation par date décroissante.

Intitulé précis du stage suivi	Organisme de formation	Année	Nombre de jours
Prévention des lombalgies dans les activités d'entretien des locaux	Greta Vienne	2018	2
Premiers secours civiques niveau 1	Croix Rouge	2016	1
Etc.			

Il va sans dire que toutes les informations indiquées dans les différentes rubriques de ce document doivent être exactes et vérifiables. En signant en bas de page, vous attestez de la véracité des renseignements fournis.

b. Préparer l'exposé de son parcours professionnel

Le document retraçant le parcours professionnel rempli et transmis par le candidat, contient l'essentiel des éléments d'information sur son expérience et sa formation. Il n'est ni noté, ni évalué par le jury. Il permet de suivre l'exposé du candidat. Pour autant, ce dernier ne doit pas faire l'erreur de minimiser l'importance de la présentation qu'il va faire devant les membres du jury.

Le jury attend qu'il soit capable de montrer qu'il a les compétences requises pour exercer les fonctions d'ATSEM. Ceci est encore plus vrai pour les candidats de la 3e voie. Pour cela, il doit mettre l'accent sur les aptitudes acquises par l'expérience et par la formation qui lui permettent de remplir les missions de l'ATSEM.

La qualité de l'exposé conditionne le bon déroulement de la phase suivante consacrée à la discussion avec le jury.

« Canevas » type de l'exposé à compléter et adapter à votre situation

	Contenus	Exemples
INTRODUCTION	Si vous n'avez pas eu l'opportunité de le faire au moment de votre entrée dans la salle d'examen, saluez le jury :	« Bonjour Mesdames, Messieurs, mesdames et monsieur… » en fonction de sa composition.
	Présentez-vous	« Je m'appelle… (prénom, nom). J'ai… ans (âge). J'habite… (ville). Je suis… (situation de famille, nombre d'enfants) ».
	Présentez votre fonction actuelle.	« Je travaille actuellement en qualité de… (précisez le poste occupé) au sein d'… (précisez la structure/établissement dans lequel vous intervenez), salarié(e) d'… (précisez la collectivité d'appartenance) ».
	Si vous candidatez à la 3e voie, présentez le(s) mandat(s) qui justifie(nt) votre candidature.	« Je suis… (indiquez le mandat) au sein… (précisez l'association/l'instance dans laquelle vous siégez) ».
	Développez brièvement vos expériences antérieures mais uniquement celles dans le domaine de la petite enfance. Évoquez des contextes spécifiques ou des réalisations particulières s'ils permettent de distinguer positivement votre candidature.	« J'ai eu l'occasion de travailler avec de jeunes enfants lors… (précisez les expériences professionnelles/personnelles, les stages éventuels dans le secteur de la petite enfance) ».
	Annoncez les deux prochaines parties de votre exposé, la première consacrée à vos compétences et qualités et la seconde dédiée à vos motivations.	« Je vous propose de vous parler dans un premier temps de mes aptitudes à exercer la profession d'ATSEM et d'aborder dans un second temps, mes motivations pour cette profession ».

COMPÉTENCES/QUALITÉS	Citez les compétences/qualités mises en œuvre lors de votre parcours professionnel et illustrez-les d'exemples d'activités réalisées. L'objectif est de montrer que vous détenez les aptitudes professionnelles pour exercer le métier d'ATSEM.	« J'ai eu, à plusieurs reprises lors de mon parcours professionnel, à organiser des activités destinées à un public de jeunes enfants et notamment en qualité d'animatrice dans le centre aéré de ma commune. J'étais chargée de la préparation des activités manuelles (dessin, peinture, etc.), de l'encadrement de groupes de 6 à 8 enfants, du rangement et du nettoyage à la fin de l'activité ».
COMPÉTENCES/QUALITÉS	Vous n'aurez pas le temps de tout dire. Choisissez les compétences/qualités qui sont les valeurs sûres pour le concours ATSEM : sens de l'organisation, sens des responsabilités, discrétion professionnelle, dextérité, animation, travail d'équipe, communication, etc.	« Je maîtrise les techniques de nettoyage des locaux apprises lors de ma formation d'agent de propreté et d'hygiène, que j'ai mis en œuvre en travaillant pour une société de nettoyage. J'ai aussi montré de réelles capacités d'adaptation lors de mes stages en entreprise »
MOTIVATIONS	Exprimez vos motivations pour le métier d'ATSEM. (Pensez à mettre l'accent sur la cohérence de votre parcours)	« En 2015, j'ai rencontré la mère d'une de mes camarades de classe qui était ATSEM. Je lui ai demandé de me parler de son métier au quotidien. J'ai tout de suite été attiré par la polyvalence de cette profession, que je considère comme un point fort. Je me suis renseignée sur ce métier en rencontrant la conseillère d'orientation de mon établissement scolaire et en consultant des documents sur internet. J'ai logiquement demandé à réaliser mon stage obligatoire de 3e dans une école maternelle de ma commune. Ce stage a renforcé mon choix d'orientation. Les échanges avec les enfants, les enseignants et les ATSEM m'ont donné une approche concrète du métier et de son environnement. J'ai donc choisi de suivre la formation du certificat d'aptitude professionnelle petite enfance pour acquérir les savoirs et savoir-faire et me préparer à exercer les missions de l'ATSEM ».

CONCLUSION	Concluez Si vous avez le temps, dites le plaisir que vous avez eu à être présent à cet oral qui est pour vous l'occasion de montrer votre intérêt pour le métier d'ATSEM. Rappelez la cohérence de votre parcours et les moyens mis en œuvre pour réaliser votre objectif. Remerciez le jury et mettez-vous à sa disposition.	« J'ai terminé ma présentation ». « Je suis contente d'avoir réussi l'épreuve écrite (pour les candidats de la 3e voie) et de pouvoir me présenter devant vous. J'espère vous avoir convaincus de ma détermination et de ma motivation à devenir ATSEM ». « Je vous remercie de votre attention et je suis prêt à répondre à vos questions ».

Vous l'aurez compris, l'exposé ne s'improvise pas. Les fiches 3 et 4, vont vous proposer des exercices et des conseils pour travailler le fond de votre discours.

Vous mettrez vraisemblablement plusieurs jours à écrire votre exposé. Il conviendra de l'étoffer si vous ne tenez pas 5 minutes en vous entraînant à l'oral ou au contraire, de l'alléger si vous dépassez le temps imparti.

Une fois le contenu défini, améliorez-le encore en soignant la forme : privilégiez le vocabulaire professionnel, évitez les répétitions et les tournures de phrase maladroites, ôtez les mots parasites (tics verbaux), remplacez les expressions trop familières par un langage plus soutenu (exemple : ambiance « sympa » par ambiance « conviviale »), etc.

Il est impératif de respecter le délai imparti, soit un monologue ininterrompu de 4 minutes 30 à 5 minutes maximum. Un exposé trop court ou trop long sera systématiquement sanctionné par un retrait de points. Vous devez donc rédiger votre exposé et vous entraîner pour répondre aux exigences de l'épreuve orale.

Astuce

Prenez le temps de poser une montre devant vous au début de l'épreuve pour vous permettre de suivre le minutage de l'épreuve et donc de respecter le temps imparti pour votre exposé.

Le contenu de l'exposé sera appris et restitué sans paraître récité. Il doit retenir l'attention du jury. Pour cela, le candidat jouera sur le rythme et l'intonation pour dynamiser son discours.

Idéalement, le temps de l'exposé se répartira comme suit :

Déroulé de l'exposé

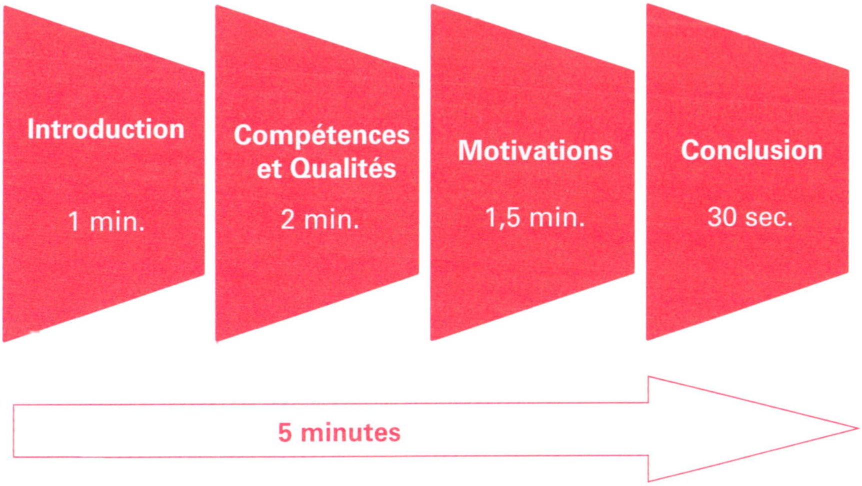

Enregistrez-vous ou réalisez votre exposé devant des membres de votre entourage. Chronométrez-vous. Pensez à parler ni trop vite ni trop lentement, sans doute avec une voix un peu plus haute/forte que d'ordinaire. Respectez la prononciation des mots ainsi que la ponctuation. Vous devez être entendu et compris.

Recommencez l'exercice autant de fois que nécessaire. Rappelez-vous que vous n'aurez aucun support écrit devant vous le jour de l'oral. De plus, vous sentir prêt pour cet exercice vous aidera à maîtriser votre stress le jour J.

Après que le candidat a terminé sa présentation, le jury peut le questionner sur son exposé afin d'obtenir d'éventuelles précisions sur son parcours professionnel. C'est surtout vrai pour les candidats au CV atypique (reconversion, difficultés scolaires ou d'insertion professionnelle, période d'inactivité, formation éloignée du métier d'ATSEM, etc.). Chacun sait identifier ce qui peut poser question dans son parcours.

Les réponses à ces questions seront donc préparées en amont. Elles devront être suffisamment argumentées pour ne pas laisser de place au doute ou à l'incompréhension dans la tête des membres du jury.

Cette phase de questions est très courte et les examinateurs enclenchent rapidement la 2e phase de l'oral consacrée aux questions de contrôle de connaissances et surtout aux mises en situation professionnelle.

7 Les mises en situation professionnelle

a. Présentation des mises en situation professionnelle

Le décret n° 2010-1068 du 8 septembre 2010 fixant les modalités d'organisation du concours d'ATSEM précise, s'agissant de l'épreuve orale des concours interne et de 3e voie, que « l'entretien se poursuit par une conversation visant à apprécier, le cas échéant sous forme de mises en situation professionnelle, la capacité du candidat à analyser son environnement professionnel et à résoudre les problèmes les plus fréquemment rencontrés par un agent territorial spécialisé des écoles maternelles ».

Très concrètement, le jury d'une part, pose des questions pour évaluer le niveau de connaissances des candidats et d'autre part, propose plusieurs situations professionnelles leur demandant quelle serait leur réaction dans chacune d'entre elles.

Ce type de test est couramment utilisé dans les concours y compris dans ceux de la fonction publique. Il présente l'avantage de placer le candidat dans une situation de résolution de problème concret et habituel pour un ATSEM en s'appuyant sur des questions contextualisées.

Exemples

- L'alarme incendie se déclenche alors que vous surveillez la sieste des élèves de petite section. Que faites-vous ?
- Un élève de moyenne section refuse de manger son entrée au restaurant scolaire. Que faites-vous ?
- L'enseignante de la classe de petite et moyenne sections vous demande de surveiller les petits dans la classe alors qu'elle effectue une sortie scolaire avec les moyens. Que faites-vous ?
- Les élèves ont terminé l'activité proposée par l'enseignante, mais il n'est pas encore l'heure de la récréation ou de la sortie. Que faites-vous ?
- Un parent insiste pour avoir des informations sur le comportement de son enfant en classe. Que faites-vous ?
- Vous encadrez un groupe d'enfants lors d'une sortie scolaire. Un des enfants veut aller aux toilettes. Comment gérez-vous la situation ?

Ces questions sont sensiblement les mêmes que certains énoncés de QCM de l'épreuve d'admissibilité du concours externe.

On peut parler de tests d'aptitudes professionnelles car la mise en situation professionnelle vise à prédire l'attitude du candidat dans l'exercice des fonctions d'ATSEM.

Les questions ont été établies au préalable par les membres du jury à partir d'une liste de savoir-faire et de savoir-être recherchés chez les candidats.

Pour chaque question, ils rédigent les éléments de réponse attendus sur une grille d'analyse utilisée lors de l'entretien pour les comparer avec ceux donnés par les candidats.

Exemple de grille d'analyse d'une mise en situation professionnelle

Situation professionnelle	Grille d'entretien	Éléments de réponse attendus
L'enseignante de la classe de petite et moyenne sections vous demande de surveiller les petits dans la classe alors qu'elle effectue une sortie scolaire avec les moyens. Que faites-vous ?	**Savoirs :** Les limites du métier d'ATSEM	L'ATSEM ne peut pas assurer la surveillance seul des élèves de PS. Ils sont sous la responsabilité de l'enseignante pendant le temps scolaire.
	Les relations hiérarchiques et fonctionnelles de l'ATSEM	En cas de problème de surveillance des élèves sur le temps scolaire, le directeur de l'école doit être alerté. Il est de sa responsabilité de trouver une solution.
	Savoir-faire : Capacité de communication adaptée à la situation	L'ATSEM doit signaler calmement à l'enseignante et à l'écart des élèves, qu'eil ne peut pas surveiller les enfants pendant son absence.
	Bon sens	La position du candidat ne doit pas être trop rigide. Il doit être capable de dire qu'en cas d'absence de courte durée de l'enseignante et si elle se trouve à proximité, l'ATSEM peut surveiller les élèves dans la classe.
	Savoir-être : Réserve	Le candidat n'a pas à émettre d'avis ou de remarque sur la demande de l'enseignante.
	Sang-froid	Le candidat évalue et traite le problème rencontré avec calme.

Vous devez impérativement vous préparer à cet exercice, en associant méthode et entraînement.

b. Méthodologie des mises en situation professionnelle

Par le biais de mises en situation professionnelle, les examinateurs évaluent si le candidat détient des aptitudes professionnelles (compréhension et analyse d'une situation de travail, réactivité, sens pratique, etc.) et des capacités de communication indispensables pour exercer les fonctions d'ATSEM.

Ils attendent donc des réponses professionnelles et pragmatiques face à des événements susceptibles de se produire dans le quotidien de l'ATSEM.

En bref, on soumet un scénario au candidat et on lui demande de quelle façon il réagirait s'il était placé dans une telle situation.

Face à une mise en situation professionnelle, le candidat doit passer par deux étapes :

- une analyse de la question pour identifier la thématique abordée et repérer éventuellement les éléments qui vont orienter la réponse ;
- une mobilisation de connaissances à structurer pour formuler une réponse adaptée.

Deux conditions sont indispensables pour réussir :

- une bonne maîtrise du champ de connaissances associé à l'exercice des fonctions d'ATSEM : les questions portent sur le métier, l'entretien des locaux, les pratiques professionnelles, les temps périscolaires, l'environnement territorial,etc. ;
- la pratique, par un entraînement régulier dans les semaines qui précèdent l'oral d'admission, de ce type d'exercice. La difficulté réside dans le fait de produire spontanément une réponse argumentée, bien construite et favorisant le vocabulaire professionnel.

Il est important de rappeler que le jury sanctionnera les réponses reflétant des attitudes/comportements inappropriés ou jugés dangereux : un langage trop familier, une méconnaissance des règles d'utilisation et de stockage des produits d'entretien, une réaction inopportune en cas d'accident, etc.

Exemple

Question : « Vous encadrez un groupe d'enfants lors d'une sortie scolaire. Un des enfants veut aller aux toilettes. Comment gérez-vous la situation ? »

Réponse 1 : « Je demande aux enfants de rester ensemble et sages le temps d'accompagner celui qui demande à aller aux toilettes ».

Réponse 2 : « Je dis à l'enfant qui veut aller aux toilettes qu'il doit attendre. Je lui conseille de penser à autre chose ».

Les deux réponses proposées sont inacceptables pour le jury. La première qui préconise de laisser un groupe d'enfants seuls, livrés à eux-mêmes, le temps d'en accompagner un aux toilettes, traduit un comportement irresponsable. Quant à la seconde, elle relève d'une attitude maltraitante à l'égard de l'enfant qui exprime un besoin physiologique naturel. Dans cette situation, il conviendrait de conduire tout le groupe aux toilettes.

Par ailleurs, il est nécessaire que le candidat sache s'extraire de son contexte habituel de travail pour appréhender les fonctions de l'ATSEM dans l'ensemble de ses missions, de ses lieux d'exercices, etc. Autrement dit, il sera pénalisé s'il s'avère incapable de se projeter dans un environnement différent de celui ou ceux qu'il a connus dans son parcours professionnel jusqu'à présent.

Exemple

Question : « Vous observez que Tom, 5 ans, escalade le radiateur pour passer par la fenêtre de la classe. Que faites-vous ? »

Réponse : « Dans ma classe, ce n'est pas possible car les radiateurs ne sont pas situés sous les fenêtres ».

Le jury cherche à vous placer dans une situation professionnelle. Vous avez tout intérêt à jouer le jeu et à entrer dans la peau de l'ATSEM. Utilisez la première personne du singulier « Je » pour répondre. Ne soyez pas hésitant. Les examinateurs aiment avoir devant eux une personne décidée et franche.

8 La fin de l'entretien

Après la phase des mises en situation professionnelle, le jury peut interroger le candidat sur des aspects plus personnels.

Pour plus d'informations reportez-vous partie 4, chapitre 1, § 8.

9 La délibération du jury

À la fin de l'entretien, les membres du jury échangent et attribuent à chaque candidat une note comprise en 0 et 20. Une note inférieure à 5/20 est éliminatoire. La note attribuée peut encore évoluer si le jury décide de classer, par échelle de valeurs, les uns par rapport aux autres tous les candidats qu'il a vus. Une note définitive est accordée à chaque candidat.

À l'issue des épreuves orales, l'ensemble des jurés se réunissent pour délibérer. Le classement final des candidats admis est arrêté.

Si plusieurs candidats de 3e voie obtiennent la même note, le jury donnera la priorité à ceux qui ont obtenu de meilleurs résultats à l'épreuve orale d'admission.

Le traitement des *ex æquo* du concours interne est plus complexe. Le jury est souverain. La méthode choisie pour les départager doit s'appuyer sur des critères objectifs.

Finalement, le jury arrête la liste d'admission. Elle comporte les noms de candidats ayant obtenu les meilleures notes. Leur nombre correspond à la quantité de poste ouverts au concours. Le jury peut décider de retenir moins de candidats que le nombre de postes ouverts s'il estime que les candidats non retenus ne justifient pas du niveau exigé pour exercer la profession d'ATSEM.

3 Exprimer ses motivations

Les candidats des trois concours sont aussi évalués sur leurs motivations à vouloir exercer les fonctions d'ATSEM.

Pour convaincre, il ne suffit pas de dire que l'on souhaite devenir ATSEM. Le jury attend une explication argumentée, précisant l'origine de votre projet professionnel, les étapes de la réflexion engagée et les moyens mis en œuvre pour conforter le souhait d'être ATSEM.

Il existe également d'autres leviers pour montrer son intérêt et sa détermination :

- la curiosité pour le métier et son environnement, par des recherches, des lectures, des rencontres avec des professionnels, etc. ;
- la connaissance du métier, à travers des réponses pertinentes aux questions posées, l'utilisation d'un vocabulaire professionnel, etc. ;
- une préparation sérieuse au concours qui transparaît aisément lors des échanges avec le jury ;
- une posture dynamique, afin de mettre la parole et l'attitude en cohérence ;
- la capacité à se projeter en tant que futur professionnel (concours externe et de 3e voie) ;
- l'aisance à parler de soi, à faire le lien entre qui l'on est et ce que l'on veut faire.

Lors de votre préparation à l'oral d'admission, vous devez prendre le temps de réfléchir à vos motivations. Vous pouvez rechercher une stabilité professionnelle en espérant devenir ATSEM, mais ce n'est pas vraiment l'argument qui « va faire mouche » auprès du jury. Il faut donc formuler d'autres sources d'intérêt pour le métier.

1 L'origine du choix professionnel

Se déterminer sur une profession est le résultat d'un long processus de réflexion vis-à-vis duquel vous pouvez avoir des difficultés à prendre du recul. Le jury va chercher à identifier vos motivations et le cheminement qui vous a amené à opter pour le métier d'ATSEM. Pour cela, il peut vous poser différentes questions.

Question : « Comment avez-vous connu le métier d'ATSEM ? »

Vous devez indiquer la source de votre orientation professionnelle, le moment ou le support qui a permis de découvrir, pour la première fois, la profession d'ATSEM. Fouillez dans votre mémoire. Cela peut être à l'occasion d'une conversation avec une tierce personne, d'un stage réalisé dans le cadre de vos études, d'une expérience de parent d'élève, d'une lecture, etc.

Répondez à cette première question par écrit et vous aurez identifié l'origine de votre choix professionnel. Poursuivez votre questionnement pour approfondir votre réflexion.

Question : « Pour quelles raisons cette profession a-t-elle attiré votre attention ? »

Avec cette seconde question, vous devez déterminer quels aspects du métier ont pu faire écho chez vous en ayant une connaissance partielle de la profession d'ATSEM. On pense tout naturellement au contact avec les jeunes enfants, au travail en équipe, au statut de fonctionnaire, au rythme de travail adapté à la vie familiale, etc. Écrivez votre propre réponse qui viendra compléter celle de la question précédente.

2 Les moyens mis en œuvre pour conforter votre choix professionnel

On entend par moyens, les actions menées et les opportunités créées ou saisies de se confronter à son orientation professionnelle.

Chacun, depuis son plus jeune âge, a l'occasion de formuler des préférences pour une profession. Au fil du temps et au cours de formations, de rencontres et d'expériences, il se crée des occasions de se rendre compte de la réalité du métier et de la confronter avec la représentation qu'il s'en était faite.

Être capable de parler du cheminement qui a permis d'aboutir à un projet professionnel finalisé est aussi important que d'exprimer les raisons de son choix. Rappelez-vous que le jury accordera beaucoup d'importance à la cohérence de votre parcours.

Question : « Quelles actions avez-vous menées pour confirmer votre orientation professionnelle : lectures, rencontres avec des professionnels, stages, etc. ? »

Voici plusieurs domaines que vous pouvez explorer afin de mieux préparer votre oral et présenter l'évolution de votre projet professionnel :

- durant **la scolarité** : les stages réalisés en entreprise en classe de 3e, les petits « boulots » comme le soutien scolaire ou le baby-sitting, avoir été « chef de classe », avoir participé à des activités à but humanitaire (récolter des fonds pour aider des pays en voie de développement), être membre d'une association étudiante, etc. ;
- dans **sa vie personnelle** : avoir été parent d'élève, son expérience de parent, être membre actif d'une association qui s'occupe des autres (aide aux devoirs, Croix-Rouge, etc.), être entraîneur dans un club de sport, animateur de centre aéré, etc. ;
- **les stages** (en lien avec sa scolarité ou bien en lien avec une démarche personnelle) : Quels types de stages ? Dans quel domaine ? En quelle année ? À quel âge ? Quels enseignements en avez-vous tiré ? Quels vécus par rapport au monde du travail ? Quels apports vis-à-vis de votre projet professionnel ?
- **les emplois** saisonniers ou non : Quel emploi ? En qualité de ? Quel type de travail (nuit, jour) ? Quelles actions réalisées ? Quelles responsabilités ? Quelles initiatives ? Quel vécu de ces expériences ? Quels apports vis-à-vis de votre choix professionnel ?
- **les centres d'intérêt** et en particulier ceux en rapport avec le choix professionnel : les activités manuelles, les actualités, les lectures, etc.

Toute expérience, même si vous pensez qu'elle a peu de rapport avec le métier d'ATSEM, peut pour autant être utile et servir votre projet professionnel. Elle a pu vous permettre de développer des aptitudes/compétences qui sont également mises en œuvre par l'ATSEM.

Exemples

- Une expérience de vendeur dans un commerce permet de développer le sens de l'accueil et du service aux clients, la communication, etc. Toutes ces compétences sont transposables au métier d'ATSEM même si elles vont s'exprimer différemment.
- Celle de saisonnier dans le domaine de la restauration montre des capacités d'endurance physique, de travail en équipe, de sens de l'organisation, de réactivité, etc. autant d'atouts pour exercer le métier d'ATSEM.

3 Les raisons de ce choix professionnel

Avec votre connaissance actuelle de la profession d'ATSEM, vous pouvez préciser votre intérêt pour le métier envisagé.

Question : « Quels sont les aspects qui vous attirent/plaisent ? »

Votre réponse doit être plus argumentée que celle apportée à la deuxième question du présent chapitre.

Attention

Évoquer la stabilité de l'emploi des fonctionnaires ou la proximité géographique entre votre domicile et l'école dans laquelle vous envisagez de travailler, ne peuvent pas être les premiers arguments mis en avant.

Vous pouvez, par exemple, mettre en avant la polyvalence des tâches à réaliser au cours de la journée, le rôle éducatif auprès des enfants, l'aide pédagogique, etc.

Complétez votre réflexion en identifiant les aspects du métier qui vous déplaisent.

Question : « Quels sont les aspects qui vous posent question/dérangent ? »

Pouvoir répondre à cette question nécessite de bien connaître le quotidien professionnel de l'ATSEM. Vous pouvez appréhender le fait de travailler dans une ambiance bruyante, de dépendre d'autorités différentes (collectivité territoriale/Éducation nationale) au cours d'une même journée de travail, etc.

Si le jury vous pose cette question au cours de l'oral d'admission, soyez prudent. N'évoquez que des réserves/craintes « acceptables » pour la collectivité qui recrute. Si, par exemple, vous exprimez vos doutes sur votre capacité à travailler avec des enseignants, votre candidature a peu de chances d'être retenue.

Nous vous invitons à rédiger vos réponses en cherchant à les développer le plus possible.

Enfin, terminez votre réflexion avec ces dernières questions :

- s'agit-il d'un choix professionnel unique, ou au contraire, parmi d'autres possibles ?
- s'agit-il d'un choix professionnel par défaut (parce que vous ne parvenez pas à réaliser un autre projet ?
- quelles sont vos priorités/préférences en matière d'emploi ? Sont-elles compatibles avec l'exercice du métier d'ATSEM ?
- quelles sont les spécificités de l'emploi dans un service public ? Sont-elles en adéquation avec vos valeurs et vos envies ?

En ayant répondu à l'ensemble de ces questions, vous disposez de suffisamment de matière pour rédiger, de façon très argumentée, vos motivations. Lancez-vous.

Question : « Pourquoi vous présentez-vous à ce concours ? »

S'expliquer sur ses motivations n'est en aucun cas justifier ses choix, c'est exposer son cheminement et partager avec le jury sa réflexion. Présentez les éléments qui confirmeront que votre orientation professionnelle est mûrement réfléchie. Il peut s'agir de réflexions personnelles, comme un ressenti lors d'un stage, ou d'une expérience professionnelle, d'un événement extérieur, telle qu'une appréciation positive et encourageante d'un encadrant, etc.

4 La capacité à se projeter en qualité de futur professionnel

Quand un candidat, et notamment celui du concours externe (le plus éloigné de l'activité) exprime ses motivations, il est aussi important qu'il puisse se projeter de façon réaliste dans son futur environnement professionnel. Les membres du jury doivent voir en lui un futur collègue ou collaborateur.

Voici quelques questions pour vous aider à réfléchir sur votre devenir professionnel.

Question : Quels sont vos objectifs professionnels ?

Votre réponse doit être cohérente au regard de vos motivations pour la profession d'ATSEM. Vous devez vous projeter en tant que professionnel de la petite enfance accompli et épanoui dans son travail. Vous pouvez évoquer vos souhaits en matière de recrutement sans être trop précis.

Question : Avec quel public souhaitez-vous travailler ? Dans quel type de structure ?

Nous vous recommandons de vous renseigner au préalable sur les possibilités de recrutement au sein des structures qui vous intéressent. En effet, si vous indiquez vouloir être affecté dans une école maternelle qui ne recrutera pas dans les années à venir, vous réduirez vos chances d'être inscrit sur la liste d'aptitude finale. Faites preuve de prudence. Montrez-vous ouvert quant aux possibilités de recrutement dans la limite du raisonnable. Vous ne pourrez pas prendre un poste trop éloigné de votre domicile.

Question : Que pensez-vous pouvoir apporter en qualité d'ATSEM ?

Cette question permet de mettre en avant vos points forts à la fois sur les volets professionnel et personnel. Vous pouvez évoquer vos qualités d'écoute et d'adaptation, votre relationnel avec les enfants, votre goût pour le travail en équipe, etc. Pour autant, n'en faites pas trop. Le piège serait de manquer de modestie et de dévoiler une facette de votre personnalité « dérangeante » pour les membres du jury.

5 Les questions indirectes de motivation

Préparez-vous aux questions de motivation qui n'en ont pas l'air.

Question : « Que ferez-vous en cas d'échec au concours ? »

Il convient bien entendu de montrer votre détermination à exercer la profession d'ATSEM. Vous devez convaincre le jury que vous chercheriez à analyser les raisons de votre échec et à en tirer les enseignements nécessaires afin de vous représenter lors d'un prochain concours. Ne laissez pas entendre que vous baisseriez les bras. Rappelez que vous êtes motivé à exercer ce métier et insistez sur le sérieux et la cohérence de votre projet professionnel. Enfin, précisez qu'en attendant le prochain concours, vous pourriez envisager de réaliser des stages dans le domaine de la petite enfance, de postuler pour des emplois saisonniers dans le centre aéré de votre commune, de suivre une formation complémentaire, etc. tout cela pour parfaire votre profil. Ainsi, vous montrerez votre dynamisme et votre intérêt pour la profession d'ATSEM.

Question : « Comment comptez-vous concilier votre vie professionnelle et votre vie privée ? »

Le candidat qui ne répond pas à cette question, ne s'est pas projeté en tant que futur professionnel. Il n'a pas envisagé les impacts du travail de l'ATSEM sur sa vie familiale et personnelle.

Le postulant motivé sait que les horaires de travail décalés, en assurant la garderie du matin et/ou du soir, l'obligeront à adapter les modalités de garde de ses propres enfants surtout s'ils sont d'âge préscolaire, et à organiser sa vie familiale. En revanche, pendant les périodes de vacances scolaires, le temps de travail réduit permet de profiter davantage de son entourage.

En travaillant sur ces questions, vous serez prêt à y répondre si elles vous sont posées par le jury. Mais surtout, vous approfondissez votre réflexion sur votre projet professionnel. Vous serez plus à l'aise car tout votre parcours vous semblera plus clair et cohérent pour vous-même et vos interlocuteurs. Vous aurez beaucoup moins de difficultés pour le présenter lors de l'oral d'admission.

4 Mettre en avant les atouts de sa candidature

Devenir ATSEM n'est pas qu'une question de motivation ou de projet professionnel. Le candidat doit aussi montrer de l'intérêt pour le champ de la petite enfance et disposer de certaines qualités ou aptitudes intellectuelles, relationnelles et personnelles indispensables pour exercer le métier.

Le contenu et les exercices de ce chapitre vont vous permettre d'identifier les atouts de votre candidature, ceux qui pourront faire la différence avec les autres candidats.

Par ailleurs, il est important de rappeler que le jury attend du candidat qu'il soit capable de parler spontanément des aptitudes/compétences qui lui permettent d'être/devenir ATSEM.C'est sans doute l'attente première des examinateurs lors de la présentation faite par les candidats des concours interne et de 3e voie.

Pour repérer ce que l'on sait et sait faire, on explore sa ou ses formations, ses expériences professionnelles, sa vie courante, ses loisirs, etc. en se posant les bonnes questions. L'objectif est d'aboutir à un inventaire.

On peut réaliser le même travail sur ses qualités personnelles. Quelles sont celles que vous vous connaissez ? Comment s'expriment-elles dans votre travail ? Dans votre quotidien ? Comment votre entourage vous qualifie-t-il ?

Ce chapitre est « truffé » d'exercices qui visent à développer la connaissance que vous avez de vous-même, à mettre en exergue tout ce qui fait de vous un bon candidat aux fonctions d'ATSEM et à vous préparer à des questions plus personnelles (Quelles sont vos qualités, vos défauts, vos centres d'intérêt, etc.).

Avant de commencer ce travail d'introspection, il est utile de savoir ce que les employeurs recherchent chez leurs futurs agents. Le tableau ci-après propose une liste des compétences et qualités attendues. Cette énumération n'est pas exhaustive. Elle est le résultat d'une consolidation du contenu de plusieurs descriptions de poste d'ATSEM.

Compétences et qualités de l'ATSEM

COMPÉTENCES	• Savoir identifier les besoins des enfants à partir de 2 ans. • Accompagner l'enfant dans ses apprentissages scolaires au quotidien, l'apprentissage de son autonomie et des règles de vie en collectivité. • Connaître le développement de l'enfant (physique, psychologique, moteur et affectif) à partir de 2 ans. • Appliquer les règles d'hygiène et de sécurité. • Assurer la sécurité des enfants lors des déplacements pendant le temps scolaire. • Préparer des supports pédagogiques selon les consignes de l'enseignant. • Participer et/ou animer des activités sous la responsabilité de l'enseignant. • Fabriquer des éléments éducatifs simples. • Appliquer les protocoles d'entretien, connaître les conditions d'utilisation et de stockage des produits/machines d'entretien. • Gérer les matériels éducatifs et le stock des produits d'entretien. • Situer sa fonction et celles des différents acteurs de l'école maternelle. • Maîtriser les gestes d'urgence. • Savoir-être : sens de l'accueil, expression et tenue correctes, amabilité, etc. • Communiquer de façon efficace par écrit et à l'oral. • Savoir travailler en équipe. • Savoir signaler tout dysfonctionnement/anomalie à la personne compétente. • Connaître les gestes et postures de prévention des risques professionnels.
QUALITÉS	• Aimer les enfants. • Adaptabilité. • Polyvalence. • Bon sens. • Bonne condition physique. • Patience. • Tolérance/neutralité. • Sens des responsabilités. • Forme d'autorité adaptée aux enfants. • Disponibilité. • Sens de l'organisation. • Discrétion. • Autonomie. • Vigilance. • Réactivité. • Rigueur. • Maîtrise de soi/sang-froid.

1 Son parcours de formation

Le candidat au concours d'ATSEM devra mener une analyse personnelle et critique de son parcours de formation afin d'identifier les connaissances et les compétences acquises. Ce sont des informations qui intéressent le jury et qu'il faudrait pouvoir mettre en avant.

Le tableau suivant montre comment lister et analyser tous ses diplômes (obtenus ou non) ainsi que toutes ses formations suivies dans le cadre d'activités scolaires, universitaires, salariées, bénévoles ou autres.

Année	Intitulé du diplôme/ Formation	Connaissances acquises (ce que je sais)	Compétences développées (ce que j'ai appris à faire)
2015	BEP sanitaire et social	• Connaissances dans le domaine de l'hygiène, de la relation et de l'accompagnement de la personne.	• Assurer l'entretien du cadre de vie. • Réaliser des soins d'hygiène corporelle. • Préparer des repas équilibrés et adaptés. • Etc.
2015	PSC1	• Les dispositifs de protection et d'alerte. • Les signes de danger pour l'homme.	• Analyser une situation avec une ou plusieurs victimes. • Effectuer des gestes de secours d'urgence. • Prévenir les secours.
2017	CAP Petite enfance	• Un apport théorique pour savoir comment s'informer, organiser et réaliser des activités destinées aux jeunes enfants.	• Assurer l'accueil, les soins d'hygiène corporelle, l'alimentation, la sécurité du jeune enfant. • Contribuer à son développement, à son éducation et à sa socialisation. • Assurer l'entretien et l'hygiène des différents espaces de vie de l'enfant.

Réalisez ce tableau à votre tour.

Cherchez à faire un travail le plus complet possible, en n'oubliant aucune formation réalisée quelle que soit sa durée. Finalement, vous disposerez d'un inventaire de vos connaissances et compétences acquises par la formation.

2 Sa connaissance de la profession d'ATSEM

Connaître la profession d'ATSEM et son environnement est indispensable pour réussir le concours. Le jury ne retiendra pas un candidat qui n'aurait pas une représentation réaliste du métier et de ses conditions d'exercice.

Vous disposez de plusieurs moyens pour y parvenir : la lecture de la littérature professionnelle, les rencontres avec des professionnels, les stages et vos propres expériences professionnelles ou bénévoles dans le secteur de la petite enfance.

a. La littérature professionnelle

Le candidat au concours ATSEM doit rechercher et consulter des documents qui présentent le métier.

En premier lieu, il s'agit de lire les fiches métier disponibles auprès de Pôle emploi, des CIO (centres d'information et d'orientation), sur le site internet onisep.fr, etc.

Pour affiner ce premier niveau de connaissances, vous pouvez vous intéresser aux textes législatifs qui réglementent la profession (décrets n° 2006-1068 du 6 septembre 2006, n° 92-850 du 28 août 1992, articles R. 412-127 et R.414-29 du Code des communes, etc.) ainsi qu'aux chartes des ATSEM mises en place par les collectivités territoriales. Des exemples de ces dernières sont consultables sur internet.

Enfin, lisez les revues professionnelles du domaine de la petite enfance qui vous donneront des informations sur le développement de l'enfant et les pratiques professionnelles : le *Journal des professionnels de la petite enfance*, *Vie de famille* (le magazine des Caisses d'allocations familiales), revue *Métiers de la petite enfance*, *Santé log Petite Enfance* (revue électronique), etc.

b. Les stages

Effectuer un stage d'observation au sein d'une école maternelle ou d'un centre de loisirs dans lequel exercent des ATSEM est un plus, notamment pour les candidats des concours externe et de 3e voie. Pour cela, prenez contact avec les services de la mairie de votre commune pour vous renseigner sur les possibilités d'accueil de stagiaires.

À défaut, vous pouvez chercher un stage auprès d'autres professionnels de la petite enfance : les assistantes maternelles, les crèches, les haltes-garderies, etc.

Dans tous les cas, vous devrez faire preuve de persévérance. Déposez votre CV accompagné d'un courrier de demande de stage argumenté et motivé. Quelques jours plus tard, recontactez les responsables des structures sollicitées afin d'obtenir un rendez-vous. Faites le tour des personnes de votre entourage (famille, amis, voisins, enseignants, etc.) qui peuvent vous aider dans vos démarches et appuyer votre demande.

Idéalement, il faudrait pouvoir réaliser plusieurs stages afin d'observer l'ATSEM dans des lieux d'exercice différents, et cela même si vos stages ne durent qu'une ou deux journées. Ainsi, pendant l'oral d'admission, vous pourrez parler du métier, faire référence à vos observations, à vos échanges avec des professionnels et à votre vécu, aspect toujours très apprécié par le jury.

3 Les rencontres avec les professionnels

Si vous ne parvenez pas à trouver un stage ou en complément de vos stages, vous pouvez peut-être obtenir des entretiens avec des ATSEM et des professeurs d'école maternelle. C'est un moyen de récolter des informations précieuses pour mieux appréhender la profession.

Vous ne pouvez pas vous rendre à un entretien avec un professionnel quel qu'il soit sans préparer cette rencontre. Listez les points que vous souhaitez aborder avec lui.

N'oubliez pas de vous informer sur les conférences organisées dans le domaine de l'éducation ou de la petite enfance dans votre ville ou votre département. Participez à ces manifestations dont le contenu enrichira votre culture générale.

4 Les expériences professionnelles et/ou bénévoles

Si vous avez une ou plusieurs expériences dans le domaine de la petite enfance, vous pourrez mettre en avant votre connaissance du secteur et les aptitudes développées, lesquelles seraient transférables à l'exercice du métier d'ATSEM. Il en est de même si vous avez été bénévole au sein d'une association ou élu d'une collectivité intervenant dans le champ de la petite enfance voire plus généralement dans le secteur sanitaire ou social.

Exemple de tableau pour lister et analyser l'ensemble de vos expériences

Période	Fonction/Mission	Tâches réalisées
2015-2018	Secouriste bénévole au sein de la Croix-Rouge	• Assurer le secours aux victimes lors de manifestations sportives, culturelles, etc. • Travailler avec d'autres bénévoles au sein de postes de secours. • Participer à des actions de prévention auprès du public.
Été 2017	Animatrice au sein d'un centre aéré	• Accueil des enfants et de leurs parents. • Préparation, animation et encadrement d'activités pour des enfants de 6-7 ans. • Surveillance sur les temps de repas.
Octobre 2018 à mars 2019	ATSEM remplaçant. Classe de MS	• Assistance aux activités éducatives. • Accueil et surveillance des enfants. • Soins d'hygiène. • Surveillance sieste et du temps de cantine. • Entretien des locaux.
Etc.		

Réalisez ce tableau à votre tour.

Si vous n'avez pas d'expérience en qualité d'ATSEM, vous pouvez tout de même réaliser ce même travail sur vos différents emplois et activités afin d'identifier des compétences acquises que vous pourriez mettre en œuvre si vous le deveniez.

5 Ses compétences et ses qualités

Outre une bonne culture générale et une réflexion sur vos motivations à vouloir exercer la profession d'ATSEM, vous devez effectuer, pendant la phase préparatoire du concours, un travail d'analyse sur vous en tant que personne, sur vos aptitudes et qualités développées au cours de vos expériences professionnelles et de vos activités personnelles. Certaines sont incontournables pour être recruté en qualité d'ATSEM.

a. Ses compétences

Pour déterminer vos compétences acquises, nous vous avons proposé d'analyser dans cette fiche, à partir de différents outils, les apports de vos formations, de vos expériences professionnelles, personnelles, de vos activités associatives ou d'élu d'une collectivité.

En partant de la liste des compétences nécessaires pour exercer la profession d'ATSEM telle qu'elle a été faite au début de cette fiche, réfléchissez et déterminez pour chacune d'entre elles, si vous la possédez et donnez quelques exemples de situation dans lesquelles vous l'avez mise en œuvre.

Pour vous aider, téléchargez le tableau dans la rubrique « les + en ligne » à la page de l'ouvrage sur le site dunod.com.

Remplissez le tableau avec sincérité. Ne cherchez pas à remplir coûte que coûte toutes les cases.

b. Ses qualités

Vous allez être amené lors de l'oral d'admission à parler de vous, à mettre en avant spontanément vos qualités ou à répondre si on vous interroge sur ce point.

Il est important que vos qualités soient compatibles avec celles attendues de la part d'un ATSEM.

En partant de la liste des qualités recherchées chez les candidats par les membres du jury telle qu'elle figure au début de cette fiche, réfléchissez et déterminez pour chacune d'entre elles, si vous la possédez et donnez quelques exemples de situation dans lesquelles vous l'avez mise en œuvre.

Vous pouvez télécharger un tableau à compléter dans la rubrique « les + en ligne » à la page de l'ouvrage sur le site dunod.com.

On lit ou entend régulièrement que pour devenir ATSEM, il faut aimer les enfants. C'est une formule assez vague qui mérite d'être « décodée ». Il faut être prudent avec la notion d'amour. L'ATSEM ne doit pas se substituer aux parents et mettre en péril l'équilibre affectif de l'enfant même si la demande affective de l'enfant en maternelle est forte. Il faut trouver une juste distance avec l'élève. Il serait plus approprié de parler d'« aimer travailler avec les enfants » ou « d'aimer le contact avec les enfants ».

En effet, le métier d'ATSEM peut procurer beaucoup de satisfaction : celle de ressentir le bien-être des enfants à l'école, de participer à leur développement, de voir leurs progrès, etc.

Le métier d'ATSEM revêt un caractère émotionnel fort. Il ne faut pas nier l'attachement qui lie les enfants et les adultes à l'école maternelle. Il est nécessaire car il est rassurant pour les plus petits et leur permet d'apprendre en toute sécurité.

Vous pouvez bien entendu mettre en avant d'autres qualités que celles mentionnées dans le tableau ci-avant. Mais rappelez-vous que ce sont celles recherchées en priorité par les membres du jury.

Une fois ce travail réalisé, donnez la même grille à plusieurs personnes de votre entourage (membre de votre famille, ami, collègue de travail, etc.) qui évalueront à leur tour vos qualités personnelles. Ainsi, vous comparerez leur avis à votre propre appréciation et vous enrichirez votre tableau.

Pour compléter votre profil, nous vous encourageons à identifier également vos principaux défauts. Pour éviter de vous mettre en posture difficile le jour du concours, vous ne retiendrez que ceux qui restent compatibles avec l'exercice de la profession d'ATSEM.

Attention

Ne répondez pas que vous n'avez pas de défauts. Le pire serait de dire que vous n'en savez rien.

Dans les deux cas, les examinateurs jugeront que vous n'êtes pas capable de prendre du recul sur votre propre personnalité voire que vous n'êtes pas sincère.

Cette attitude risque d'agacer le jury qui ne retiendra pas votre candidature.

6 Sa personnalité

Lors de l'oral d'admission, le jury aborde souvent des questions d'ordre plus personnel. Les examinateurs cherchent à découvrir la personnalité du candidat et à s'assurer qu'elle est compatible avec l'exercice de la profession d'ATSEM.

Pour parler de soi, il est nécessaire de prendre le temps de se connaître. À ce stade, vous avez identifié les connaissances et les compétences acquises ainsi que vos qualités personnelles, mais ces premières réflexions ne sont pas suffisantes. Pour réaliser si votre orientation professionnelle correspond à vos aspirations personnelles, le jury peut vous interroger entre autres sur vos centres d'intérêt et vos valeurs.

a. Ses centres d'intérêt

Vos loisirs sont révélateurs de votre personnalité. Si vous n'avez rien à répondre à la question de vos centres d'intérêt, les examinateurs s'interrogeront sur votre motivation, votre ouverture vers les autres, votre curiosité intellectuelle, votre dynamisme, etc. autant d'aspects négatifs qui vous feront perdre des points précieux.

Répondre que vous aimez le cinéma, la musique, la lecture, etc. n'est pas accrocheur. Il faut être plus précis pour espérer attirer l'attention du jury. Cherchez à vous distinguer.

S'investir dans une ou plusieurs activités permet de montrer certaines de vos compétences et qualités.

Bien entendu, il n'y a pas de bonnes ou de mauvaises réponses. Pour autant, certains loisirs valoriseront votre candidature alors que d'autres peuvent poser question aux examinateurs.

Exemples

- La cuisine est une activité qui demande un sens de l'organisation, le respect de consignes écrites (recette) et une certaine générosité quand on prépare des plats pour faire plaisir à des tiers.
- La pêche est un loisir solitaire et donne une image d'une personne individualiste. C'est aussi une activité qui nécessite beaucoup de calme et de patience.

Réalisez votre propre tableau, notez au moins trois de vos centres d'intérêt et loisirs, puis expliquez votre choix.

b. Ses valeurs

Qu'est-ce qui est important dans votre vie ? Qu'est-ce que vous ne supportez pas ?

Aborder vos valeurs permet d'identifier de façon indirecte des facteurs de votre motivation. En effet, vos attentes par rapport au travail sont liées à vos valeurs.

Il est préférable que ces dernières soient en lien avec les caractéristiques du métier d'ATSEM.

Pour identifier vos valeurs, essayez de déterminer les raisons qui sous-tendent votre satisfaction au travail.

Évitez de parler de votre souhait de trouver un emploi stable ou de vouloir privilégier votre vie familiale. En effet, ces deux arguments seraient beaucoup trop autocentrés sur votre propre personne. De la même façon, dire que vous n'aimez pas que l'on vous donne des ordres, risque de vous mettre en posture difficile.

Pour vous aider, dans le tableau ci-après, vous est proposée une liste de valeurs au travail compatibles avec l'exercice des fonctions d'ATSEM sur lesquelles vous pouvez ou non vous positionner et les illustrer.

Exemples de valeurs compatibles avec le métier d'ATSEM

Valeurs de travail	Cette valeur est-elle importante pour vous ? OUI ou NON	Exemples de situations dans lesquelles cette valeur s'est exprimée ?
Ambiance de travail		
Environnement physique de travail		
Organisation du travail	OUI	La répartition du temps de travail sur l'année, avec des périodes hautes pendant le temps scolaire et des périodes basses pendant les vacances, me convient dans la mesure où elle est adaptée à ma vie familiale.
Altruisme/ utilité sociale	OUI	L'ATSEM a un rôle social et éducatif reconnu. L'idée de contribuer au bien-être et au développement des enfants est très valorisante.
Polyvalence		
Réalisation de soi		
Reconnaissance		
Travail en équipe	OUI	Je n'aime pas travailler seul. C'est stimulant de travailler avec d'autres professionnels. On apprend beaucoup à leur contact.

Vous pouvez bien entendu mettre en avant d'autres valeurs qui vous tiennent à cœur (l'équité, la tolérance, le respect, etc.) même si elles sont plus généralistes.

Enfin, prenez le temps de préparer vos réponses à des questions d'ordre personnel fréquemment posées lors de l'oral d'admission.

Exemple de questions d'ordre personnel

- Quel est votre meilleur souvenir ? Et le plus mauvais ?
- Que font vos parents ? Que pensent-ils de votre orientation professionnelle ?
- Avez-vous des frères et sœurs ?
- Décrivez vos liens avec votre famille.
- Que ferez-vous si vous n'êtes pas admis au concours ATSEM cette année ?
- Quel est votre plat préféré ?
- Êtes-vous en bonne santé ?
- Quel est votre rapport à l'autorité ?
- Qu'est-ce qui vous fait peur ?
- Fumez-vous ?

L'important est moins le fond que la forme. Le jury s'intéresse à la façon dont vous allez gérer des questions plus ou moins déstabilisantes. Restez calme et répondez avec simplicité. Si vous montrez de l'agressivité, vos chances d'être retenu sont quasi-nulles.

Il peut s'agir de questions « piège » pour tester par exemple votre discrétion.

Vous n'êtes pas obligé de répondre aux questions touchant à votre vie privée. Dites-le calmement en explicitant votre position.

Répondez poliment : « Ceci est un sujet personnel. Je préfère ne pas répondre ».

5 Se présenter sous son meilleur jour

À l'oral, les connaissances et la réflexion qui servent votre projet professionnel ne suffisent pas. Le jury apprend aussi beaucoup de vous à partir de vos attitudes et comportements et de la façon dont vous vous exprimez. Il y a ce que le recruteur entend et ce qu'il voit.

En outre, le jury enchaîne les entretiens et dispose de peu de temps pour juger un candidat. Vous devez donc tout mettre en œuvre pour vous différencier, subtilement et positivement, des autres postulants, y compris en soignant la forme de votre intervention.

1 Adopter une attitude adaptée à la situation

La présentation physique et l'attitude du candidat lors de l'épreuve orale sont primordiales. Rappelez-vous que la première impression du jury, dès votre entrée dans la salle d'examen, est déterminante.

De plus, votre tenue vestimentaire, votre façon de vous exprimer, votre gestuelle, etc. reflètent certains traits de votre personnalité.

a. Votre présentation

Votre apparence (tenue vestimentaire, bijoux, maquillage, coiffure, etc.) doit être soignée, sans pour autant vous donner l'impression d'être déguisé. Évitez :

- les vêtements sales, froissés et sombres ;
- les vêtements trop larges, qui notamment cacheraient en partie vos mains ;
- les tenues « débraillées » : chemises hors du pantalon, jeans déchirés ;
- les tenues trop suggestives : jupe très courte, grand décolleté, vêtements transparents, etc. ;
- la référence à des marques trop visible ;
- des cheveux sales, mal peignés ou qui cachent en partie le visage ;
- des ongles sales ;
- un sac mal organisé dont le contenu déborde ;
- un porte-documents maculé de taches, de dessins, d'écritures, etc. ;
- une convocation ou une pièce d'identité déchirée, souillée ;
- une profusion de bijoux, des bracelets ou des bagues qui vont faire du bruit pendant votre prestation ;
- des chaussures sales ;
- les tatouages ou piercing ;
- un maquillage excessif.

Attention

Certaines odeurs prononcées (tabac, parfum, transpiration, etc.) peuvent gêner le jury.

Vous devez rester neutre, c'est-à-dire éviter tout signe d'appartenance à une religion, à un syndicat, à un parti politique, etc.

b. Votre attitude générale

Votre motivation sera visible par votre sourire, votre dynamisme et votre respect de l'autre.

Sourire donne une image positive de soi et indique à son interlocuteur que l'on prend plaisir à le rencontrer et à échanger avec lui. Essayez de conserver ce sourire tout au long de l'épreuve.

Être « visuellement » dynamique permet d'attirer l'attention du jury sur vous. Au contraire, se mettre en retrait sur sa chaise, être statique, manquer de répondant face aux questions posées, peut être interprété comme des signes de faible motivation. Le jury pourrait aussi mettre en doute votre capacité à faire face au rythme de travail de l'ATSEM.

Entrez dans la salle d'examen avec un pas vif, saluez le jury avec enthousiasme, donnez une poignée de main ferme si vous êtes amené à serrer la main des membres du jury, installez-vous confortablement et de manière à pouvoir accentuer vos propos avec des gestes de tête, de mains, etc.

Développer une relation d'écoute et de respect avec le jury vous permettra d'être ouvert et réceptif aux échanges avec les examinateurs. Soyez attentif aux consignes données, aux tons et expressions de vos interlocuteurs afin d'adapter votre discours en conséquence. Si, par exemple, vous percevez une incompréhension d'un des examinateurs, vous pourrez ainsi reformuler spontanément votre propos.

Faites reformuler une question si nécessaire avant de répondre si vous n'êtes pas certain d'en avoir compris le sens.

Exemple

« Je vous prie de m'excuser. Je ne suis pas sûr d'avoir compris le sens de votre question. Pouvez-vous, s'il vous plaît, la reformuler ? »

Votre téléphone portable doit être éteint pendant toute la durée de l'épreuve. S'il sonne pendant l'oral, cela sera considéré comme un manque de savoir-vivre. Les examinateurs ne vous le pardonneront pas.

Tout comme le téléphone portable, le chewing-gum est très mal perçu. Mâcher ou manger une quelconque nourriture est un comportement irrespectueux. Soyez conscient que cela peut anéantir la meilleure des candidatures.

Attention

Soyez vigilant à ne pas couper la parole aux membres du jury. Si vous commencez une phrase en même temps qu'un des examinateurs vous pose une question, excusez-vous et proposez de lui laisser la parole.

Soyez poli. Dites « bonjour », « au revoir » et pensez à remercier le jury à la fin de votre prestation.

Exemple

« Je vous remercie de l'attention portée à ma candidature et je vous souhaite une bonne fin de journée ».

Écoutez le jury. Attendez qu'il ait fini de poser sa question avant de commencer à répondre. Ne cherchez pas aller trop vite.

c. Votre posture

Prenez le temps de retirer votre veste, écharpe, etc. afin de ne pas être « coincé » dans vos vêtements ou de ne pas avoir trop chaud pendant l'entretien.

Assis face au jury, tenez-vous droit, légèrement penché en avant et les avant-bras posés sur la table.

Attention, penché ne veut pas dire « avachi ». Avancez votre chaise de façon à ne pas être assis au bord. Ne baissez pas les épaules.

Évitez de croiser vos bras sous peine de donner l'impression d'être dans une position de défense, replié sur vous-même. Les mains doivent être visibles, posées sur la table, et libres de s'exprimer pour donner du dynamisme à vos propos.

Regardez chacun de vos interlocuteurs à tour de rôle tout au long de l'oral, y compris quand vous répondez à une question d'un d'entre eux. Vous pourrez ainsi capter leurs réactions et adapter si nécessaire votre discours. Vous maintiendrez ainsi leur attention centrée sur votre prestation. Rappelez-vous que c'est ensemble qu'ils décideront de la note qui vous sera attribuée pour votre oral.

Reportez-vous à la boîte à outils 7 en fin d'ouvrage « les postures lors de l'entretien oral ».

d. Votre gestuelle

Certains gestes sont positifs, d'autres négatifs. Ils améliorent ou restreignent votre capacité de communication.

Les gestes devraient servir à accompagner les idées, à donner de la conviction au discours, à refléter une attitude d'ouverture, d'écoute, etc. Ce sont des mouvements spontanés de mains, de doigts, de la tête, de sourcils ou de posture.

Pour vous aider, placez-vous devant un miroir lors de simulations de l'entretien. Vous pouvez vous présenter en vous adressant à votre reflet. Surveillez votre position et la forme de votre discours. Introduisez des gestes pour ponctuer vos propos mais sans paraître trop théâtral.

Malheureusement, certains gestes manifestent votre stress ou vos émotions :

Évitez tout geste de contact (se gratter l'oreille, le cou, etc.), froncer les sourcils, tout « jeu » avec un crayon ou tout autre objet. Ne « gesticulez » pas sur votre chaise. Ne balancez pas nerveusement vos jambes. Ces gestes parasites sont des signes de nervosité qui traduisent votre difficulté à maîtriser votre trac.

- Se frotter les mains, lisser une mèche de cheveux, etc. montre un besoin de se rassurer.
- Se gratter la main ou le bras peut signifier de l'impatience ou de l'exaspération.
- Le croisement des jambes et surtout des bras, la mèche de cheveux devant les yeux, sont à proscrire. Ils traduisent un refus du dialogue ou une envie de repli sur soi.
- Enfin, le regard fuyant reflète un manque de confiance en soi.

Si vous êtes timide ou émotif, multipliez avant l'épreuve les occasions de prise de parole en public et les simulations d'entretien avec différentes personnes de votre entourage. Soyez convaincu de vos atouts pour réussir et prenez du recul par rapport aux attentes du jury. Leur objectif n'est pas de vous mettre en difficulté mais bien de savoir si vous avez le profil recherché pour devenir ATSEM.

Si vous n'avez pas idée de l'image que vous donnez à vos interlocuteurs, demandez à vos amis ou des membres de votre famille de vous filmer. Visionnez ensemble l'enregistrement et échangez sur vos impressions respectives. Cette technique vous fera progresser.

Rappelez-vous que votre corps peut exprimer l'opposé de vos paroles.

> **Exemple**
>
> Le candidat dit : « Je suis quelqu'un de patient » en se grattant nerveusement la main gauche.
> Les deux messages véhiculés l'un par la parole et l'autre par le corps, sont antinomiques.

2 Gérer votre stress

Bien des candidats, pensant pourtant être bien préparés, perdent leurs moyens le jour de l'oral parce qu'ils sont envahis par le trac.

Le trac est une appréhension ressentie quand on doit prendre la parole devant des personnes que l'on ne connaît pas. Cette anxiété est naturelle compte tenu de l'enjeu de l'épreuve et du niveau d'exigence du jury.

Les symptômes sont variés : bouche sèche, douleur abdominale, tremblements, rougissements, transpiration, bredouillements, palpitations, crispations musculaires, pertes de mémoire, etc.

Le candidat vit la situation comme une perte de contrôle particulièrement gênante et accentuée par le sentiment de donner une piètre image de lui-même.

Un oral d'admission est une situation stressante. Il convient avant tout de comprendre la source de ce stress.

Il ne faut pas penser que l'on attend de vous que vous répondiez à tout. Vous ne pouvez pas tout savoir et avoir tout fait. Si le jury vous pose une question à laquelle vous ne parvenez pas à répondre, dites-le avec simplicité et manifestez votre intention de vous renseigner sur le sujet. De la même façon, si un examinateur met l'accent sur une expérience que vous n'avez pas, confirmez mais sachez contrebalancer ce manque par un atout de votre parcours que vous n'avez pas encore évoqué.

Il faut donc changer votre vision de l'entretien. Après avoir réussi les épreuves écrites, l'oral est l'occasion de convaincre le jury de votre détermination à vouloir devenir ATSEM. Ayez confiance en vous et partez gagnant.

Cela étant dit, il est toujours possible de canaliser son stress. Voici quelques conseils pour y parvenir.

a. Préparez-vous

Appréhender par avance le déroulement de l'épreuve et les attentes du jury, développer sa culture professionnelle, maîtriser la technique de la présentation de son parcours, connaître le métier d'ATSEM et son environnement, avoir écrit au préalable ses motivations et son projet professionnel, avoir identifié les atouts de sa candidature (qualités, aptitudes, expériences, etc.) sont autant d'éléments de votre préparation qui seront la clé de votre réussite. Avoir l'impression d'être prêt lève près de la moitié du trac.

Ne négligez rien, et surtout pas les détails. Par exemple, prenez le temps de finaliser votre discours de présentation sans donner pour autant l'impression de le réciter le jour J.

Préparez vos réponses à un maximum de questions possibles sur votre parcours, le métier, vous-même, votre projet, etc. en vous basant sur le contenu de cet ouvrage et des exercices proposés.

b. Anticipez

Évitez de vous mettre dans des conditions de concours défavorables. Pour cela, organisez-vous pour arriver avec suffisamment d'avance, faites-vous une « check-list » afin de ne rien oublier.

Accordez-vous une bonne nuit de sommeil, la nuit qui précède l'entretien. Vous ne pouvez pas vous permettre d'être fatigué.

Portez une tenue adaptée à la situation et qui vous permet d'être à l'aise. Prenez le temps de vous installer avant de commencer votre entretien afin d'éviter toute posture inconfortable.

c. Relativisez

Rappelez-vous que le jury n'est pas là pour juger votre personne mais bien pour évaluer vos capacités à devenir ATSEM. Ce n'est pas parce que vous bloquez sur une question que tout est perdu. Et dites-vous que plus le jury vous questionne, plus il est susceptible d'être intéressé par votre candidature.

Conseil

Vous bafouillez ou vous avez perdu le fil de votre raisonnement. Ne paniquez pas. Cela peut arriver à tout le monde. Excusez-vous et reprenez votre argumentation : « Je suis désolée, ce n'est par le mot que je voulais utiliser. Je vais reprendre ma phrase ».

d. Restez calme

Si un membre du jury vous contredit, ne le prenez pas comme une attaque personnelle. Il cherche à savoir si vous saurez tenir votre position, même si elle est apparemment différente de la sienne.

Vous n'avez pas la réponse à la question posée ? Dites-le avec simplicité. Dans tous les cas, restez calme. Ne montrez ni agressivité, ni impatience.

e. Décontractez-vous

Si vous êtes sujet au trac, contrôlez votre respiration. Pendant la phase d'attente, inspirez profondément par le nez et soufflez tout doucement en contrôlant votre débit. Recommencez cet exercice plusieurs fois jusqu'à ce que vous ayez retrouvé votre calme.

Souriez. Le sourire aide à combattre le stress en donnant une image agréable de vous aux membres du jury.

Si ce phénomène de stress est récurrent chez vous, pensez à vous préparer psychologiquement à l'entretien en prenant conseil auprès de personnes qualifiées dans les domaines de la relaxation, de la sophrologie, etc. D'autres feront éventuellement appel à l'homéopathie.

f. Concentrez-vous

Pendant toute la durée de l'entretien, entre le moment où vous entrez dans la salle et celui où vous en sortez, restez concentré et à l'écoute de vos interlocuteurs. Ne cherchez pas à monopoliser la parole. Prenez quelques secondes de réflexion avant de répondre aux questions posées, ce qui donnera de vous, l'image d'une personne calme et réfléchie.

g. Entraînez-vous

Participer à un entretien n'est pas une situation ordinaire. Vous pouvez ne pas avoir l'habitude de vous exprimer à voix haute devant des tiers. Pour réduire votre appréhension, n'hésitez pas à organiser avec des membres de votre entourage (amis, famille, etc.), plusieurs simulations d'entretien oral.

h. Positivez

L'autosuggestion est très efficace. Les jours qui précèdent l'entretien, forcez-vous à penser à vos réussites sous toutes leurs formes (permis de conduire, votre vie de couple, un diplôme, etc.). Valorisez ces succès pour vous placer dans un état d'esprit positif et gagnant.

Rappelez-vous qu'il est plus facile de réussir si l'on est convaincu de sa capacité à obtenir ce que l'on veut. Il est nécessaire de cultiver sa confiance en soi.

3 Soigner la forme du discours

Le jury sera sensible à la manière dont vous vous exprimez.

a. Le rythme

Faites attention à ne pas parler trop vite, cela vous donnera également le temps d'organiser votre raisonnement. Soignez votre articulation. N'ayez pas peur d'aménager de courtes pauses afin d'en souligner les points importants de votre discours et de faire les transitions (mots de liaison) d'une étape à une autre de votre argumentation.

Ainsi, vous faciliterez le travail de compréhension de votre auditoire.

b. La voix

La voix doit être claire et posée. Parlez fort même si le jury se trouve à quelques mètres de vous afin d'être parfaitement audible.

Variez les intonations de manière à donner de la vie à votre discours. Un ton monocorde est lassant.

c. Le respect de la langue française

Vous devez bien vous exprimer, c'est-à-dire tenir un discours clair avec un vocabulaire précis et adapté. Il est préférable de faire des phrases courtes et bien structurées.

Évitez les abréviations, les sigles ainsi que les mots trop familiers (« cool », « super », « je travaille dans une boîte », etc.).

Les mots parasites répétés deviennent vite agaçants pour le jury, qui finit par ne plus entendre que cela au détriment du contenu de vos propos. Il s'agit d'interjections (« euh… ») et de tics verbaux (« alors », « bon », « un peu », « en général », etc.).

Faites également attention à ne pas être trop répétitif.

Si vous ne parvenez pas à évaluer vos difficultés, enregistrez-vous lors d'une séance d'entraînement sur votre présentation par exemple. En vous écoutant, vous n'aurez aucune difficulté à repérer vos faiblesses.

Conseil

Lors de vos séances d'entraînement avec des membres de votre entourage, demandez-leur de vous interrompre à chaque recours à des mots parasites. Transformez-les systématiquement par un mot de liaison (de plus, par ailleurs, etc.) avant d'enchaîner sur l'idée suivante.

L'expression doit être correcte, c'est-à-dire respectueuse de règles élémentaires de syntaxe et de grammaire. C'est un point faible chez beaucoup de candidats.

Là encore, il est nécessaire de ralentir le débit pour vous laisser le temps de préparer vos phrases.

Conseil

En cas de difficultés avec la maîtrise de la langue française, prenez le temps pendant la phase de préparation de lire à voix haute des textes sur différents supports (journaux, revues professionnelles, romans, etc.) afin de mémoriser de nouvelles tournures de phrases.

d. Le vocabulaire professionnel

Il est préférable d'utiliser la terminologie du secteur professionnel.

> Exemple
>
> **Question du jury :** « Qu'est-ce que l'énurésie ? ».
>
> **Réponse de Ségolène :** « C'est quand l'enfant fait pipi au lit la nuit ».
>
> **Réponse de Laurence :** « L'énurésie se traduit par des mictions nocturnes involontaires et inconscientes ».
>
> Les réponses de Ségolène et de Laurence n'utilisent pas le même niveau de discours. Il est trop simple et trop commun pour Ségolène. Laurence, en revanche, se positionne en professionnelle en utilisant le vocabulaire technique approprié.

Mettez-vous à la place du jury. Il est plus rassurant et agréable d'écouter la réponse de Laurence.

e. L'articulation

Pour faciliter la compréhension du jury, prenez soin de bien articuler. Les mots prononcés seront plus audibles. Pour vous entraîner, prononcez les phrases suivantes à voix haute :

- Trois très gros, gras, grands rats gris grattent.
- Les chemises de l'archiduchesse sont-elles sèches, archi-sèches ?
- Mille millions de merveilleux musiciens murmurent des mélodies multiples et mirifiques.
- La maman du manant manie nos manies maniaques sans manière.

f. L'humour

Un peu d'humour subtilement dosé, peut être un atout. Cela peut être utile notamment face à une question provocatrice.

> Exemple
>
> **Le jury** : « Nous avons de meilleures candidates que vous ».
>
> **La candidate** : « Impossible, aucune ne peut jouer de la clarinette aussi bien que moi. Plus sérieusement, je voudrais ajouter, pour montrer le sérieux de ma candidature, que je suis bénévole au sein d'une association Autisme Vienne… » (attention, il doit s'agir d'un argument non évoqué jusqu'alors).
>
> **Le jury** : « Quels sont vos défauts ? »
>
> **Le candidat** : « Je pourrais vous dire que je n'en ai aucun. Mais vous n'allez pas me croire. Alors j'avoue. Je suis… ».

En revanche, si un membre du jury fait de l'humour. Souriez mais ne surenchérissez pas.

9. La critique

On demande au candidat d'avoir un esprit ouvert et critique face à l'actualité.

Toutefois, tout jugement critique sur des professionnels rencontrés au cours de son parcours, sur des pratiques éducatives, etc. sera mal perçu s'il n'est pas solidement argumenté. Votre position sera difficile à tenir dans la mesure où vous aurez peu, aux yeux du jury, de légitimité à fonder votre propre appréciation des situations vécues.

De la même façon, soyez positif sur vos expériences professionnelles antérieures. Si le jury vous interroge, ne dites pas « Ils ne me confiaient pas assez de responsabilités » mais préférez « J'ai envie de gagner en autonomie ».

Il faut également éviter les considérations de type « café du commerce » et les banalités (« les parents n'éduquent plus…, les enfants sont de moins en moins bien élevés »). Une bonne manière de marquer ses distances avec des banalités peut consister à les citer sans les faire siennes (« On entend souvent dire que… »), ce qui permet de les nuancer en les mettant en perspective.

Vos positions ou vos décisions (lors des mises en situation professionnelle) doivent être fondées et argumentées. Ne faites pas appel à des idées toutes faites ou à des préjugés.

Exemple

Question : Lucie vous confie que son camarade de classe Tom a deux mamans et pas un papa et une maman. Comment réagissez-vous ?

Réponse du candidat : « J'explique à Lucie que c'est mieux pour un enfant d'être élevé par un papa et une maman mais que ce n'est pas toujours le cas ».

La réponse donnée traduit un *a priori* sur la capacité des couples de même sexe à élever un enfant.

Le candidat montre un manque de neutralité et d'ouverture d'esprit.

Partie

5

Sujets corrigés

- Sujet d'admissibilité concours externe
- Sujet d'admissibilité concours externe
- Sujet d'admissibilité 3e concours
- Dossier d'admissibilité concours ASEM
- Sujet d'admission concours externe
- Sujet d'admission : mise en situation professionnelle
- Entretien de motivation concours Externe/Interne/3e voie

1 Sujet d'admissibilité concours externe

Difficulté : ★★ 45 minutes • **Coeficient :** 1

QCM ATSEM externe CDG Loire, 2019

1. L'enseignante avec qui vous travaillez habituellement comme ATSEM est absente et remplacée par une enseignante qui n'a jamais exercé en maternelle. Celle-ci vous demande de l'aider à concevoir des activités :
   - ❒ **a.** Vous l'invitez à solliciter l'aide des autres enseignants et de la directrice de l'école.
   - ❒ **b.** Vous la faites profiter de votre expérience et lui rédigez une liste d'activités possibles avec les enfants.
   - ❒ **c.** Vous la laissez se débrouiller seule et lui indiquez que vous préférez ne rien changer à vos habitudes.
   - ❒ **d.** Vous lui proposez de consulter l'emploi du temps et le cahier-journal de la titulaire.
   - ❒ **e.** Vous lui proposez de gérer vous-même l'accueil du matin pour lui montrer comment faire.
2. Afin de préserver sa santé, l'ATSEM doit respecter des règles d'ergonomie lors des opérations d'entretien des locaux :
   - ❒ **a.** Soulever des charges lourdes avec le dos droit et les bras pliés.
   - ❒ **b.** Soulever des charges lourdes avec le dos droit et les bras tendus.
   - ❒ **c.** Plier les jambes pour nettoyer les surfaces basses.
   - ❒ **d.** Plier le dos pour nettoyer les surfaces basses.
   - ❒ **e.** Se mettre à genoux pour nettoyer les surfaces basses.
3. Nejma, scolarisée en moyenne section, est intolérante aux œufs :
   - ❒ **a.** Elle peut manger à la cantine, en respectant les indications d'un PAI.
   - ❒ **b.** Elle peut faire l'objet d'un suivi par un AVS.
   - ❒ **c.** Elle doit éviter de consommer tous les féculents.
   - ❒ **d.** En cas de réaction allergique, vous lui administrez les médicaments que vous jugez utiles.
   - ❒ **e.** À l'occasion de l'anniversaire de Léo, vous proposez à Nejma une petite part de flan pour qu'elle ne se sente pas exclue.

4. Parmi ces acteurs de l'école maternelle, quels sont ceux qui font partie de l'éducation nationale ?

- ❒ **a.** Les enseignants.
- ❒ **b.** Les ATSEM.
- ❒ **c.** Les membres du RASED.
- ❒ **d.** Les agents de restauration scolaire.
- ❒ **e.** L'AESH, l'accompagnateur des élèves en situation de handicap.
- ❒ **f.** L'animateur périscolaire.

5. Afin d'entretenir les locaux de l'école dans le respect du développement durable, en réduisant les rejets de produits dans l'air intérieur, quelles mesures pouvez-vous appliquer ?

- ❒ **a.** Utiliser deux fois moins de produit par rapport à la concentration prévue sur l'étiquette.
- ❒ **b.** Utiliser des produits éco-labellisés.
- ❒ **c.** Utiliser uniquement de l'eau pour désinfecter les surfaces.
- ❒ **d.** Utiliser un nettoyeur vapeur pour désinfecter les surfaces.
- ❒ **e.** Utiliser des lavettes imprégnées de solution plutôt que des produits aérosols.

6. Dès le premier jour de la rentrée, l'enseignante préfère que les élèves se rendent aux toilettes à la demande. Les toilettes ne sont pas attenantes à la classe et en tant qu'ATSEM vous êtes sollicité à longueur de temps. Quelle(s) attitude(s) pouvez-vous adopter ?

- ❒ **a.** Demander à l'enseignante s'il est possible de grouper les demandes en expliquant vos difficultés.
- ❒ **b.** Laisser passer quelques jours le temps que les élèves prennent leurs repères dans la classe.
- ❒ **c.** Décider de n'accompagner aucun enfant.
- ❒ **d.** Soulever ce problème en conseil d'école.

7. Boris, élève de moyenne section, se présente régulièrement à l'école avec des hématomes sur le corps. Comment réagissez-vous ?

- ❒ **a.** Vous ne dites rien car vous êtes tenu au secret professionnel.
- ❒ **b.** Vous interrogez les parents pour en savoir plus.
- ❒ **c.** Vous appelez les services sociaux.
- ❒ **d.** Vous prévenez l'enseignant.
- ❒ **e.** Vous consultez une voisine de l'enfant que vous connaissez et en qui vous avez toute confiance afin de savoir si elle a remarqué quelque chose.

8. Pour les élèves du premier degré, la pause méridienne doit être :

- ❒ **a.** D'une heure au minimum.
- ❒ **b.** D'une heure trente au minimum.
- ❒ **c.** D'une heure trente au maximum.
- ❒ **d.** Comprise entre une heure et deux heures, chaque commune fixant sa propre durée.

9. Eymeric, atteint d'un trouble du spectre autistique, est scolarisé dans la classe de moyenne section. Cochez les propositions exactes :

❒ **a.** Il peut arriver à un enfant autiste de se taper contre des objets ou des personnes.

❒ **b.** Un enfant autiste a très souvent besoin d'être en mouvement, de se balancer, de tourner.

❒ **c.** Dans la mesure où Eymeric bénéficie de l'aide d'un AVS, il n'est pas nécessaire, en tant qu'ATSEM, que vous vous en occupiez.

❒ **d.** Afin de stimuler l'attention de l'enfant, vous proposez à l'enseignant de changer sa table de place au sein de la classe chaque semaine.

❒ **e.** Vous êtes particulièrement attentif à votre manière de communiquer avec l'enfant en privilégiant des phrases courtes, des signes et des gestes.

10. Les élèves de grande section de la classe dont vous avez la charge ont réalisé des fiches de numération. L'enseignant vous demande de les ranger dans le classeur des enfants, organisé en fonction des 5 grands domaines d'apprentissage. Dans quel domaine doivent être rangées ces fiches ?

❒ **a.** Mobiliser le langage dans toutes ses dimensions.

❒ **b.** Agir, s'exprimer, comprendre à travers l'activité physique.

❒ **c.** Agir, s'exprimer, comprendre à travers les activités artistiques.

❒ **d.** Construire les premiers outils pour structurer sa pensée.

❒ **e.** Explorer le monde.

11. En début d'année, un élève de petite section pleure longuement tous les matins au périscolaire.

❒ **a.** Vous échangez avec ses parents pour savoir s'il est possible d'aménager l'heure d'arrivée de leur enfant de manière progressive.

❒ **b.** Vous proposez qu'il apporte un doudou, ou un objet de la maison.

❒ **c.** Vous proposez au parent qui l'accompagne de l'installer au coin jeu.

❒ **d.** Vous refusez de le prendre au périscolaire du matin.

12. En France :

❒ **a.** L'instruction est obligatoire à partir de l'école élémentaire, soit 6 ans.

❒ **b.** L'instruction est obligatoire à partir de 3 ans depuis la rentrée 2019.

❒ **c.** L'instruction est obligatoire uniquement pour les enfants de nationalité française.

❒ **d.** L'instruction est obligatoire pour tous les enfants français ou étrangers.

13. Chaque vendredi a lieu un conseil des maîtres lors de la pause méridienne. Pendant ces réunions, les enseignants :

❒ **a.** Préparent les projets de l'école.

❒ **b.** Corrigent les évaluations.

❒ **c.** Suivent un ordre du jour établi par le directeur.

❒ **d.** Préparent le matériel des prochaines activités.

14. Pour le nettoyage des locaux, vous utilisez un produit détergent à diluer à 2,5 %. Quelle quantité de produit préparez-vous pour 10 litres d'eau ?

❒ **a.** 0,025 l.

❒ **b.** 250 ml.

❒ **c.** 25 ml.

❒ **d.** 0,25 l.

❒ **e.** 2,5 ml.

15. Vous êtes en charge de la préparation d'un atelier d'arts plastiques pour lequel les enfants auront besoin de peinture orange et violette. Vous ne disposez que de blanc et des trois couleurs primaires (jaune, cyan et magenta). Il vous faudra mélanger :

❒ **a.** Du jaune et du cyan pour l'orange, du cyan et du magenta pour le violet.

❒ **b.** Du jaune et du blanc pour l'orange, du cyan et du jaune pour le violet.

❒ **c.** Du jaune et du magenta pour l'orange, du cyan et du magenta pour le violet.

❒ **d.** Du jaune et du magenta pour l'orange, du cyan et du blanc pour le violet.

16. Un exercice incendie a lieu un matin d'hiver. Vous devez :

❒ **a.** Compter les élèves qui vous ont été confiés et les accompagner vers la sortie de secours la plus proche, le plus rapidement possible.

❒ **b.** Prendre les manteaux des élèves.

❒ **c.** Ranger rapidement le matériel sur les tables.

❒ **d.** Crier pour que tous les enfants entendent vos indications.

❒ **e.** Récupérer votre portable dans votre sac à main pour être joignable.

❒ **f.** Rassurer les enfants en verbalisant ce qui est en train de se passer.

17. Un élève en situation de handicap peut bénéficier :

❒ **a.** De l'aide d'un AVS.

❒ **b.** D'horaires aménagés.

❒ **c.** De matériel pédagogique adapté.

❒ **d.** D'activités adaptées.

18. L'enseignant vous demande de préparer des triangles rectangles de 21 cm de hauteur avec une base de 14,8 cm. Il y a 24 élèves dans la classe. Vous disposez de trois feuilles rouges, deux vertes, quatre jaunes et une bleue de format A4.

❒ **a.** Vous pouvez réaliser au maximum douze triangles rouges.

❒ **b.** Vous pouvez réaliser au maximum six triangles bleus.

❒ **c.** Vous pouvez réaliser au maximum cinq triangles verts.

❒ **d.** Vous pouvez réaliser au maximum seize triangles jaunes.

❒ **e.** Chaque enfant pourra disposer de deux triangles.

19. Une sortie de fin d'année est organisée pour la classe de petite section composée de 12 enfants de 3 ans et 15 enfants de 4 ans. Pour accompagner cette sortie, il faut la présence de :

❒ **a.** 1 adulte.

❒ **b.** 2 adultes.

❒ **c.** 3 adultes.

❒ **d.** 4 adultes.

20. Sur le temps périscolaire, vous avez organisé des jeux et avez pris des photos des élèves afin de les placer sur un support numérique pour les familles et d'alimenter le blog de l'école.

❒ **a.** Comme ce sont des photos de groupe, il n'y a pas besoin d'autorisation.

❒ **b.** Vous devez faire signer une autorisation de droit à l'image par les familles.

❒ **c.** Vous devez « flouter » les enfants qui n'ont pas l'autorisation.

❒ **d.** Vous n'avez pas besoin d'autorisation pour mettre les photos sur le blog de l'école.

Corrigé

1. **Bonnes réponses a., b. et d.** L'ATSEM peut se mettre dans la posture d'accompagner la prise de poste de l'enseignante débutante. Les propositions « a » et « d » paraissent aller de soi. La réponse « b » est envisageable : l'enseignante a toute latitude de retenir ou pas les activités proposées par l'ATSEM.

2. **Bonnes réponses b., c. et e.** La meilleure posture pour soulever une charge lourde est de fléchir les jambes en gardant le dos droit et les bras tendus. Nettoyer les surfaces basses peut nécessiter de plier les jambes ou de se mettre à genoux.

3. **Bonne réponse a.** Nejma ne doit pas ingérer des aliments/préparations à base d'œufs tels que le flan par exemple. Une allergie alimentaire nécessite la mise en place d'un PAI qui contient le protocole d'urgence. L'ATSEM se réfère strictement à ce document en cas de réaction allergique.

4. **Bonnes réponses a., c. et e.** Les ATSEM, les agents de la restauration scolaire et l'animateur sont employés par la collectivité dont relève l'établissement scolaire.

5. **Bonnes réponses b. et e.** Il est possible d'améliorer la qualité de l'air au sein d'une école par l'utilisation de produits d'entretien de qualité écologique, par le recours à des méthodes d'entretien n'émettant pas de substances toxiques tel que le nettoyage vapeur sur les surfaces appropriées – mais le passage d'un nettoyeur vapeur ne permet pas de désinfecter les surfaces – et par la limitation voire la suppression des aérosols qui génèrent une pollution particulaire.

6. **Bonnes réponses a. et b.** Les modalités de passage aux toilettes sont organisées par l'enseignante. Cette question n'est pas du ressort du Conseil d'école.

7. **Bonne réponse d.** L'ATSEM a l'obligation de rendre compte de ses constats à l'enseignant de l'élève ou au directeur de l'école. Il n'entre pas dans ses prérogatives de chercher à en savoir plus sur une potentielle situation de maltraitance.

8. **Bonne réponse b.** Un des principes d'organisation du temps scolaire est une pause méridienne qui ne peut être d'une durée inférieure à 1 h 30.

9. **Bonnes réponses a., b. et e.** Un enfant autiste peut présenter des troubles des interactions sociales (indifférence aux personnes, activités solitaires, etc.), des troubles de la communication verbale et non verbale (retard de langage, incapacité ou difficulté à communiquer, limitation de la compréhension, etc.) et des comportements répétitifs et inhabituels (balancements, intolérance au changement, colère, etc.).

10. **Bonne réponse c.** Découvrir les nombres et leurs utilisations entrent dans le domaine d'apprentissage tenant à la construction des premiers outils pour structurer la pensée.

11. **Bonnes réponses b. et c.** L'enfant est en difficulté au moment de la séparation avec le parent qui l'accompagne. Décaler l'heure d'arrivée n'est pas la solution. Le parent peut accompagner l'élève dans sa première activité de la journée au coin jeu. Il faut proposer à l'enfant de prendre son doudou, objet transitionnel qui va lui permettre de faire le lien entre la maison et l'école.

12. **Bonnes réponses b. et d.** L'instruction (à l'école ou à la maison) est obligatoire à partir de 3 ans depuis la rentrée 2019. Elle concerne tous les enfants français et étrangers.

13. **Bonnes réponses a. et c.** Le conseil des maîtres de l'école est composé du directeur, de l'ensemble des maîtres affectés à l'école, des maîtres remplaçants présents au moment des réunions du conseil et des membres du réseau d'aide spécialisée intervenant dans l'établissement. Le conseil des maîtres élabore le projet d'école et délibère sur toutes les questions touchant à la vie, à l'organisation, au fonctionnement de l'école, d'un point de vue pédagogique et matériel. Il émet un avis sur la répartition des élèves, l'attribution des classes, l'établissement des services et l'occupation des salles. Il se prononce sur la poursuite de la scolarité des élèves et en informe les parents. Les propositions « b » et « d » correspondent à des activités d'enseignants, liées à l'organisation et la gestion de leur classe.

14. **Bonnes réponses b. et d.** 2,5 litres de détergent sont à diluer dans 100 litres d'eau. Donc, pour 10 litres d'eau, 0,25 litres (ou 250 ml) de détergent seront nécessaires (2,5 × 10 ÷ 100).

15. **Bonne réponse** c. Le mélange « magenta + jaune » donne la couleur orange, celui « magenta + cyan », du violet.

16. **Bonnes réponses a. et f.** La situation décrite laisse penser que l'exercice se déroule alors que l'ATSEM gère un groupe d'élèves en l'absence de l'enseignant. Il est important de compter le nombre d'enfants afin de s'assurer qu'ils seront tous présents une fois arrivés au point de rassemblement. Le déplacement doit se faire rapidement et dans le calme. Il est inutile de crier.

17. **Bonnes réponses a., b., c. et d.** Toutes les propositions sont possibles, définies dans le cadre d'un projet personnalisé de scolarisation.

18. **Bonnes réponses a. et d.** Il est possible de découper 4 triangles sur une feuille A4 (dimensions 21 × 29,7 cm). On obtient donc 12 triangles rouges (4 × 3 feuilles), 8 triangles verts (4 × 2 feuilles), 16 triangles jaunes (4 × 4 feuilles) et 4 triangles bleus (1 seule feuille), soit 40 triangles au total. Les élèves ne pourront pas avoir 2 triangles chacun car il en faudrait 48 au total.

19. **Bonne réponse d.** La sortie scolaire concerne 27 enfants. Le taux d'encadrement est d'un adulte pour 8 élèves. Il faudra donc 4 adultes accompagnants dont l'enseignant.

20. **Bonnes réponses b. et c.** Toute diffusion d'image, même sur un support numérique, nécessite l'autorisation préalable des parents, y compris les photographies collectives. En cas de refus des parents, l'enfant devra être maintenu hors champ ou flouté sur l'image.

2 Sujet d'admissibilité concours externe

Difficulté : ★★★ 45 minutes • **Coeficient :** 1

QCM ATSEM externe CDG Loire, 2018

1. Aujourd'hui, les enseignements à l'école maternelle :
   - ❒ **a.** Représentent 24 heures par semaine.
   - ❒ **b.** Représentent 8 heures par jour.
   - ❒ **c.** Sont obligatoirement répartis sur 9 demi-journées par semaine.
   - ❒ **d.** Peuvent être répartis sur 8 ou 9 demi-journées par semaine selon les communes.
2. Le directeur (la directrice) de l'école vous informe que, la semaine prochaine, aura lieu un exercice « attentat/intrusion » dans l'école :
   - ❒ **a.** Cet exercice est facultatif ; son organisation dépend de la zone géographique dans laquelle se situe l'école.
   - ❒ **b.** Cet exercice doit avoir lieu au moins une fois dans l'année dans les écoles et établissements scolaires.
   - ❒ **c.** Les classes de petite section ne sont pas concernées par cet exercice.
   - ❒ **d.** Le jour de l'exercice, une alarme est déclenchée. Chacun doit réagir en suivant une des deux postures identifiées en cas d'attaque : s'échapper ou s'enfermer/se cacher.
3. En début d'année, l'enseignant(e) avec qui vous travaillez comme ATSEM vous explique que sa classe de petite section s'organisera autour d'ateliers autonomes, choisis librement par les enfants tout au long de la journée :
   - ❒ **a.** Vous lui demandez de vous expliquer sa démarche et de vous préciser quel sera votre rôle auprès des enfants.
   - ❒ **b.** Vous attirez son attention sur des activités susceptibles de mettre en jeu la sécurité de ces très jeunes enfants s'ils les exécutent en toute autonomie : risque d'ingestion de petits éléments, de glissade devant les lavabos, de coupures avec les ciseaux, etc.
   - ❒ **c.** Enthousiaste, vous proposez de préparer à la maison des ateliers autonomes car vous avez beaucoup d'idées.
   - ❒ **d.** Vous refusez que les robinets soient en libre d'accès pour les enfants pour des questions de sécurité : risque de brûlure (eau chaude), de glissade (eau par terre), etc.
4. À l'accueil du matin, les enfants de petite et moyenne section de la classe où vous exercez comme ATSEM produisent de nombreux dessins, graphismes :
   - ❒ **a.** Vous jetez ces réalisations car elles sont, selon vous, peu révélatrices du travail effectué à l'école.

❒ **b.** Vous les rangez systématiquement de votre propre initiative dans les casiers des enfants.

❒ **c.** Vous les collez dans un cahier pour faire plaisir aux enfants et valoriser leurs productions.

❒ **d.** Vous en parlez à l'enseignant(e) et vous mettez d'accord avec lui (elle) sur ce que vous devez en faire.

❒ **e.** Vous demandez aux enfants de les glisser dans les poches de leur manteau afin de les rapporter chez eux.

5. Le directeur (la directrice) de l'école vous sollicite en tant qu'ATSEM afin de participer à une équipe éducative pour un enfant pour lequel a été défini un PPS :

❒ **a.** Un PPS est un projet personnalisé de scolarisation.

❒ **b.** Un PPS est un programme personnalisé de soins.

❒ **c.** Vous pouvez refuser d'assister à la réunion si elle excède votre obligation hebdomadaire de service.

❒ **d.** Vous pouvez signaler à votre employeur ce temps de travail supplémentaire afin qu'il organise une récupération à proportion du temps passé en réunion.

❒ **e.** Vous refusez de participer à ce dispositif car vous ne vous sentez pas compétent(e) pour apporter des éléments d'information concernant le comportement et l'efficience scolaire de l'enfant.

6. Leurs activités quotidiennes exposent les ATSEM aux risques de TMS. Quelle(s) affirmation(s) est (sont) exacte(s) ?

❒ **a.** Les TMS sont les troubles mesurant le stress au travail.

❒ **b.** Les TMS peuvent être causés par des gestes répétitifs et des mauvaises postures de travail.

❒ **c.** Les TMS sont les troubles musculo-squelettiques qui concernent l'appareil locomoteur.

❒ **d.** En matière d'entretien des locaux, le lavage des sols par la méthode de pré-imprégnation contribue à limiter les risques de TMS en supprimant l'usage de la presse.

❒ **e.** Pour lutter contre les TMS, le soulèvement d'une charge lourde doit se faire bras pliés et jambes tendues.

7. L'étiquette d'un produit détergent-désinfectant utilisé par l'ATSEM pour désinfecter les jouets porte la mention « bactéricide à 1 %, fongicide à 3 % ». Que signifient ces informations ?

❒ **a.** Le produit tue 1 % des bactéries.

❒ **b.** Le produit dilué à 1 % tue les bactéries.

❒ **c.** Le produit tue 3 % des virus.

❒ **d.** Le produit dilué à 3 % tue les champignons microscopiques.

❒ **e.** Le produit dilué à 3 % tue les virus.

8. Durant le temps périscolaire de fin de journée, vous faites sortir les enfants à l'extérieur pour qu'ils puissent s'aérer. Il fait froid et vous précisez bien aux enfants de se couvrir correctement. Une petite fille de petite section, qui a tout juste 3 ans, commence à faire un caprice et refuse de mettre son bonnet. Comment pouvez-vous réagir ?

- ❒ **a.** Vous l'obligez à mettre son bonnet malgré les pleurs, il n'est pas envisageable qu'elle tombe malade.
- ❒ **b.** Vous lui expliquez qu'il fait très froid à l'extérieur, et que si elle refuse de mettre un bonnet, elle risque de tomber malade.
- ❒ **c.** Vous mettez la fillette en position de décider, et vous lui proposez de choisir entre son bonnet et celui que pourrait lui prêter l'école.
- ❒ **d.** Vous demandez à une collègue plus expérimentée de lui mettre son bonnet.

9. Un élève de moyenne section n'a pas été récupéré par ses parents en fin de journée. Il n'est pas inscrit au temps périscolaire que vous animez après la classe. L'enseignant vous demande de vous occuper de l'enfant :

- ❒ **a.** Vous acceptez en attendant les parents car il s'agit d'un temps périscolaire où les élèves ne sont plus sous la responsabilité de l'enseignant(e).
- ❒ **b.** Vous tentez de joindre les parents au téléphone pour qu'ils viennent récupérer l'enfant.
- ❒ **c.** Vous refusez de prendre en charge l'enfant.
- ❒ **d.** Vous décidez de reconduire l'enfant chez lui.

10. L'enseignant(e) que vous assistez comme ATSEM vous demande de tracer un quadrilatère. Vous pouvez tracer :

- ❒ **a.** Un losange.
- ❒ **b.** Un rectangle.
- ❒ **c.** Un triangle isocèle.
- ❒ **d.** Un cercle.
- ❒ **e.** Un hexagone.

11. Pour réaliser le lavage manuel des sols d'une école, les ATSEM utilisent un détergent-désinfectant conditionné en dosette de 20 ml à diluer dans 8 litres d'eau, au prix de 0,24 € la dosette. Chaque jour, les ATSEM préparent au total 40 litres de solution. Quel coût représente le nombre de dosettes utilisées en 5 jours ?

- ❒ **a.** 1,20 €
- ❒ **b.** 2,40 €
- ❒ **c.** 6 €
- ❒ **d.** 9,60 €

12. Lors de l'entretien des locaux de restauration, les ATSEM respectent le plan de nettoyage et désinfection (PND) en appliquant des règles de base dans l'organisation du travail :

- ❒ **a.** Les surfaces sont nettoyées et désinfectées en allant du plus propre vers le plus sale.
- ❒ **b.** Les surfaces sont nettoyées et désinfectées du bas vers le haut.
- ❒ **c.** De la sciure peut être dispersée au sol comme agent absorbant d'humidité et antidérapant.
- ❒ **d.** Les sols sont dépoussiérés au balai coco avant le lavage-désinfection.
- ❒ **e.** Les siphons de sol sont lavés/désinfectés à la centrale de lavage et désinfection.

13. Un parent d'élève emmène son enfant fortement atteint de varicelle au temps périscolaire du matin dont vous avez la charge en tant qu'ATSEM. Parmi les propositions suivantes, quel(s) comportement(s) est (sont) approprié(s) ?

❒ **a.** Vous expliquez au parent les problèmes soulevés par cette situation.

❒ **b.** Vous acceptez l'enfant dans la mesure où les parents n'ont pas d'autre possibilité de garde.

❒ **c.** Vous refusez l'enfant car il risque de contaminer les autres élèves.

❒ **d.** Vous placez l'enfant en isolement en attendant qu'il soit pris en charge par l'enseignant.

14. Les parents qui siègent au conseil d'école :

❒ **a.** Sont élus comme représentants des parents d'élèves lors des élections qui ont lieu avant les vacances de la Toussaint.

❒ **b.** Sont obligatoirement organisateurs de la kermesse en fin d'année.

❒ **c.** Sont choisis par la direction de l'école.

❒ **d.** Sont ceux qui ont des soucis avec leurs enfants et qui souhaitent évoquer ces problèmes lors du conseil d'école.

❒ **e.** Appartiennent uniquement aux associations de parents d'élèves suivantes : FCPE ou PEEP.

15. Quel(s) comportement(s) caractérise(nt) un enfant présentant un trouble de déficit de l'attention/hyperactivité (TDAH) ?

❒ **a.** Il brutalise ou intimide souvent d'autres enfants.

❒ **b.** Il se laisse facilement distraire et a souvent du mal à se tenir tranquille en classe ou dans les jeux ou les activités de loisirs.

❒ **c.** Il suit des habitudes ou des rituels spécifiques.

❒ **d.** Il semble ne pas écouter quand on lui parle personnellement et ne se conforme pas aux consignes.

❒ **e.** Il ne parvient pas à prêter attention aux détails et fait des fautes d'étourderie dans le travail scolaire ou d'autres activités.

16. Dans le cadre du PEDT, votre responsable hiérarchique vous informe que des ateliers de jeux autour du langage seront organisés durant les temps de garderie du soir. En tant qu'ATSEM, quelle(s) attitude(s) est (sont) appropriée(es) ?

❒ **a.** Ne vous sentant pas compétent(e) pour mener ces activités, vous demandez à bénéficier d'une formation.

❒ **b.** Vous refusez d'animer ces activités qui ne relèvent pas de vos missions mais de celles des enseignants.

❒ **c.** Vous questionnez l'équipe enseignante pour vous conseiller.

❒ **d.** Vous décidez, comme en classe, d'utiliser des jeux de lotos, memory, etc. pour développer le lexique des enfants.

❒ **e.** Vous décidez d'être particulièrement attentif(ve) à votre manière de parler aux enfants.

17. L'enseignant(e) vous informe qu'il (elle) organise pour la classe des petits une sortie dans un parc animalier. Vous y participez comme accompagnateur(trice). En tant qu'ATSEM, il peut vous être demandé de :

❒ **a.** Préparer des vêtements de rechange.

❒ **b.** Préparer la trousse de secours.

❒ **c.** Informer les parents de la sortie.

❒ **d.** Préparer les étiquettes prénoms des enfants.

❒ **e.** Fournir un pique-nique pour les enfants.

❒ **f.** Vous occuper en autonomie d'un groupe d'élèves sur le lieu du déplacement.

18. Un enfant est allergique au gluten : à la cantine, quel(s) aliment(s) peut-il consommer sans danger ?

❒ **a.** Des cannellonis.

❒ **b.** Du pain blanc.

❒ **c.** Des yaourts nature.

❒ **d.** Du poisson frais.

❒ **e.** De la salade verte.

❒ **f.** De la charcuterie.

19. Lors du stockage des produits d'entretien, les ATSEM doivent respecter des règles de sécurité. Parmi les propositions suivantes, laquelle (lesquelles) est (sont) exacte(s) :

❒ **a.** Les produits les plus lourds sont stockés en hauteur.

❒ **b.** Le local de stockage des produits doit être ventilé et fermé à clé.

❒ **c.** Les pulvérisateurs contenant des produits dilués doivent être étiquetés.

❒ **d.** Les produits sont rangés par catégorie ou famille.

❒ **e.** Les produits sont rangés par couleur.

20. Pour réaliser un nettoyage efficace des locaux, les ATSEM doivent respecter les paramètres du cercle de Sinner (ou TACT). Quels sont ces paramètres ?

❒ **a.** Température, aération, action chimique, temps d'action.

❒ **b.** Température, action mécanique, action chimique, temps d'action.

❒ **c.** Température, action microbiologique, action chimique, toxicité.

Corrigé

1. Bonnes réponses a. et d. La semaine scolaire à l'école maternelle totalise 24 heures d'enseignement. Ces dernières sont réparties sur 8 ou 9 demi-journées selon si l'école est « repassée » ou pas à la semaine de 4 jours (décret du 27 juin 2017 relatif aux dérogations à l'organisation de la semaine scolaire dans les écoles maternelles et élémentaires publiques).

2. **Bonnes réponses b. et d.** Trois exercices de sécurité sont obligatoires au cours de l'année scolaire, dont un dans le cadre du PPMS (plan particulier de mise en sécurité) « Attentat – Intrusion ». En fonction de la nature du risque encouru et du lieu où se trouve l'individu ou les individus dangereux, il faut choisir entre évacuer ou se confiner.
3. **Bonnes réponses a. et b.** L'ATSEM n'a pas à interférer dans les choix pédagogiques de l'enseignant. Il peut échanger avec ce dernier pour faire préciser son rôle dans la préparation et la mise en œuvre des ateliers autonomes. L'ATSEM peut chercher à se rassurer en faisant part de ses inquiétudes sur les conditions de réalisation des ateliers.
4. **Bonne réponse d.** Le temps d'accueil est un temps scolaire. C'est donc à l'enseignant de décider ce qu'il adviendra des productions des élèves.
5. **Bonnes réponses a., c. et d.** L'ATSEM participe, sur invitation du directeur, aux réunions de l'équipe éducative liées à la scolarisation d'un enfant en situation de handicap. Un fonctionnaire ne peut effectuer des heures supplémentaires qu'à la demande ou avec l'accord de son supérieur hiérarchique. Le directeur de l'école qui souhaite faire participer un ATSEM à une réunion hors temps de travail, demande l'accord de la mairie. L'ATSEM peut informer lui-même son employeur. S'il est empêché, il peut s'excuser et ne pas participer à la réunion.
6. **Bonnes réponses b., c. et d.** Les TMS sont les troubles musculo-squelettiques en lien avec des postures contraignantes et des gestes répétitifs. La méthode de pré-imprégnation réduit effectivement les risques de TMS dans la mesure où elle améliore les conditions de travail de l'ATSEM : plus besoin de presse ou d'essorage manuel. Pour soulever une charge lourde, il convient de fléchir les genoux et de garder son dos droit.
7. **Bonnes réponses b. et d.** Le produit détergent-désinfectant dilué à 1 % tue les bactéries (bactéricide) et dilué à 3 %, tue les champignons (fongicide). On ne sait pas s'il s'agit d'un produit virucide.
8. **Bonne réponse b.** L'ATSEM doit convaincre l'élève de porter son bonnet, sans brusquerie d'aucune sorte.
9. **Bonnes réponses a. et b.** L'élève ne peut rester seul. Il est pris en charge par l'ATSEM sur le temps périscolaire en attendant l'arrivée d'un parent. L'ATSEM peut prendre contact avec les parents pour les prévenir et connaître dans quel délai ils pourront venir chercher leur enfant.
10. **Bonnes réponses a. et b.** Un quadrilatère est une figure géométrique à 4 côtés comme le losange et le rectangle. L'hexagone a 6 côtés.
11. **Bonne réponse c.** 20 ml de produit détergent-désinfectant sont nécessaires pour 8 litres de solution finale, soit 2,5 ml pour 1 litre de solution finale (1 litre = 1 000 ml. On calcule : 20 × 1 000 ÷ 8 000). Pour réaliser 40 litres de solution finale, 100 ml de produit pur seront nécessaires (2,5 ml × 40) par jour, soit 500 ml pour 5 jours ce qui correspond à 25 dosettes (500 ÷ 20). Le coût total sera de 6 € (25 × 0,24 €).
12. **Bonnes réponses a. et e.** Le PND précise les principes d'hygiène et de sécurité à respecter lors des activités d'entretien des locaux : quelles sont les surfaces à nettoyer, par qui, comment, avec quel produit et quel matériel et selon quelle fréquence.

13. Bonnes réponses a. et b. La varicelle est une maladie éruptive infantile contagieuse. Elle n'est pas, pour autant, un motif d'éviction scolaire sauf si cela est prévu dans le règlement intérieur de l'école. Pour autant, la maladie peut s'accompagner de fièvre et de maux de tête peu compatibles avec le travail scolaire. L'ATSEM ne peut pas refuser d'accueillir l'enfant si les parents n'ont pas d'autre mode de garde possible.

14. Bonne réponse a. Les représentants des parents d'élèves sont élus, tous les ans, par l'ensemble des parents d'enfants scolarisés dans l'établissement scolaire. Ils n'ont pas l'obligation d'adhérer à une association de parents d'élèves.

15. Bonnes réponses b., d. et e. Le TDAH est un trouble neurologique qui se traduit par des difficultés d'attention et de concentration ainsi qu'une activité excessive.

16. Bonnes réponses a., c, d et e. L'animation de l'atelier langage peut entrer dans les prérogatives de l'ATSEM sur le temps de garderie. Une formation spécifique peut être utile ainsi que les conseils des enseignants. L'ATSEM peut utiliser le matériel scolaire avec l'accord de l'enseignant. Il est vigilant sur sa façon de communiquer en présence des enfants tout au long du temps scolaire.

17. Bonnes réponses a., b., d. et f. L'ATSEM peut être missionné pour prendre en charge une partie de la logistique de la sortie scolaire et assurer l'encadrement d'un groupe d'élèves lors de la visite du parc animalier.

18. Bonnes réponses c., d. et e. Le gluten est une protéine présente dans différentes céréales : blé, orge, seigle, etc. On le trouve dans le pain, les pâtes, certaines sauces et soupes, le chocolat, la charcuterie, etc.

19. Bonnes réponses b., c. et d. Les produits d'entretien sont stockés dans un local fermé à clé et ventilé. Tous les contenants sont étiquetés. Un stockage par catégorie est recommandé en respectant les éventuelles incompatibilités (voir les fiches de données de sécurité).

20. Bonne réponse b. 4 facteurs influent sur la qualité du nettoyage : le cercle de Sinner.

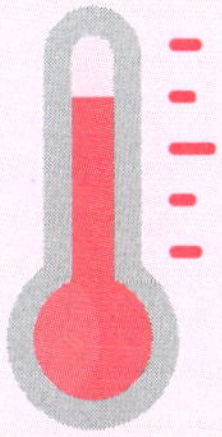			
Action de la température	Action mécanique (brosse, frottement)	Action chimique (dosage à respecter)	Action du temps (laisser agir)

L'efficacité du nettoyage dépend :

- d'une action mécanique par un frottement énergique pour éliminer les salissures ;
- d'une action chimique, celle du produit d'entretien qui doit être correctement dilué ;
- d'une action thermique, dilution du produit ménager avec de l'eau à 60° ou froide ;
- l'action du temps pour laisser le produit agir et pour prendre le temps de frotter/brosser suffisamment le support sale.

3 Sujet d'admissibilité 3e concours

Difficulté : ★★★ 45 minutes • Coeficient : 1

QCM ATSEM 3e concours CDG Loire, 2018

Question 1 – La sieste à l'école (4 points)

À partir des documents 1 et 2 et en faisant appel à vos connaissances, répondez aux questions suivantes :

a) Quelles sont les différentes phases d'un cycle de sommeil et quelles sont leurs caractéristiques ? (1 point)

b) Quelles sont les conditions optimales qui favorisent l'endormissement des enfants lors de la sieste à l'école ? (1,5 point)

c) Quelles informations apporte un tableau d'observation de la sieste ? Quels sont les objectifs d'utilisation d'un tel outil ? (1,5 point)

Question 2 – Gestion d'un atelier d'apprentissage durant le temps scolaire : le loto des lettres (4 points)

Dans le cadre des activités d'apprentissage conçues par l'enseignant de la classe, un jeu de loto de lettres est proposé aux élèves de moyenne section. Le document 3 représente la fiche de l'élève permettant de laisser une trace des apprentissages. Vous avez en charge l'organisation matérielle de l'atelier ainsi que son animation.

a) Quels sont les deux objectifs d'apprentissage de l'activité ? (1 point)

b) Décrivez l'organisation matérielle de l'activité. (1 point)

c) Un élève éprouve des difficultés à tracer certaines lettres en capitales d'imprimerie. Comment pouvez-vous l'aider ? Donnez deux exemples. (2 points)

Question 3 – Accompagnement des élèves à besoins éducatifs particuliers (4,5 points)

À partir de la lecture du document 4 et en mobilisant vos connaissances :

a) Indiquez le plan dont relève chacun des enfants présentés ci-dessous. (1,5 point)

b) Quel rôle pourra avoir l'ATSEM qui accompagnerait chacun de ces enfants dans sa classe ? (3 points)

Répondez au moyen d'un tableau de cette forme, à reconstituer sur votre copie :

Prénom de l'enfant	Plan	Rôle de l'ATSEM

Sami, 5 ans, est à l'école depuis la petite section et vient de rentrer en grande section de maternelle. Il est porteur de trisomie 21. L'annonce du diagnostic est intervenue à sa naissance, depuis il bénéficie d'un suivi médical et paramédical. Sami est toujours content de retrouver sa classe, sa maîtresse et est très affectueux avec ses camarades. Il a le contact facile et sa bonne humeur est contagieuse. Malgré cela, son développement psychomoteur est retardé ainsi que son langage, ses acquisitions se font plus lentement. Sami progresse à son rythme, mais ses parents s'inquiètent pour son passage en cours préparatoire.

Félix a 3 ans, il vient d'être scolarisé en petite section. Félix est allergique à l'arachide : il ne peut pas manger de cacahuètes, mais surtout il ne doit pas consommer d'huile d'arachide. Ses parents s'inquiètent car Félix doit déjeuner à la cantine : ils décident de rencontrer dès la rentrée la directrice de l'école afin de l'informer de ces difficultés.

Paula aime bien aller à école, mais depuis son entrée en cours préparatoire, elle éprouve des difficultés en lecture. Elle lit très lentement, inverse ou confond des sons, oublie même des mots, ce qui la gêne dans la compréhension. La maîtresse, accompagnée du médecin scolaire, rencontre ses parents qui sont d'accord pour qu'un bilan soit effectué par un médecin compétent (orthophoniste, psychologue, psychomotricien). Au vu des résultats des bilans réalisés, en particulier par l'orthophoniste, le médecin de l'Éducation nationale fait alors le constat que les difficultés de Paula sont la conséquence d'un trouble des apprentissages.

Question 4 – L'enfant qui mord (4 points)

Thaïs et Émilie, 2 ans et demi, sont scolarisées en classe de toute petite section. Thaïs se met à hurler alors qu'elle est installée dans le coin cuisine : elle vient d'être mordue par Émilie qui convoitait le même objet qu'elle, et porte de fortes traces de dents sur l'avant-bras gauche.

À partir du document 5 et en mobilisant vos connaissances, répondez aux questions suivantes :

a) Quelles explications peut-on donner au comportement d'Émilie ? (1 point)

b) En tant qu'ATSEM, quelle posture adopter face à Émilie, l'enfant mordeur ? (2 points)

c) Quelle attitude adopter face à Thaïs, l'enfant mordu ? (1 point)

Question 5 – Protocole de nettoyage de salle de classe (3,5 points)

À partir de la lecture du document 6 et de vos connaissances :

a) Quel type de produit faut-il utiliser pour le lavage de vitres ? Quelles en sont les propriétés chimiques ? (1 point)

b) Repérez et citez précisément les trois paramètres du cercle de Sinner à respecter pour effectuer un nettoyage de qualité des tables et bureaux (plateaux et pieds). (1,5 point)

c) Calculez le volume de solution détergente à préparer pour le lavage des sols de 5 salles de classe de 40 m2 chacune. (1 point)

Document 1

Les cinq atouts de la sieste

Chez tout le monde, enfant comme adulte, il survient une baisse de vigilance en tout début d'après-midi. Juste après le repas, il existe un besoin quasi physiologique de se reposer. Les Romains suivaient au plus près cette exigence de la nature : chaque jour, quand sonnait la sixième heure après le lever – *sexte hora*, origine étymologique du mot sieste – ils s'accordaient un temps de repos, après le déjeuner.

Si les adultes réussissent à se passer de ce petit somme, ce n'est pas le cas des enfants.

La très grande majorité des enfants a impérativement besoin d'une sieste jusqu'à 5 ans pour son bien-être, sa stabilité émotionnelle, la qualité de ses apprentissages.

Si un enfant ne fait pas la sieste alors qu'il en a besoin, il se montre agité, agressif, irritable et enclin aux caprices en fin d'après-midi. Il arrive donc au moment du coucher dans un état de grande excitation.

La sieste est la meilleure alliée d'une nuit tranquille ! Elle offre une coupure salvatrice… à condition de ne pas être trop longue.

Le simple fait de se coucher permet à l'enfant de reposer son corps, occupé le reste de la journée à maintenir la position verticale. Couché, il est libéré de toutes ces contraintes.

La sieste est essentiellement composée de sommeil lent profond, très rarement de sommeil paradoxal, donc le risque de rêves et de cauchemars est pratiquement nul. La sieste s'effectue à la lumière du jour ou dans une très légère pénombre – jamais dans le noir absolu, pour ne pas perturber l'alternance jour/nuit – donc une cause d'inquiétude en moins pour l'enfant.

Quand un enfant ne fait pas la sieste, il risque de souffrir d'une carence en sommeil lent profond qu'il compensera par une augmentation du sommeil lent profond au début de la nuit suivante, donc pas de phase de sommeil paradoxal, ce qui favorise la survenue de terreur nocturne en première partie de nuit, l'enfant se met à hurler, et dont il n'aura aucun souvenir le lendemain.

Experts : Dr Marie-Josèphe Challamel, pédiatre et spécialiste du sommeil. Auteur avec le Dr Marie Thirion du livre « Le sommeil, le rêve et l'enfant » aux Éditions Albin Michel.

Sources : www.enfant.com

Document 2

ÉCOLE PRIMAIRE LES ÉRABLES

SEMAINE DU ……… AU …….. OCTOBRE 2018

NIVEAU DE CLASSE :

TABLEAU D'OBSERVATION DU TEMPS DE SIESTE
(Couchage à heure fixe après le repas)

Prénom, initiale du nom	lundi		mardi		jeudi		vendredi		Remarques
	Durée de l'endormissement en min.	Heure de réveil	Durée de l'endormissement en min.	Heure de réveil	Durée de l'endormissement en min.	Heure de réveil	Durée de l'endormissement en min.	Heure de réveil	

Document 3

L'écrit : découvrir le principe alphabétique

Attendu : Reconnaître les lettres de l'alphabet et connaître les correspondances entre les différentes manières de les écrire.

Consigne : « Je joue au jeu du loto des lettres. Je reconnais la lettre nommée par l'adulte ; si je n'ai pas la carte, j'écris la lettre en capitales d'imprimerie sur une étiquette et la place sur ma planche de jeu. »

A	K	X
n	V	e
R	L	T

Document 4

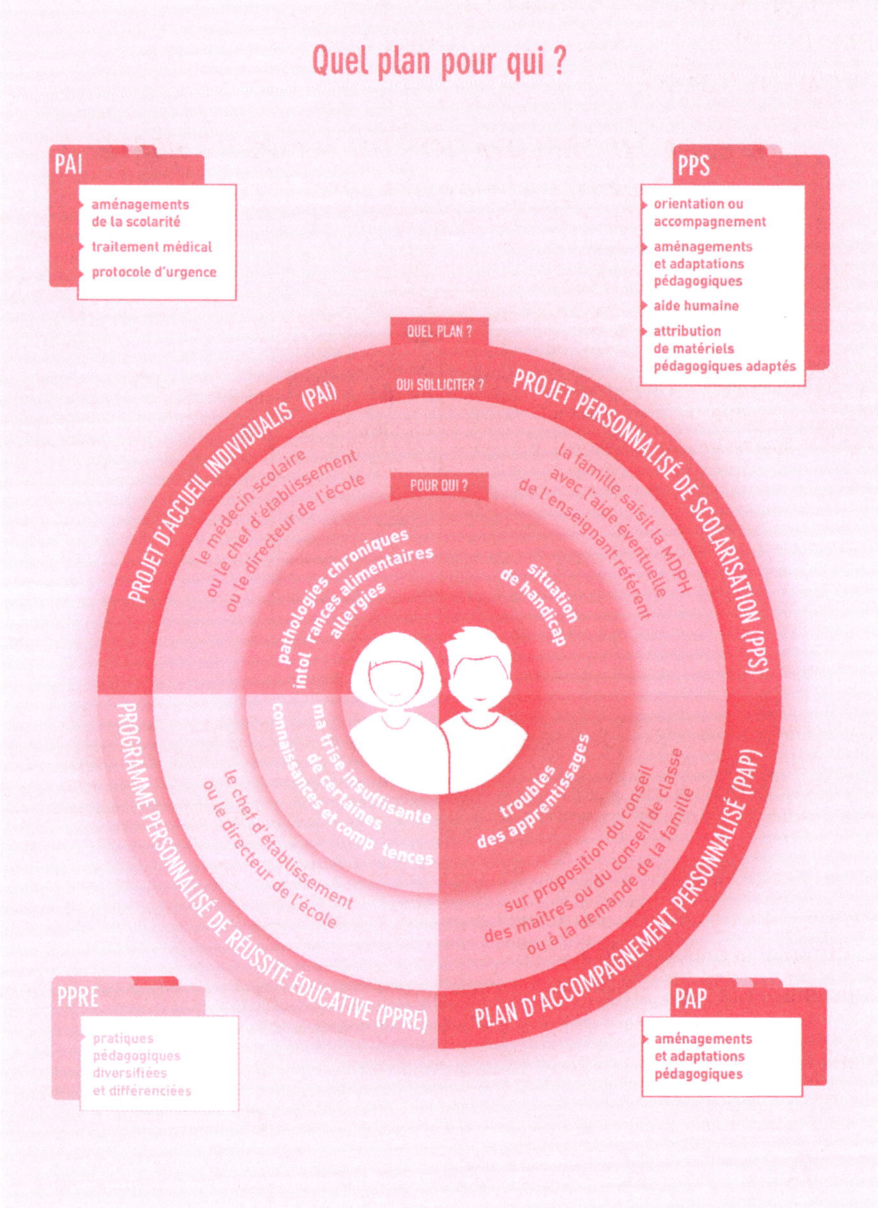

Ministère de l'Éducation nationale, de l'Enseignement supérieur et de la Recherche / décembre 2014

RÉPONDRE AUX BESOINS ÉDUCATIFS PARTICULIERS DES ÉLÈVES : quel plan pour qui ?

Document 5

Pourquoi un enfant mord-il ?

Ce n'est pas de la violence

Ni la morsure, ni les griffures, ni les coups ne sont des actes de violence, ni de méchanceté. Un jeune enfant n'a pas l'intention ni la compréhension de faire mal à l'autre ! Ces manifestations peuvent avoir différentes origines. Ces conduites peuvent être la manifestation d'une pulsion, d'une excitation positive comme négative. Cela peut être une manière pour l'enfant de se décharger d'une frustration, mais aussi de communiquer avec un autre enfant.

Il découvre le monde par la bouche

Si la morsure est aussi récurrente, c'est en partie parce que la bouche est pour l'enfant un organe de découverte du monde qui l'entoure, un peu comme une troisième main.

Il ne peut contrôler ses pulsions

Il ne faut pas oublier qu'un jeune enfant n'est pas encore en capacité d'inhiber ses pulsions, ni ses émotions, et encore moins de les raisonner. Certaines parties de son cerveau ne sont pas assez matures pour cela, notamment la partie frontale. À ce titre, sachez qu'un cerveau n'est pas pleinement mature avant l'âge de… 25 ans !

C'est son moyen d'expression

Plus la parole va se développer, moins l'enfant aura besoin de mordre pour s'exprimer ou entrer en communication. Cela dit, en cas de grande frustration, l'enfant s'exprime avec l'outil qu'il maîtrise le plus : son corps ! En effet, bien souvent quand il est sous l'emprise d'une émotion forte, il sollicite spontanément sa main, sa bouche ou son pied, et non de la parole comme on pourrait l'espérer.

Il a besoin d'attention

Il faut savoir que de nombreux comportements « inadaptés » du jeune enfant en section, comme à la maison, sont le résultat d'un manque d'attention ou de contenance de la part de l'adulte. C'est en partie pour cette raison qu'un enfant se comporte souvent différemment quand un adulte lui accorde toute son attention, à l'occasion d'une observation soutenue et individualisée.

Une phase temporaire

Cette phase de « morsures » est temporaire. Elle peut durer quelques jours comme quelques mois. Celle-ci dépend de nombreux facteurs, dont le développement de l'enfant, sa vie à la maison mais aussi et surtout, de votre propre manière d'accompagner l'enfant et le groupe durant la journée. La collectivité peut être une source de stress importante pour les très jeunes enfants, d'autant plus s'ils sont nombreux à se déplacer dans un même espace et si les professionnels sont eux-mêmes stressés.

Source : site les pros de la Petite enfance

Document 6

Protocole de nettoyage d'une salle de classe

Surface	Produit	Matériel	Méthode
Tableau	Détergent neutre	MOP	 Nettoyage des tableaux au manche télescopique et microfibre
Étagère, meuble, porte, poignet, interrupteur, radiateur, contour fenêtre, plinthes, corbeille	Détergent neutre ou bombe aérosol	Lavette Bleue Microflex, queue de rat	 Eliminer les résidus  Nettoyer
Vitrages ouvrants (intérieur et exterieur) Vitrages fixes et coulissants (intérieur)	Détergent neutre	MOP Mouilleur raclette	 Appliquer la solution  Racler
Informatique		Lavette bleue	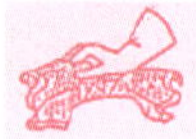 Nettoyage à sec  Dépoussiérer le calvier et l'UC avec la brosse mobilier. Sur un écran plat, aucun entretien
Table, bureau et pieds	Détergent neutre (pour entretien quotidien) Détergent puissant (pour remise en état ou tâches difficiles)	Pulvérisateur grattoir lavette bleue	 Pulvériser  5 mn  Gratter les traces de colles  Nettoyer. **En cas de salissure ou tâche difficile, utiliser le détergent puissant juste sur la tâche**
Balayage, lavage	Détergent neutre	MOP verte et bleue	 1 litre de solution pour 5 franges  1 frange pour 20 m2, soit 2 à 3 franges par classe  Rassembler les franges sales pour lavage

OPTION MONOBROSSAGE ET LUSTRAGE

* MOP = FRANGE

Source : Extrait de « Charte des ATSEM - Ville de La Rochelle »
Création graphique © Direction de la communication - Texte © Direction des écoles et de la vie scolaire - Photo © Julien Chauvet - ImpriMairie LR - juin 2016

Corrigé

Question 1

a) Un cycle comprend plusieurs types de sommeil : lent léger (50 % du temps de sommeil, favorise le repos nerveux), lent profond (20 à 25 %, sommeil récupérateur) et paradoxal (20 à 25 %, phase des rêves).

b) De nombreux facteurs influent sur l'endormissement des enfants lors de la sieste, notamment :

- l'heure de la sieste : elle doit être la plus rapprochée possible du déjeuner;
- l'attitude de l'ATSEM, rassurante et bienveillante;
- l'instauration de rituels d'endormissement : écoute d'une comptine/berceuse, lecture d'une histoire par exemple;
- la présence des objets transitionnels (doudou, nounours, etc.) qui sont sécurisants pour les enfants pendant la sieste;
- la pièce n'est pas plongée dans le noir dans la mesure où la pénombre inquiète certains enfants.

c) Le tableau d'observation de la sieste permet de collecter quotidiennement deux données sur le sommeil de l'enfant : le temps qu'il met à s'endormir et son heure de réveil. Les élèves étant couchés à heure fixe, il est possible de déterminer assez précisément le temps de sommeil de chacun.

Les données recueillies permettent :

- de repérer le rythme de sommeil de chaque enfant et son évolution au cours de l'année scolaire;
- d'identifier des difficultés éventuelles d'endormissement;
- de répondre aux questions des parents sur la sieste de leur enfant.

Question 2

a) Le loto des lettres permet de faire travailler les élèves sur la reconnaissance des lettres de l'alphabet et les correspondances entre les trois manières de les écrire : cursive, script, capitales d'imprimerie.

b) L'ATSEM est chargé de l'organisation matérielle de l'activité. Il prépare des planches de lettres qui seront remises aux élèves, des cartes lettres qui seront tirées au sort par l'enseignant, un contenant pour mettre les cartes lettres et des étiquettes sur lesquelles les élèves écriront les lettres non présentes sur leur planche. Il positionne le matériel avant le début de l'activité.

c) L'ATSEM peut aider l'élève, à écrire en lettres capitales, de deux manières :

- tracer la lettre devant lui en décomposant le mouvement;
- verbaliser le mouvement : on monte, on descend, etc.

Question 3

a) Sami est porteur d'un handicap. Il bénéficie d'un PPS (plan personnalisé de scolarisation). Félix présente une difficulté de santé qui nécessite la mise en place d'un PAI (projet d'accueil individualisé). Paula présente des difficultés d'apprentissage prises en charge dans le cadre d'un PAP (plan d'accompagnement personnalisé).

b)

Prénom de l'enfant	Plan	Rôle de l'ATSEM
Sami	PPS	L'ATSEM assiste, au même titre que pour les autres enfants, l'enseignant pour l'animation et l'hygiène d'un enfant porteur de handicap.
Félix	PAI	L'ATSEM participe à l'élaboration du PAI, connaît son contenu et applique les recommandations médicales et le protocole de soins en cas d'urgence.
Paula	PAP	L'ATSEM participe à la mise en place du PAP en qualité de membre de l'équipe éducative. Il respecte et met en œuvre les aménagements pédagogiques définis.

Question 4

a) La morsure est une manière de s'exprimer et de décharger une émotion, à un moment donné, une tension. Dans la situation décrite, il semblerait qu'elle soit la conséquence d'une frustration, celle d'Émilie de ne pouvoir accéder à un objet convoité et utilisé par sa camarade, Thaïs.

b) L'ATSEM doit garder son calme et dédramatiser. L'enfant mordeur ne doit pas être grondé ou puni. La posture la plus adaptée est d'engager un dialogue avec lui pour qu'il puisse exprimer son ressenti avec ses propres mots, se libérer de sa frustration. Il convient également de lui rappeler qu'il est interdit de faire du mal à un autre enfant.

c) L'enfant mordu doit être rassuré et éventuellement consolé. L'ATSEM lui explique la situation, pourquoi Émilie l'a mordu. Il rappelle que faire du mal et lui faire mal est interdit. Il peut également lui proposer de passer son avant-bras sous l'eau pour limiter la douleur.

Question 5

a) Les vitres sont nettoyées avec un détergent neutre, dont le taux d'acidité correspond à un Ph compris entre 6 et 8.

b) Un nettoyage de qualité des tables et des bureaux dépend de trois facteurs :

- une action mécanique par le frottement des traces de colles ;
- une action chimique, celui du produit détergent utilisé ;
- l'action du temps, les 5 minutes pendant lesquelles on laisse agir la solution détergente.

c) La surface totale à nettoyer est de 200 m^2 (5 salles de 40 m^2). À raison d'une frange pour 20 m^2, il faudra donc utiliser 10 franges pour laver les sols sur 200 m^2. Pour 10 franges, l'ATSEM doit préparer 2 litres de solution détergente.

4 Dossier d'admissibilité concours ASEM

Les candidats au concours ASEM de la Ville de Paris s'inscrivent :

- sur internet sur le site www.paris.fr rubrique « Insertion, emploi et formations » en sélectionnant le concours correspondant ;
- ou en retirant un dossier papier en le demandant à l'adresse suivante pendant les horaires d'ouverture (*de 9 heures à 17 heures tous les jours sauf les week-ends et les jours fériés).*

MAIRIE DE PARIS

Direction des ressources humaines - Bureau du recrutement

2, rue de Lobau - 75196 PARIS CEDEX 04

Le dossier dûment rempli est à adresser par voie postale.

Depuis 2018, le concours ASEM ne prévoit plus qu'une seule épreuve, un entretien avec le jury. L'écrit d'admissibilité est supprimé et remplacé par une sélection sur dossier.

La sélection sur dossier permet de vérifier que les candidats remplissent les conditions pour participer au concours mais pas uniquement. En effet, le dossier d'inscription comprend une lettre de motivation et un document type à remplir qui permet d'apprécier l'expérience et le parcours professionnel des postulants.

Le dossier à remplir comprend **deux parties** :

- une présentation des parcours de formation et professionnel ;
- la réponse à 5 questions concernant l'ASEM et son environnement professionnel.

Dans les pages suivantes, sont présentés les éléments de ce dossier à renseigner et des conseils pour réussir cette étape du concours.

Partie 1 : parcours de formation et parcours professionnel

Nom d'usage :

Nom de famille :

Prénom(s) :

À retenir

- Le nom d'usage est le nom d'épouse pour les femmes mariées.
- Le nom de famille est le nom de jeune fille pour les femmes mariées.
- N'omettez pas d'indiquer les différents prénoms figurant sur votre état civil.

Diplômes obtenus et formations suivies

Autre(s) diplômes(s) obtenu(s) et/ou formations suivies	Année et pays d'obtention	Observations éventuelles

Attention

Ne mentionnez pas dans ce tableau le CAP petite enfance ou le CAP AEPE mais bien les autres diplômes obtenus ainsi que les formations suivies. Compte tenu du nombre de lignes contenues dans le tableau, mettez l'accent sur les diplômes/formations les plus pertinents au regard du concours ASEM. La colonne « Observations éventuelles » vous permet de préciser les spécialités, les mentions, le type de validation (examen ou VAE), etc.

Parcours professionnel

Attention : indiquer en commençant par l'expérience la plus récente. Si plusieurs expériences professionnelles recouvrent les mêmes fonctions, merci d'indiquer par exemple dans « Détailler les fonctions » : idem poste n° 3

Période d'emploi (du ... au ...)	Poste occupé	Employeur	Détailler les fonctions assurées
	n° 1 :		
	n° 2 :		
	n° 3 :		
	n° 4		

Attention

Le bureau de recrutement attend une information exhaustive sur votre parcours professionnel. Vous avez la possibilité de dupliquer le tableau autant de fois que nécessaire.

Prenez votre temps et soyez méthodique afin d'être lisible et clair.

Détaillez les missions sur les postes occupés en vous servant de vos fiches de poste par exemple.

Partie 2 : questions concernant l'ASEM et son environnement professionnel

Vous répondrez aux cinq questions à réponse courte impérativement au maximum en 15 lignes manuscrites ou 10 lignes dactylographiées.

1. Selon vous, quel est le rôle éducatif d'un ASEM auprès des enfants en appui des enseignants ?

....

....

....

....

....

....

....

....

Attention

- Sur la forme, respectez bien la consigne quant à la longueur de la réponse à donner. À défaut, vous pourriez ne pas être sélectionné. Faites preuve de concision.
- Sur le fond, la question porte sur la mission éducative de l'ASEM. Appuyez-vous sur le contenu de cet ouvrage pour rédiger votre réponse.

2. Dans le cadre des TAP, proposez un atelier et décrivez-en les principales étapes (préparation et déroulement).

....

....

....

....

....

....

....

....

À noter

En une phrase, rappelez ce que sont les temps d'activités périscolaires mis en œuvre dans le cadre de la réforme des rythmes scolaires et qu'ils s'organisent aujourd'hui dans le cadre du plan Mercredi.

Choisissez un atelier thématique (éveil artistique, culturel, etc.) avec lequel vous êtes à l'aise. Décrivez la phase préparatoire en mettant en avant vos qualités professionnelles (organisation, sens pratique, etc.) et optez pour un positionnement approprié pour ce qui est de l'animation de l'atelier.

3. Selon vous, quels sont les points sur lesquels une attention particulière doit être apportée dans l'entretien des locaux d'une école maternelle ?

....
....
....
....
....
....
....
....

Attention

C'est une thématique récurrente du concours, le rôle de l'ASEM/ATSEM dans l'hygiène et l'entretien des locaux.

Vous pouvez évoquer l'importance de l'hygiène et de la sécurité en milieu scolaire pour la santé et le bien-être des enfants (équipements et matériels). Donnez des exemples.

4. À quels devoirs de fonctionnaire l'ASEM doit-il être particulièrement attentif ? Pourquoi ?

....
....
....
....
....
....
....
....

Attention

Les fonctionnaires doivent respecter un certain nombre d'obligations. Dans l'exercice de ses fonctions, l'ASEM a une obligation de réserve et de discrétion. Ces deux devoirs sont à développer. Ils contribuent à établir un lien de confiance et respect avec les enfants et leur famille.

5. Au sein des écoles maternelles, il y a plusieurs sections (TPS, PS, MS, GS). Pouvez-vous nous indiquer quelle serait votre préférence et pourquoi ?

....
....
....
....
....
....
....
....

Attention

Votre réponse doit débuter par une présentation du cycle 1. Présentez votre préférence pour une des sections si vous en avez une. Nuancez et argumentez votre propos.

La lettre de motivation

Votre lettre de motivation doit faire état de votre souhait de devenir ASEM en démontrant votre intérêt pour cette profession, votre connaissance du métier, vos aptitudes à l'exercer d'une part, et en situant votre démarche dans un projet professionnel plus global, d'autre part.

Ce courrier doit être personnalisé, livrer un peu de vous-même tout en n'oubliant pas l'objectif visé : **convaincre le jury de la convergence entre votre profil et celui recherché.**

La lettre de motivation vient en complément du dossier administratif à renseigner. Évitez les redites entre ces deux documents. Insérez les seules informations susceptibles d'intéresser les recruteurs. Développez votre propos en apportant arguments et exemples.

Accordez de l'importance à la forme autant qu'au fond. Faites des phrases simples, claires et surtout sans faute d'orthographe. La lettre ne doit pas dépasser une page, être bien structurée et aérée.

Prenez soin de rappeler dans votre courrier vos nom, prénom et coordonnées, le dater, rédiger une formule de politesse et terminer par votre signature.

Pour vous aider, suivez le « canevas » proposé page suivante, sachant qu'il vous faudra développer, pour chaque paragraphe, une argumentation personnelle et suffisante pour convaincre le jury.

Nom Prénom
Adresse
Tél.
Email

Mesdames et Messieurs les Membres du Jury

À ....,
Le ....

Objet : candidature au concours ASEM
Ville de Paris

Mesdames, Messieurs,

Je présente ma candidature au concours d'ASEM dans la mesure où ce métier ....
....
....

Je me suis documenté(e) sur la profession et je pense avoir une représentation réaliste du métier, notamment ....
....
....

J'ai des aptitudes pour devenir ASEM, à savoir...
....
....

Par ailleurs, je suis ....
....
....

Le métier d'ASEM répond à mes aspirations professionnelles. Il me permettra d'œuvrer, à mon niveau,..
....
....

En vous remerciant de l'attention portée à ma candidature,

Je vous prie d'agréer, Mesdames, Messieurs, l'assurance de ma considération distinguée.

Signature

5 Sujet d'admission concours externe

Difficulté : ★★★ 15 minutes • **Coeficient :** 2

ATSEM Concours externe

1. Qu'appelle-t-on l'obligation de réserve ?
2. Qu'appelle-t-on le service minimum ?
3. En cas de divorce, lequel des deux parents conserve l'autorité parentale ?
4. À la cantine, un enfant refuse de manger. Que faites-vous ?
5. Comment allez-vous vous y prendre pour faire du lever, après la sieste, un temps éducatif ?
6. Un élève de petite section urine sur lui pendant la classe. Quelle est la bonne attitude à adopter pour l'ATSEM

Corrigé

1. L'obligation de réserve s'impose à tous les fonctionnaires pendant et en dehors de leur temps de travail. En qualité d'ATSEM, je ne dois pas donner une image négative de ma hiérarchie ou de mon employeur. Je n'ai pas à exprimer mes opinions personnelles ou à critiquer celles de mes collègues de travail. Je dois être impartial. De la même façon, je dois respecter les croyances et les valeurs que les parents transmettent à leurs enfants. L'obligation de réserve permet de respecter les autres.
2. Le service minimum est un dispositif qui permet d'assurer une continuité de missions de service public en cas de grève. Il s'applique dans l'Éducation nationale. Si le nombre d'enseignants absents est important, l'ATSEM peut être réquisitionné par la collectivité dont il dépend pour accueillir et surveiller les enfants pour lesquels les parents n'auraient pas trouvé d'autre solution de garde.
3. Le divorce, en tant que tel, n'a pas d'effet sur les droits et les devoirs des parents sur leurs enfants. Le jugement de divorce statue généralement sur le maintien d'une autorité parentale partagée. Néanmoins, il peut arriver que l'autorité parentale soit retirée à un parent défaillant ou dans des situations extrêmes (mauvais traitements par exemple).
4. Pendant le temps du repas, je dois par mon attitude et mes encouragements, aider les enfants à manger et éviter le gaspillage. Si un élève ne veut pas manger un plat, je l'incite à le goûter avant de le refuser définitivement. En aucun cas, je ne le forcerai à

manger et il ne sera pas sanctionné du fait qu'il refuse de manger. Pour autant, il est important de rechercher les causes de ce refus en questionnant l'enfant. Il faut s'inquiéter de savoir s'il n'est pas souffrant. En cas de doute, il conviendrait de surveiller l'enfant au cours de l'après-midi. Je préviendrai l'enseignant de son comportement pendant le temps de restauration et il me semble important que les parents soient également informés.

5. Le moment du rhabillage est un temps privilégié pour une communication individuelle adulte-enfant. Je favorise l'échange en utilisant comme supports les vêtements ou les couleurs. Par exemple, je peux dire « Il est très joli ton pull ! De quelle couleur est-il ? Quel est l'animal dessiné sur ton pull ? ». Le rhabillage est aussi un temps d'apprentissage moteur. Je laisse l'enfant faire ce qu'il sait faire et je l'aide pour ce qu'il ne maîtrise pas (fermer une fermeture éclair, lacer ses chaussures, etc.). Je réalise ces gestes en lui expliquant comment il faut s'y prendre pour qu'il apprenne progressivement à les faire lui-même.

6. L'important est d'abord de rassurer l'enfant, je lui dis que cela n'est pas grave et que cela peut arriver. Je ne le gronde pas et ne le punis pas non plus. Je le conduis rapidement aux toilettes pour le changer à l'abri des regards de ses camarades. C'est le moment pendant lequel je lui rappelle avec douceur et bienveillance, que s'il a envie de faire pipi, il peut demander à tout moment à l'enseignant ou à moi à aller aux toilettes. Discrètement, de retour dans la classe, j'informe l'enseignant de l'incident.

6 Sujet d'admission : mise en situation professionnelle

Difficulté : ★★★ 15 minutes • **Coeficient :** 2

ATSEM Concours interne / 3e voie

Voici 10 sujets. Pour chacune des 10 situations évoquées ci-après, vous répondrez aux trois questions suivantes :

- Quelle est la thématique abordée ? Sur quoi veut-on me faire parler ?
- Existe-t-il des éléments dans la question qui peuvent orienter la réponse à donner ?
- Rédiger votre réponse.

1. « Vous achetez votre pain à la boulangerie proche de l'école. La commerçante vous parle des difficultés d'obéissance qu'elle rencontre avec sa fille Chloé qui est scolarisée dans la classe de grande section dans laquelle vous intervenez. Elle vous demande comment cela se passe avec la maîtresse. Que faites-vous ? »
2. « L'atelier puzzle prend fin. Les élèves rangent le matériel avec vous lorsque l'un d'entre eux mord un de ses camarades. Que faites-vous ? »
3. « Pierre est un enfant de 4 ans malvoyant. Il intègre la classe de petite section dont vous vous occupez. Quel est votre rôle auprès de lui ? »
4. « C'est l'heure du repas. Vous assurez la surveillance de la cantine. Vous constatez qu'un des enfants est malade. Que faites-vous ? »
5. « Il est 11 heures. L'alarme incendie se déclenche. Que faites-vous ? »
6. « Quel est le rôle du maire. Qui est-il par rapport à vous ? »
7. « Au moment où vous arrivez à la cantine avec un groupe de moyenne section, vous constatez qu'il manque un personnel de restauration. Que faites-vous ? »
8. « Sarah, 4 ans, se réveille de sa sieste. Comment allez-vous vous y prendre pour faire du lever, un temps éducatif ? »
9. « Vous êtes chargé de nettoyer l'armoire à pharmacie de l'école. Comment allez-vous vous acquitter de cette tâche ? »
10. « L'enseignante vous informe en fin de matinée qu'elle modifie le programme prévu l'après-midi même et souhaite mettre en place un atelier peinture après la sieste. Cette décision bouscule l'organisation de votre travail et vous met en difficulté. Que faites-vous ? »

Corrigé

1.

- L'obligation de discrétion professionnelle.
- Les faits décrits se déroulent en dehors du temps de travail.
- En qualité d'ATSEM, agent de la fonction publique territoriale, je suis tenue à une obligation de discrétion. Je n'ai pas à divulguer des informations dont j'ai eu connaissance dans l'exercice de mes fonctions. Je répondrais à la boulangère que je n'ai pas à parler de ce qui se passe dans la classe. De plus, ce sujet doit être abordé directement avec l'enseignante. Je lui conseille donc de se rapprocher d'elle.

2.

- Les missions de l'ATSEM.
- L'action se passe sur le temps scolaire en présence de l'enseignante.
- Ma priorité serait de prendre en charge l'enfant mordu. Il faut avant tout le rassurer et soigner sa plaie (lavage avec de l'eau et du savon de Marseille), mettre un antiseptique, faire un pansement si nécessaire). Si la plaie saigne, je dois effectuer les soins en portant des gants à usage unique. Quant à l'enfant mordeur, je prends soin d'informer l'enseignante de son comportement. Si elle me le demande, je dis calmement à l'élève qu'il est interdit de mordre quelqu'un. Je le questionne pour savoir dans quelles circonstances s'est produit l'incident. Si cela est possible, je lui explique comment il aurait pu gérer autrement le problème rencontré.

3.

- Le rôle de l'ATSEM dans la scolarisation des enfants en situation de handicap.
- Non.
- Mes missions auprès de l'élève malvoyant sont de même nature que celles réalisées auprès des autres élèves de la classe mais elles sont adaptées à son handicap. Je l'assisterai dans les apprentissages scolaires et les soins d'hygiène. Je serai peut-être amenée à travailler avec des intervenants spécialisés tels qu'un AVS/AESH/AESH si cela est prévu dans le projet personnalisé de scolarisation (PPS). Je serai attentive à son intégration dans la classe en facilitant la communication entre l'élève handicapé et ses camarades.

4.

- Les soins aux enfants.
- L'action se déroule en dehors du temps scolaire.
- Si un enfant est malade pendant le déjeuner, je le prends en charge et je demande à un autre adulte de surveiller le reste du groupe. S'il vomit, je le conduis aux toilettes pour le laver et éventuellement le changer. Je rassure l'enfant. Je lui prends sa température pour savoir s'il a de la fièvre. J'informe le directeur de l'école qui prendra ou non la décision d'appeler les parents de l'élève en fonction de son appréciation de la situation.

5.

- La sécurité à l'école.
- L'action se déroule sur le temps scolaire.
- L'important est de suivre les consignes de sécurité qui sont affichées dans la classe. Dès que l'alarme se déclenche, il est urgent d'évacuer les lieux pour emmener les élèves dans un lieu sans danger pour eux. Le déplacement doit se faire dans le calme. L'enseignante dirige les opérations. Je m'assure que tous les enfants suivent l'enseignante. Je vérifie que les portes coupe-feu soient refermées après le passage des enfants. Je rassure les enfants. Une fois parvenus au lieu de rassemblement, nous attendons ensemble la levée de l'alerte.

6.

- L'environnement professionnel.
- Non.
- Le maire cumule les fonctions de représentant de l'État et des attributions d'agent en charge de l'exécutif de la commune. En qualité de représentant de l'État, il réalise des missions sous l'autorité du préfet (organisation des élections, recensement de la population, etc.) et du procureur de la République (il est officier de police judiciaire et officier d'état civil). Le maire dirige les services municipaux et en cela, il est le supérieur hiérarchique des agents communaux dont les ATSEM. C'est la personne qui me recrute, m'affecte dans une école et me note.

7.

- Le travail en équipe.
- Les enfants doivent rester sous surveillance.
- Je vais me rapprocher de mes collègues présents, agents de la restauration et ATSEM, pour que l'on réorganise ensemble le service et ainsi que l'on compense l'absence d'un personnel. Je peux par exemple aller chercher les plats en cuisine, couper du pain, servir les enfants, etc. L'important est de ne pas paniquer, de faire en sorte que le temps du repas soit agréable pour tout le monde.

8.

- Les missions de l'ATSEM : rôle éducatif de l'ATSEM.
- Non.
- Le moment du rhabillage est un temps privilégié pour une communication interindividuelle adulte-enfant. Je favoriserai l'échange en utilisant comme supports, les vêtements ou les couleurs. Par exemple, je pourrai dire « Il est très joli ton pull ! De quelle couleur est-il ? Quel est l'animal dessiné sur ton pull ? ». Le rhabillage est aussi un temps d'apprentissages moteurs. Je laisse Sarah faire ce qu'elle sait faire et je l'aide pour ce qu'elle ne maîtrise pas (fermer une fermeture éclair, lacer ses chaussures, etc.). Je réalise ces gestes en expliquant à Sarah comment il faut s'y prendre pour qu'elle apprenne progressivement à les faire elle-même.

9.

- Le soin aux enfants.
- Non.
- Je vide dans un premier temps l'armoire à pharmacie et je nettoie l'intérieur avec un nettoyant-désinfectant. Je vérifie les dates de péremption des produits contenus dans la pharmacie. Ceux qui sont périmés, seront retirés pour être ramenés à la pharmacie. Je fais le point du stock que je remettrai par la suite au directeur de l'école. Je range le contenu de la boîte à pharmacie en respectant un certain ordre, par regroupement des éléments de même nature.

10.

- Les missions de l'ATSEM.
- L'ATSEM doit suivre les consignes de l'enseignante qui décide des activités pédagogiques et de leur planification.
- Dans cette situation, j'évoquerai devant l'enseignante les difficultés que me pose sa décision sans montrer de signe de désapprobation. Je tenterai de trouver avec elle des solutions pour que je puisse assurer l'ensemble de mes tâches (surveillance de la cantine et de la sieste, préparation de l'atelier peinture, etc.).

7 Entretien de motivation concours Externe/Interne/3e voie

Rédigez un texte d'une quinzaine de lignes présentant votre projet professionnel.

Corrigé

« J'ai découvert la profession d'ATSEM, en 2015, lors d'un stage alors que je suivais une formation en vue d'obtenir le baccalauréat professionnel « hygiène et environnement ». J'intervenais dans une école élémentaire et je réalisais des tâches d'entretien des locaux. À cette occasion, j'ai observé le travail de l'ATSEM et échangé avec les professionnels. J'ai été séduite par la polyvalence des missions confiées et par le rôle éducatif de l'ATSEM. J'ai commencé à me renseigner sur le métier, dans mon lycée, en me rapprochant du conseiller principal d'éducation. J'ai décidé assez rapidement de m'engager dans une formation de brevet d'aptitude aux fonctions d'animateur en accueils collectifs de mineurs pour développer mes compétences en animation. Je l'ai obtenu en 2017. Et la même année, j'ai débuté une formation qualifiante préparant le certificat d'aptitude professionnelle petite enfance que j'ai obtenu en 2018. Parallèlement, j'ai multiplié les expériences professionnelles dans le domaine de l'animation auprès des enfants, de la garde d'enfants à domicile et de l'entretien qui me permettent d'être convaincue de mon orientation professionnelle et de vous proposer ma candidature aujourd'hui sur le poste d'ATSEM ».

Les sigles à connaître

A

AED : Assistant d'éducation

AESH : Accompagnant des élèves en situation de handicap

ALSH : Accueil de loisirs sans hébergement

APDE : Agent polyvalent des écoles

APC : Activités pédagogiques complémentaires

ASEM : Agent spécialisé des écoles maternelles

ATSEM : Agent territorial spécialisé des écoles maternelles

ASE : Aide sociale à l'enfance

AVS : Auxiliaire de vie scolaire

B

BAFA : Brevet d'aptitude aux fonctions d'animateur

BCG : Bacille calmette et guérin

C

CAF : Caisse d'allocations familiales

CAP AEPE : Certificat d'aptitude professionnelle accompagnant éducatif petite enfance

CAP Petite Enfance : Certificat d'aptitude professionnelle, spécialité métiers de la petite enfance

CCAS : Centre communal d'action sociale

CDAPH : Commission des droits et de l'autonomie des personnes handicapées

CDEN : Conseil départemental de l'Éducation nationale

CDG : Centre de gestion

CE1 : Cour élémentaire 1re année

CE2 : Cour élémentaire 2e année

CEACAP : Commission d'équivalence pour l'accès aux concours des administrations publiques

CLIS : Classe pour l'inclusion scolaire

CM1 : Cours moyen 1re année

CM2 : Cour moyen 2e année

CNED : Centre national d'enseignement à distance

CNFPT : Centre national de fonction publique territoriale

CP : Cycle préparatoire

CRIP : Cellule de recueil des informations préoccupantes

CV : Curriculum vitae

D

DASEN : Direction académique des services de l'Éducation nationale

DGCL : Direction générale des collectivités locales

DTP : Diphtérie tétanos poliomyélite

E

EPCI : Établissement public de coopération intercommunale

EPI : Équipement de protection individuelle

EPS : Éducation physique et sportive

EVS : Emploi de vie scolaire

F

FCPE : Fédération des conseils des parents d'élèves de l'enseignement public

FDS : Fiche de données de sécurité

G

GS : Grande section

H

HACCP : Hazard analysis and critical control point

HLM : Habitation à loyer modéré

I

IA : Inspecteur d'académie

IEM : Institut d'éducation motrice

IEN : Inspecteur de l'Éducation nationale

IMC : Indice de masse corporelle/corpulence

IME : Institut médico-educatif

ITEP : Institut thérapeutique éducatif et pédagogique de rééducation

M

MDPH : Maison départementale des personnes handicapées

MPA : Matériel pédagogique adapté

MS : Moyenne section

N

NAP : Nouvelles activités périscolaires

P

PAI : Projet d'accueil individualisé

PAP : Plan d'accompagnement personnalisé

PEdT : Projet éducatif territorial

PEEP : Fédération des parents d'élèves de l'enseignement public

PH : Personne handicapée

PLS : Position latérale de sécurité

PMI : Protection maternelle et infantile

PND : Plan de nettoyage et de désinfection

PNNS : Plan national nutrition santé

PPMS : Plan particulier de mise en sécurité

PPRE : Programme personnalisé de réussite scolaire

PPS : Projet personnalisé de scolarisation

PS : Petite section

PSC1 : Premiers secours civiques niveau 1

Q

QCM : Question à choix multiples

QRC : Question à réponse courte

R

RASED : Réseau d'aides spécialisées aux élèves en difficulté

ROR : Rougeole – oreillons – rubéole

RPI : Regroupement pédagogique intercommunal

RPS : Risques psycho-sociaux

S

SAAAIS : Service d'aide à l'acquisition et à l'intégration scolaire pour les déficients visuels

SAFEP : Service d'accompagnement familial et d'éducation précoce

SAMU : Service d'aide médicale urgente

SESSAD : Service d'éducation spéciale et de soins à domicile

SIVOM : Syndicat intercommunal à vocation multiple

SIVOS : Syndicat intercommunal à vocation scolaire

SIVU : Syndicat intercommunal à vocation unique

SMA : Service minimal d'accueil

SMUR : Service mobile d'urgence et de réanimation

SNATED : Service national d'accueil téléphonique de l'enfance en danger

SSAD : Service de soins et d'aidc à domicile pour les enfants polyhandicapés

SSEFIS : Service de soutien à l'éducation familiale et à l'intégration scolaire

T

TAP : Temps d'activités périscolaires

TDAH : Trouble de déficit de l'attention – hyperactivité

TED : Troubles envahissants du développement

TIAC : Toxi-infection alimentaire collective

TMS : Troubles musculo-squelettiques

TPS : Très petite section

TSL : Troubles spécifiques du langage

U

UE : Union européenne

V

VAE : Validation des acquis de l'expérience

Z

ZEP : Zone d'éducation prioritaire

80698 - (I) - OSB 80 - BEL - MPN

JOUVE
1, rue du Docteur Sauvé, 53100 MAYENNE
OF : 2950639K
Dépôt légal : février 2020

Imprimé en France

ARMOIRE À PHARMACIE

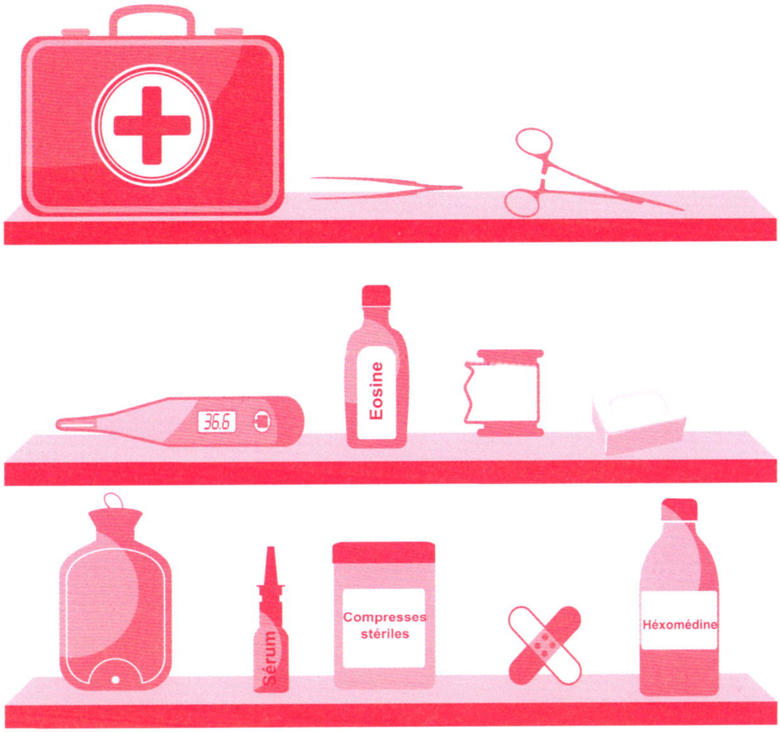

- Pince à échardes
- Paire de ciseaux
- Thermomètre frontal
- Couverture isothermique
- Coussin réfrigérant ou compresses watergel
- Lampe de poche
- Savon de Marseille
- Éosine disodique aqueuse non colorée
- Héomédine® solution à 1 %
- Compresses individuelles purifiées
- Pansements adhésifs hypoallergéniques
- Sparadrap
- Bandes de gaze de 5 cm, 7 cm et 10 cm
- Filets à pansement
- Écharpe de 90 cm de base
- Sérum physiologique oculaire en unidose

TABLEAU DE CONVERSION DES UNITÉS DE MESURE

	k	h	Da	unité	d	c	m
	kilo	hecto	Déca	unité	déci	centi	milli
Mètre (m)	km	hm	Dam	m	dm	cm	mm
Litre (l)	kl	hl	Dal	l	dl	cl	ml
Gramme (g)	kg	hg	Dag	g	dg	cg	mg
				5	0	0	0
	2	0	0	0			
					0	7	0

LES SYMBOLES

Le lavage

	Le textile peut être nettoyé en machine.		Les deux petits traits indiquent qu'il faut préférer un lavage délicat.
	Le textile ne se lave pas à l'eau.		Les deux traits superposés indiquent qu'il faut préférer un lavage modéré.
	Le textile se lave à la machine à la température maximale indiquée.		Le textile se lave à la main.
	Le trait en dessous indique le programme.		Le textile peut être nettoyé à sec avec des solvants type perchloroéthylène ou aux hydrocarburants.
	Le textile peut être nettoyé à sec aux hydrocarbures.		Le textile doit être nettoyé à sec.
	Le textile supporte le nettoyage à l'eau professionnel.		Le textile ne doit pas être nettoyé à sec.
	Le textile ne supporte pas le nettoyage à l'eau professionnel.		Le textile peut être blanchi à l'eau de Javel.
	Le textile ne peut pas être blanchi.		Le textile peut être blanchi à l'oxygène/sans chlore uniquement.

Boite à outils 3

Le séchage

	Le textile peut être séché en machine.		Le textile doit être mis à sécher sans essorer.
	Le textile peut être séché en machine. Programme linge délicat ou basse température (60 °C max.).		Le textile ne peut pas être séché en machine.
	Le textile peut être séché en machine. Programme température normale (80 °C max.).		Le textile doit sécher à l'ombre.
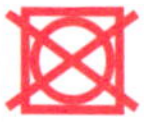	Le textile ne peut pas être séché en machine.		

Le repassage

	Le textile ne peut pas être repassé.		Le textile est repassé à fer chaud – température maximale 200°.
	Le textile est repassé à fer chaud – température maximale 150°.		Le textile est repassé à fer chaud – température maximale 110°.

Les pictogrammes de danger

	Danger		Comburant		Corrosif
	Toxique		Explosif		Inflammable
	CMR (Cancérogène, Mutagène, Toxique pour la Reproduction)		Gaz sous pression		Néfaste pour l'environ-nement

LE TRI DES DÉCHETS

Les consignes de tri des déchets peuvent varier selon les communes en France.

Voici les 4 catégories principales de recyclage.

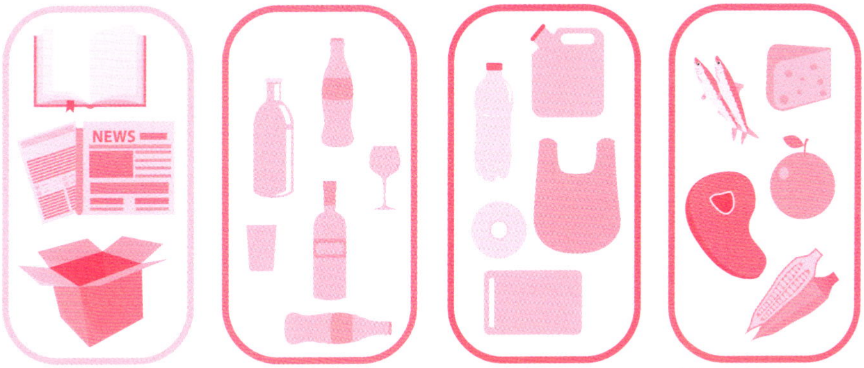

Papier, cartons

- Journaux
- Magazines
- Prospectus
- Papiers
- Boîtes en cartons…

Verre

- Bouteilles
- Pots et bocaux en verre…

Plastique

- Bouteilles en plastique
- Flacons
- Boîtes de conserves
- Cannettes
- Aérosols
- Briques alimentaires…

Les autres déchets

- Films plastique d'emballage
- Sacs plastiques
- Papiers salis
- Articles d'hygiène : couches, mouchoirs, essuie-tout…
- Pots de produits laitiers
- Vaisselle brisée…

BOITE À OUTILS 5

ORGANISER SON CHARIOT DE MÉNAGE

- ❑ un sac de poubelle neuf
- ❑ toutes les recharges nécessaires (papier-toilette, savon, gants, etc.)
- ❑ des chiffonnettes, gazes et franges
- ❑ les pulvérisateurs de produit d'entretien remplis
- ❑ bac de désinfection préparé
- ❑ balais et autres matériels de ménage.

Rappels :

- Positionner sur le plateau supérieur les matériels, produits et fournitures utilisés fréquemment afin de limiter les mouvements de flexion et extension pour prendre quelque chose dans la partie basse du chariot.
- Vérifier le bon état des matériels.
- Ne pas trop charger le chariot afin qu'il reste facilement manipulable.

CONSIGNES DE SÉCURITÉ EN CAS D'INCENDIE

1. Donner l'alarme en appuyant sur le déclencheur le plus proche.

2. Prévenir le directeur afin qu'il ferme les vannes d'arrivée des fluides.

3. Appeler les sapeurs-pompiers.

   18

4. Évacuer dès l'audition du signal en se dirigeant vers la sortie la plus proche :
   - laisser vos affaires sur place ;
   - quitter le local rapidement mais sans précipitation.

5. Avant de quitter les lieux :
   - fermer les fenêtres et les portes (sans verrouiller les serrures) ;
   - s'assurer qu'il n'y a plus personne dans les locaux.

6. Dans la fumée, se baisser : si les couloirs et escaliers sont complètement envahis par la fumée, rester dans le local. Une porte mouillée et bien calfeutrée protège longtemps. Aller aux fenêtres et se manifester.

7. Ne jamais revenir en arrière.

8. Rejoindre le point de rassemblement.

9. S'assurer que l'appel est fait.

LES POSTURES LORS DE L'ENTRETIEN ORAL

Penché en arrière, bras droit pendant, regard en l'air.

Mauvaise posture : trop « décontracté ».

Assis sur le bout de la chaise, tête baissée vers la table.

Mauvaise posture : mal à l'aise, vous êtes prêt à quitter l'entretien.

Accoudé sur la table, la tête reposant sur la main.

Mauvaise posture : « Mais qu'est-ce que je fais là ? »

Assis, bras croisés, remuant les pieds.

Mauvaise posture : attitude défensive, « vous vous débattez pour survivre ».

Assis sur le bout de la chaise, tête baissée, bras croisés, jambes croisées.

Mauvaise posture : vous n'êtes pas réceptif.

Assis sur une fesse, légèrement de côté, le coude droit sur le dos de la chaise, jambes croisées.

Mauvaise posture : une posture de rigolo.

Dos presque vertical, tête redressée, regard droit, mains posées sur la table sans être statique.

Bonne posture.